Kom terug, Como

Steven Winn

Kom terug, *Como*

the house of books

Eerste druk, maart 2010
Tweede druk, mei 2010

Oorspronkelijke titel
Come back, Como
Uitgave
HARPER, an imprint of HarperCollins*Publishers,* New York
Published by arrangement with HarperCollins Publishers
Copyright © 2009 by Steven Winn
Copyright voor het Nederlandse taalgebied © 2010 by The House of Books, Vianen/Antwerpen

Vertaling
Annemarie Verbeek
Omslagontwerp
marliesvisser.nl
Omslagbeeld en foto's achterplat
Phoebe Winn
Opmaak binnenwerk
ZetSpiegel, Best

ISBN 978 90 443 2578 2
D/2010/8899/23
NUR 302

www.thehouseofbooks.com

All rights reserved.
Niets uit deze uitgave mag worden verveelvoudigd en/of openbaar gemaakt door middel van druk, fotokopie, microfilm of op welke wijze ook, zonder voorafgaande schriftelijke toestemming van de uitgever.

Voor Sally, Phoebe en Z.

*En voor mijn ouders,
Willis (1917-2002) en Lois (1917-2009)*

Inhoud

	Voorwoord – Aan de zwier	9
1	Hoe het niet begon	15
2	Levenscycli	30
3	De andere honden in de kamer	44
4	*Buon compleanno* – Gefeliciteerd met je verjaardag	58
5	Bezetenheid	66
6	Een nieuw huis	81
7	Ontsnappingsclausule	96
8	De parabel van de mueslireep	111
9	Een begin van overgave	125
10	Basistraining	140
11	Een sociaal leven	154
12	De voortvluchtige	170
13	De stad door	185
14	Het sprookjeskoninkrijk	200
15	Weg met die kooi!	216
16	Z	231
17	Het meer, het strand en het klif	246
	Slotscène – De hond aan de deur	262
	Dankwoord	269

Voorwoord

Aan de zwier

Het was een prachtige septemberochtend in het Inner Sunset District in San Francisco, stralend, warm en onbewolkt. Ik bracht hem op mijn knieën door, midden op Eleventh Avenue terwijl ik mijn best deed een hond van mening te doen veranderen.

'Como,' riep ik op de meest geruststellende toon die ik maar kon opbrengen. 'Zullen we naar huis gaan? Kom maar, jongen.' Ik kroop wat dichter naar de roomkleurige bastaardterriër toe die zojuist uit ons huis, een paar straten verderop, ontsnapt was en me meegevoerd had in een woeste achtervolging die nog geen enkel teken van een goede afloop vertoonde. Como, zijn geelbruine oren gespitst in een houding van opperste paraatheid en zijn bruine ogen wijd opengesperd, kroop achteruit. Hij bleef op veilige afstand op de stoep staan, zo'n twintig meter bij me vandaan. Zijn staart stak omhoog en krulde als een kokette veer over zijn achterste.

Dit was net zo zinloos als mijn poging om hem te snel af te zijn was geweest. Op mijn tweeënvijftigste maakte ik geen enkele kans om een hardloopwedstrijd met een watervlugge terriër van ruim een jaar oud te winnen. Het moment was aangebroken voor een nieuwe benadering, als ik tenminste ooit dat mormel van een asielhond wilde vangen dat mijn vrouw, mijn dochter en ik tien dagen eerder geadopteerd hadden. We hadden in die tijd al ontdekt dat hij een afkeer van mannen – met name van mij – en een sterk ontwikkeld ontsnappingstalent had.

'Hé, Como,' zei ik terwijl ik mijn zogenaamd nonchalante toon verving door een zogenaamd speelse. 'Moet je kijken.' Ik kwam een stukje overeind, maar bleef wel in een passieve, niet-bedreigende houding op mijn hurken zitten. Hij keek aandachtig toe en kwam een paar stappen dichterbij. Aldus aangemoedigd ging ik zitten, zette mijn handen achter me op de grond en strekte mijn benen, alsof ik een rustige picknick in het park ging houden. Ik lette goed op dat hij me en profil zag, zodat ik hem in het oog kon houden zonder dat ik iets deed wat ook maar in het minst op een confrontatie leek. Ik stak langzaam mijn hand naar hem uit terwijl ik met mijn duim en mijn wijsvinger over elkaar wreef.

'Kom dan, Como. Kom dan, jongen.' Na een tijdje werd het duidelijk dat ik de huid van mijn vingers gewreven zou hebben voor hij naar me toe zou komen. Ik was nu uitgerust en overwoog om op te springen en nog een keer op hem af te duiken. Maar zodra ik mijn benen een beetje bewoog om op te staan, legde Como zijn oren in zijn nek en deinsde achteruit. Daar ging mijn plannetje.

Op dat moment was mijn arsenaal aan menselijke tactieken uitgeput. Mijn volgende idee was helemaal geen idee, maar een soort ondefinieerbare opwelling om te doen alsof ik een andere hond was – iets wat ik waarschijnlijk voor het laatst een jaar of veertig geleden had gedaan. Ik stond op, veegde het stof van mijn handpalmen, stak de straat over en liep op het andere trottoir van Eleventh Avenue. Ik respecteerde Como's territorium, maar eiste ook een stukje voor mezelf op, zoals honden doen. Wat een goed idee, wilde ik in zijn taal zeggen, om dit stuk van de stad te verkennen. Jij bent de baas, prima, maar laten we het wel samen doen.

Toen ik even naar hem keek leek Como danig in de war. Hij keek, met zijn schouders argwanend opgetrokken, hoe ik heuvelopwaarts begon te lopen. Maar al gauw leek hij het idee op te pikken en vervolgde zijn weg aan zijn kant van de straat. We kwamen ongeveer tegelijkertijd in Moraga Street aan en bleven omhoog lopen. Vreemd genoeg was er op die heerlijke ochtend geen auto te bekennen en geen mens te zien. We hadden de Inner Sunset voor onszelf.

Terwijl ik mezelf dwong om niet naar hem te kijken, stapte ik van de stoep en ging bij de volgende straat op de weg lopen, zodat ik langzamerhand de afstand tussen ons verkleinde zonder dat hij het merkte. Het was net een meetkundesom met twee lijnen die langzaam maar zeker op een bepaald punt in de grafiek bij elkaar komen. En het zou op die manier misschien nog gelukt zijn ook, als ik niet buiten adem begon te raken en nog meer steile straten voor de boeg had. We waren bijna bij Ortega Street toen ik een laatste, wanhopige ingeving kreeg. Ik slaakte een enorme zucht van berusting en liet me op de grond zakken. Ik rekende op instinctmatige dierlijke nieuwsgierigheid waardoor die beweging zijn aandacht zou trekken – en het werkte. Como bracht zijn neus naar beneden en stapte in mijn richting de straat op om nader onderzoek te verrichten.

Ik speelde het spelletje zo goed mogelijk mee, leunde eerst op een elleboog en vlijde me neer tot ik volledig ineengezakt op de grond lag. Ik voelde hem gewoon, rook en hoorde hem bijna dichterbij sluipen, maar als ik er iets van wilde maken moest ik in mijn rol blijven. Ik moest in mijn personage kruipen, zoals acteurs zeggen, al het andere buitensluiten en een hulpeloos, machteloos, ingezakt beest worden. Het was een roekeloze gok – er kon elk moment vanuit een zijstraat een auto komen die van de helling op ons af scheurde – maar het had ook iets eigenaardig vredigs. Ik gaf het bijna op en tegelijkertijd zette ik alles wat ik had in op deze laatste, beste kans. Ik voelde de hitte van het asfalt opstijgen. Ik hoorde het verkeer over Nineteenth Avenue fluisteren. Ik rook de olievlekken vlakbij en de rubberbanden van de auto's die naast me geparkeerd stonden. Ik woonde al tweeëntwintig jaar in deze wijk en had hem nog nooit op deze manier beleefd; plat op mijn rug midden op straat liggend en naar de daken, telefoonleidingen en met wolken bezaaide lucht starend.

Ik draaide mijn hoofd zo langzaam mogelijk opzij. Daar stond Como, op een halve meter van mijn gezicht, terwijl zijn neus hevig op en neer ging. We keken elkaar recht in de ogen. We waren in de tien tumultueuze dagen die hij al bij ons doorgebracht had, waarschijnlijk nog niet zo dicht bij elkaar geweest. Met mijn vingers gekromd om ze achter zijn halsband te haken, hief ik mijn arm boven zijn staart en rug. Ik had hem te pakken. Hij was als gehypnotiseerd. Hij bewoog niet, bewoog nog steeds niet. Het was afgelopen. We gingen naar huis, met mijn beide armen om hem heen geslagen.

Zo zou het gegaan zijn, daar ben ik van overtuigd, als niet op dat buitengewoon ironisch goedgetimede moment een vrachtwagentje van een tuiniersbedrijf al rammelend via Ortega Street Eleventh Street kwam overgestoken. Het was het eerste teken van leven dat we die ochtend tegenkwamen. We schrokken allebei van het lawaai; de grommende motor, de bonkende vering en de harken en schoffels die in de laadbak rammelden. Ik kromp ineen. Como sprong weg. Ik sprong op en rende achter hem aan.

Terwijl ik door Eleventh Avenue denderde, werd ik bekropen door het loodzware gevoel dat ik Como nooit te pakken zou krijgen. Ik wist dat ik over niet al te lange tijd mijn vrouw, Sally, en dochter, Phoebe, zou moeten vertellen dat de hond die we nog maar pas hadden weg was. Dat ik hem losgelaten had en dat hij bij mij vandaan de heuvel opgerend was en uit het zicht was verdwenen en dat hij nooit meer terug zou komen. Dat het allemaal mijn schuld was. Dat ik het zou begrijpen als ze het me nooit zouden vergeven. De lucht die ik hijgend inademde voelde giftig, heet en bijtend aan.

Maar die maniakale ochtendsprint door de buurt had iets logisch, iets vreemd spannends zelfs, waardoor ik zo hard mogelijk bleef rennen. Op de een of andere manier leek het of we al heel lang achter de ongrijpbare Como aan holden. Hoe hopeloos mijn kansen nu ook leken, ik was niet van plan om het nu nog op te geven. Mijn voeten roffelden over de stoep. Na alles wat we beleefd hadden, bleef ik rennen en holde tot het loodzware gevoel smolt tot een brandende fysieke pijn, die door mijn ribbenkast omhoog mijn keel in en door mijn bovenbenen omlaag stroomde. En toen, terwijl Como voor me uit rende, rende ik nog harder.

I

Hoe het niet begon

Ik wilde Ecstasy.
Dat, zo had ik voor ogen, was de rechtstreekse route naar de andere dingen die ik ook wilde. Ik wilde een harmonieus gezinsleven en kameraadschap. Ik wilde nu momenten om te lachen en om later over te vertellen. Ik wilde rituelen en nieuwe dingen om tijdens de vakanties op de foto te zetten. Een reden om buiten te zijn en mogelijk een band met buren en vreemden.

Ik wilde een dochter van twaalf die zich gelukkig voelde omdat ze meer had gekregen dan ze zich ooit voorgesteld had en een vrouw die me stralend toelachte in de wederzijdse warmte van een geslaagd huwelijk. Ik wilde weerzien en afscheid... en nog meer weerzien. Een tegengif voor mijn eigen aanvallen van eenzaamheid en afzondering. Een eind aan die eindeloze zoektocht.

Maar bovenal, om al die dingen en meer, wilde ik Ecstasy – onverwacht, onmiskenbaar, onherroepelijk.

En dat kreeg ik, in een weergaloze hondenvorm; vanaf een betonnen vloer aan de andere kant van een metalen hek in een dierenasiel in Redwood City, Californië, zat ze naar me op te kijken. Ze was half beagle, half corgi, en, zo wist ik ineens heel zeker, de hond waar we al die tijd naar op zoek waren geweest. Een langdurig, intens ogenblik lang communiceerden we via de ruitvormige openingen tussen ons in met elkaar. Er liep een rillinkje, een siddering van interraciaal contact over mijn rug terwijl we elkaar door het hek strak aankeken. Dit was het. Dit dier zou binnen afzienbare tijd deel van ons gezin uitmaken.

Ze was allereerst een plaatje om te zien. Ze had ogen als schoteltjes en haar kop werd bekroond door oren die perfecte gelijkbenige driehoeken vormden en ze had een witte vacht met hier en daar wat onregelmatige bruine vlekken, als stukjes chocola die in een romig deeg aan het smelten waren. Ze had precies de grootte en het gewicht dat we zochten; een redelijke schootmaat van onder de tien kilo. Ze zag er gezond en niet getraumatiseerd uit, want ze onderging mijn begerige, taxerende blik zonder een of andere zielige stuiptrekking, angstig ineenkrimpen of zo'n woedeaanval die de kooi deed schudden waar we bij talloze gelegenheden tijdens onze zoektocht naar een huisdier van geschrokken waren.

Deze hond deed niets van dat alles. Naar mijn inschatting strekte het haar juist tot eer, dat ze helemaal niet veel deed. Ze lag op ongeveer tweederde van haar kleine kooi en leek zich absoluut niets van mij aan te trekken, of van de soberheid van haar omgeving (kale vloer, gedempte plafondverlichting, gebutste water- en etensbakken, een versleten deken en een gestippelde rubberen halter) of van de oorverdovende herrie van woest gejank, fanatiek geblaf en nagels die over het beton schraapten. Dat alles gaf dit volkomen respectabele asiel, net als de vele andere respectabele en sommige niet zo respectabele asiels die we de voorgaande drie maanden bezocht hadden, het voorkomen van een gesticht voor misdadig krankzinnige viervoeters.

Te midden van dit alles bleef die hond – 'onze hond' – op haar gemakje liggen. Heel erg op haar gemakje zelfs, met een ronde bil onder zich en haar twee achterpoten over elkaar heen geslagen. Ze zag eruit alsof ze op een of ander warm Californisch strand aan het zonnen was, half gehypnotiseerd door de golven die in de verte ruisten. Alsof ze zich vaag bewust was van een bewonderaar, knipperde het onderwerp van mijn pas gewekte liefdesgevoelens zachtjes met haar ogen en ging op haar korte corgipootjes staan. Ze beweegt, dacht ik verwonderd, en ik moest denken aan Phoebes eerste wiebelige stapjes op het gazon van haar tante Judy in Milwaukee, tien jaar eerder. Net als die sublieme waggel was dit een gedicht in voortbeweging; op het gemakje en ontspannen, een ongedwongen wandelingetje door haar gevangenis. Terwijl die korte pootjes onder haar mollige lijfje als een schaar heen en weer gingen, en haar iets te grote kop op- en neerging terwijl ze liep, raakte ik opnieuw in vervoering. Er was geen sprake van storend gedrag zoals we zo vaak hadden gezien; geen tobberig ijsberen of onverhoedse sprongen naar potentiële pleegfamilies of zielig gemok achter in de kooi. Dit was een hond die zo goed in haar vel zat dat ze zich door niets van de wijs liet brengen. Wat kon er beter zijn voor een gezin dat nooit eerder een hond had gehad, met een dochter die zo schuw en teruggetrokken was dat Sally en ik ons überhaupt zorgen maakten over de onvoorspelbare chaos die een huisdier kon aanrichten? Bovendien was deze leuk om te zien en enigszins komisch ongeproportioneerd, dat zag je nu ze opgestaan was en rondliep; op sommige plaatsen zo groot als een beagle en op andere zo klein als een corgi.

Ik glimlachte en riep haar: 'Kom dan, kom dan. Kom maar.' Ze wees mijn uitnodigingen af, liep terug naar de plek waar ze zat toen ik haar voor het eerst zag en ging weer zitten. Dat was op een bepaalde manier ook aandoenlijk. Ze scheen haar eigen vertrouwde ruimte te kennen en te weten waar ze die kon vinden. Maar ondanks het feit dat ik van haar gecharmeerd was, vroeg een instinctief sceptisch stemmetje in mij: Als dit zo'n geweldige hond is, waarom heeft nog niemand haar meegenomen? Maar ik onderdrukte die spontane gedachte en ging verder met het opsommen van allerlei positieve punten.

Misschien zat ze nog maar net in het asiel, hield ik mezelf voor, en waren wij het gelukkige gezin dat haar kreeg. Ze was mooi. Ze was lief. Ze was trouw. Dat straalde ze allemaal uit. Ik stelde me haar voor in ons huis, liggend op het kleed in de huiskamer, de keuken binnensjokkend omdat ze eten wilde, weer op het kleed

liggend. De naam van de hond 'Ecstasy' stond handgeschreven op een bordje aan de deur van haar kooi. Eronder stond nog een aantrekkelijke zin: 'Zindelijk. Lief. Goed met kinderen.'
'Phoebe. Kom eens. Gauw!' riep ik op een dringende toneelfluistertoon die bedoeld was om boven het koor van geblaf, gekef en gejank van de andere honden uit te komen en om tegelijkertijd geen aandacht te trekken van eventuele andere, rivaliserende hondenzoekers. Dit was ons derde bezoek aan dit asiel, dat veertig kilometer ten zuiden van ons huis in San Francisco lag, en we wisten hoe het er hier aan toe ging. Je moest doortastend en tegelijkertijd steels optreden wanneer er een veelbelovende hond opdook in de zee van grauwende pitbulls en geknakte setters, die keken alsof ze het dierenequivalent van de Krimoorlog meegemaakt hadden en geen hoop koesterden op een gelukkige afloop. Goede honden gingen hard, zoals we altijd zeiden. Op een dag zouden we op het juiste moment hier zijn om er een te pakken te krijgen. En nu was het zover.
Phoebe kwam om de hoek van de volgende rij kooien en ging naast me staan. Ze zweeg lange tijd terwijl ze naar onze droomhond staarde. Ten slotte kon ik me niet langer inhouden. 'En, wat vind je ervan?' vroeg ik. 'Is ze niet aanbiddelijk? Kijk eens of ze naar je toe wil komen.'
Phoebe hurkte en wriemelde met haar slanke vingers door het hek. En ja hoor, Ecstasy stond op en kwam op Phoebe af. Haar staart, die me niet eerder opgevallen was, kwispelde een paar keer terwijl ze liep. Nadat ze haar kop naar voren had gestoken om aan de hand van mijn dochter te snuffelen, kwam Ecstasy een paar stapjes dichterbij en stond toe dat haar korte snuit geaaid werd. Dat zou Sally moeten zien, dacht ik. Net toen ik op het punt stond om haar te gaan zoeken, kwam Phoebe overeind. Een recente groeistuip had verscheidene centimeters aan haar lengte toegevoegd. Onze dochter, die al langer was dan de moeders van sommige van haar vriendinnen, met een gezicht dat elke dag mooier en een lichaam dat elke dag leniger leek te worden, kon

me het onwezenlijke gevoel geven dat ze al volwassen was. Maar ze was nog maar twaalf, nog helemaal ons zachtaardige kind maar wel met een eigen willetje. Ze drukte haar armen tegen haar zij en hield haar blik op de grond gericht.

'Ik vind haar niet leuk, papa,' zei ze over Ecstasy.

'Waarom niet? Je hebt haar nog maar net ontmoet. Ze vindt jou leuk.'

'Gewoon niet. Ze voelt raar aan.'

'Hoezo, ze voelt raar aan? Kristof had zo'n rare vacht die meegaf en hém vond je leuk.'

Het was stom om Kristof te noemen. Dat wist ik zodra de woorden over mijn lippen kwamen. Ik zag het aan Phoebes gezicht, aan haar ogen die ze tot spleetjes kneep en de strijdlustige manier waarop ze haar kaken op elkaar klemde. Kristof was een hond die we enkele maanden eerder in het asiel van de dierenbescherming in San Francisco gezien hadden. Het was een puppy, een kruising van verschillende soorten poedels, waar Sally en ik nee tegen gezegd hadden omdat hij nog niet zindelijk was en omdat hij als volwassen hond zo'n vijftien tot twintig kilo zou wegen. Phoebe was indertijd woedend geweest en had ons ervan beschuldigd dat we haar het enige wat ze ooit had gewild misgunden en dat we überhaupt nooit van plan waren geweest om een hond te nemen. Ik zou haar hatelijke, beschuldigende blik niet snel vergeten.

We waren nog maar kort aan het zoeken en we hadden tegen haar gezegd – en ook werkelijk gedacht – dat er genoeg andere honden waren. Daar hadden we gelijk in: er waren genoeg andere honden, vele honderden. Het probleem was dat ze bijna allemaal te woest, te dreigend, te ongehoorzaam, te groot, te oud of te vreselijk waren om in aanmerking te komen. En degene die al die dingen niet waren, werden zo snel geadopteerd dat ik ervan overtuigd begon te raken dat handel met voorkennis op de Californische hondenmarkt een groter probleem was dan op Wall Street.

Nadat we Phoebe op haar twaalfde verjaardag beloofd hadden dat ze eindelijk de hond mocht hebben waarvoor ze gelobbyd had sinds ze kon praten (en ze kon al vroeg praten), waren we onze zoektocht begonnen met een onbezorgde, zelfs wat zelfvoldane houding. Denk aan al die geweldige, ongewenste asielhonden die dolgraag bij ons zouden willen wonen, hielden we onszelf voor. Denk eens aan wat we te bieden hadden: een redelijk groot huis met een kleine omheinde achtertuin, vlak bij het Golden Gate Park met zijn uitgestrekte open ruimte, een dochter die honden als halfgoden beschouwde en twee volwassenen van wie de flexibele werktijden als lerares op een ROC (Sally) en journalist (ik) regelmatige wandelingen en een hoop aandacht overdag mogelijk maakten. Welke hond zou daar niet voor tekenen? Alsof dat nog niet genoeg was zouden we ook nog een dier redden van een vroegtijdige dood als hij of zij niet geadopteerd zou worden. Het idee dat we een asielhond zouden nemen in plaats van vijfhonderd of duizend dollar neer te tellen voor een van die rashonden die zo populair geworden waren, verleende het geheel een bevredigende glans van deugdzaamheid.

Niet dat dat voor Phoebe wat uitmaakte. Het enige wat zij wist was dat naarmate de zomer verstreek, ze nog steeds geen hond had die haar verwelkomde als ze thuiskwam. Een tijdlang had ze, als onderdeel van haar volhardende gelobby, ons er nadrukkelijk op gewezen wie van haar vriendinnen en klasgenoten een hond hadden of op het punt stonden er een te krijgen. Ze ging bijvoorbeeld op zaterdagmiddag na de voetbaltraining of -wedstrijd met Laurie mee naar huis en kwam dan thuis vol verhalen over hoe ze met Lauries Airdale, Spencer, door het huis hadden gerend. Emily had een speelse witte terriër die Popcorn heette. Molly had Lola, een enorme, aanhankelijke lobbes. Lily, van wie de ouders gescheiden waren, had in het huis van haar moeder een hond, Bagel, en in de flat van haar vader een kat, met daar ook nog eens een beloofde hond in aantocht.

En dan was er ook nog het lastige geval van Tobias, wiens chocoladekleurige labrador, Mia, overleed toen de kinderen in groep zes zaten. Op hetzelfde moment, zo leek het, werd Mia vervangen door Oscar, een teckelpuppy die op een middag zijn opwachting bij school maakte toen ik er was om Phoebe op te halen. Terwijl een zwerm kinderen zich op het schoolplein om de kronkelende, ontegenzeggelijk schattige Oscar schaarde, stapte mijn dochter er met een uitgestreken gezicht langs en liep naar de auto.

'Wil je niet...' begon ik en toen besefte ik dat ik het beoogde publiek voor haar optreden was. We reden in een goed georkestreerde stilte naar huis.

Zo nu en dan gingen Sally en ik met Phoebe in discussie – eerlijk gezegd waren het meer kruisverhoren – over onze hondloze toestand. Vond ze echt dat ze er klaar voor was om de verantwoordelijkheid op zich te nemen? Zou ze hem eten geven, wassen en uitlaten, ook al regende het, had ze te veel huiswerk of had ze gewoonweg geen zin? Besefte ze wel dat je een hond niet alleen maar aandacht kon geven wanneer jij er zin in had en hem de rest van de tijd kon negeren? Wist ze wel dat ze er haar leven lang aan vastzat?

Ja, ja, honderden hartstochtelijke, vurige en ten slotte vermoeide ja's op al die vragen. Ik weet nog dat Phoebe haar ogen ten hemel sloeg bij de opmerking dat ze er haar hele leven aan vast zou zitten. Ze wist, vanaf haar vijfde al, donders goed dat een hond niet het eeuwige leven had. Je had hem en hield er een tijdlang zielsveel van en dan ging hij dood en dat was dat. Ondanks haar romantische obsessie met betrekking tot het onderwerp – hondenposters aan haar muren en dekbedovertrekken met honden op haar bed, hondenkalenders en -truien, en een verzameling beeldjes en knuffelhonden in alle soorten en maten – was Phoebe misschien nuchterder en realistischer over het hebben van een huisdier dan wij.

In bed, met het licht uit, vertrouwden Sally en ik elkaar soms al onze zorgen toe en schetsten de somberste scenario's terwijl Phoebe verderop in de gang als een blok lag te slapen, ongetwijfeld dromend van honden. Ik liet vooral graag statistische studies door mijn gedachten spelen en de resultaten ervan deelde ik met Sally.

'Laten we zeggen dat we nu een hond nemen,' rekende ik dan hardop, 'en hij wordt veertien. Phoebe gaat over zes jaar studeren. Dat betekent dat we de hond dan nog minstens acht jaar voor onszelf hebben. En hij zou wel twintig kunnen worden. Dat kunnen honden, weet je. Wat zou voor ons veertien jaar dan betekenen? Dan ben jij zeventig en ik tweeënzeventig.'

Sally, lerares Engels en iemand voor wie getallen weinig betekenis hebben, zei een tijdlang niets. Ik vroeg me af of ze aan ons tweeën als grijzende, trager wordende zeventigers dacht. 'Honden leven niet altijd zo lang,' zei ze ten slotte. 'Misschien gaat hij wel dood voor ze gaat studeren.'

'O ja, dat zou helemaal mooi zijn,' zei ik. 'Zullen we haar hart dan maar meteen breken?' Daarna lagen we allebei naar het plafond te staren, zonder veel kans dat we binnen afzienbare tijd in slaap zouden vallen.

Mijn gesprekken met Phoebe hadden een andere, quasi-juridische toon. Wanneer zij nadrukkelijk met verklaringen over haar van honden voorziene leeftijdsgenoten kwam, onderwierp ik haar wel eens aan een kruisverhoor en bracht tegenstrijdige argumenten in. Dan noemde ik alle gezinnen op waarvan we wisten dat ze geen hond hadden.

'En Jeanne dan?' vroeg ik. 'Of Camille? Zij hebben geen hond.'

'De vader van Jeanne is allergisch,' antwoordde Phoebe. 'Camille woont in een flat. Ze mogen geen honden houden.'

'En Sophie?' vervolgde ik. 'Zij hebben een groot huis.'

'Sophie wil geen hond. Ze houdt van vogels.' Er volgde een veelbetekenende stilte. 'En ze hééft een vogel.' Ze voegde de naam eraan toe om haar woorden kracht bij te zetten: 'Fellini.'

'Nou ja,' zei ik, 'wij zijn niet als andere gezinnen. Wij doen dingen op onze eigen manier, op ons eigen moment.'

'Dat weet ik,' zei Phoebe. 'Dat weet ik.'

Ecstasy was bijna zeker een verloren zaak nu Phoebe eenmaal haar afkeer had uitgesproken over hoe de hond aanvoelde. Maar ik gaf me niet zo snel gewonnen.

'Wacht even,' zei ik. 'Ik ga mama zoeken.' Terwijl ik wegliep keek ik even achterom naar Ecstasy. Ze had haar gebruikelijke plekje in de kooi ingenomen en lag nu op de kale vloer. Het leek wel wat vreemd dat ze haar deken meed.

Sally stond buiten, waar ze een van haar frequente adempauzes nam van de asielchaos die neigde te leiden tot hoofdpijn- en/of hooikoortsaanvallen. Ze stond aan de rand van het parkeerterrein door een heg naar een supermarkt te kijken.

'Kom eens mee naar binnen,' zei ik. 'We zouden er wel eens een gevonden kunnen hebben.' Ergens moet ik gedacht hebben dat, als ik het feit dat Phoebe haar al afgewezen had doodgewoon niet noemde, Ecstasy misschien nog steeds een kans had. Nadat Sally iets tegen me teruggezegd had dat ik niet verstond, liepen we langs de receptie, waar een gezin met drie kleine kinderen blij stond te zijn met de grote, slordig uitziende bastaard-akita die ze zojuist gekozen hadden. We gingen op weg naar Ecstasy's gangpad. Phoebe was nergens te bekennen.

Sally deed zo'n beetje hetzelfde als Phoebe had gedaan. Ze tuurde in de kooi, boog zich voorover en haalde de hond over om naar haar toe te komen en aan haar hand te snuffelen. Ik boog me ook voorover en kreeg mijn eerste fysieke contact met Ecstasy. Het viel me op dat haar neus een beetje warm aanvoelde, maar haar vacht was glad, helemaal niet 'raar'.

'Ze is leuk,' mompelde ik terwijl ik mijn best deed om de intimiteit die we daar aan de rand van de kooi met zijn drieën opgebouwd hadden niet te verstoren. 'Er staat op het bordje dat ze lief is en goed met kinderen,' zei ik. 'Dat merk je ook. Ze is helemaal niet druk.'

Sally bleef Ecstasy's hoofd en nek aaien en krabde zelfs met een vinger achter een van de grote, puntige oren. De hond keek verzaligd, alsof ze onder de drugs zat. Haar ogen rolden naar boven.

Maar mijn vrouw wierp me een sceptische blik toe terwijl ze bleef krabbelen.

Sally was net zo terughoudend – misschien nog terughoudender dan ik – aan die zoektocht naar een hond begonnen. Toen ze eraan begon had ze, net als bij bijna alles in ons leven samen, een aardig idee van hoe het zou gaan. Ik bezong de eindeloze voordelen van iets (een vakantie, een verbouwing, nu een hond) en zij was degene die het overgrote deel van de telefoontjes en mailtjes (naar hotels, loodgieters, de dierenarts) voor haar rekening moest nemen, om nog maar te zwijgen van al het gepieker en getob dat erop volgde. Hoezeer Phoebe en ik ook met klem het tegendeel beweerden, een hond zou een enorme verantwoordelijkheid met zich meebrengen die voor het grootste deel op Sally's schouders terecht zou komen. Het was niet eerlijk en het deugde niet, maar zo was het nu eenmaal.

Maar het was nog maar een deel van het geheel. Al haar pragmatische en zichzelf werk besparende bedenkingen tegen het nemen van een hond ten spijt, wisten Sally en ik allebei wat er nog meer bij een huisdier kwam kijken. Wat voor hond we ook vonden, ze zou er onbesuisd, hopeloos verliefd op worden. Ondanks haar praktische gezwoeg en efficiëntie is mijn vrouw veel meer een zwijmelende romanticus dan ik, met al mijn stoere uitspraken, ooit zal zijn. Films (zowel trieste als grappige), krachtige ballades van Springsteen, een familiealbum, Olympische sportlieden die met een plechtig gezicht op het podium staan... allemaal kunnen ze Sally's altijd parate tranenstroom op gang brengen. We waren al vijftien jaar getrouwd en ik was allang aan dat trekje van haar gewend, maar zelfs ik schrok toen ik Sally's beverige lachje in tranen zag omslaan toen haar vader op zijn tachtigste verjaardag spontaan een reclamejingle voor Pepsi-Cola uit zijn jeugd begon te zingen. Ze huilde om zijn jeugd, om de hare, om haar moeder die plotseling overleden was toen ze in de vijftig was, om de bitterzoete snelheid waarmee alles voorbijging. Een hond zou haar volledig om zijn of haar poot winden.

'Heeft Phoebe haar gezien?' vroeg Sally terwijl ze haar hand uit Ecstasy's kooi terugtrok.

Het had geen zin om met een regelrechte leugen aan te komen, ook al was de verleiding groot. 'Heel eventjes,' zei ik. 'Ze heeft zich niet echt met haar beziggehouden.'

'Wat zei ze?'

'Niet veel. Iets over haar vacht, dat die raar aanvoelde. Maar dat is gewoon een kwestie van wennen. Echte honden voelen niet aan als Dakta,' zei ik, verwijzend naar de huskypuppy knuffel die sinds jaar en dag bij Phoebe in bed lag.

'Ik snap wat ze bedoelt,' zei Sally. 'Haar vacht voelt droog aan. Je vraagt je af hoe goed ze eigenlijk voor die dieren zorgen.' Ze liet haar blik langs de rij gevangenisachtige kooien gaan en mimede iets wat ik niet begreep.

'Wat zei je?' vroeg ik. Hoewel ik mijn zachtjes sprekende, bij tijd en wijle onverstaanbare vrouw soms echt niet versta, is mijn onbegrip soms ook een uitsteltactiek om mijn gedachten te ordenen.

'Natuurlijk zorgen ze goed voor ze,' zei ik als antwoord op Sally's eerdere opmerking. 'Anders zouden ze gesloten worden.'

'Hoe weet je dat?' zei Sally tartend terwijl haar stem nu wat luider werd. 'Niemand sluit die afschuwelijke puppyfabrieken waar zieke honden vandaan komen.'

'Waar heb je het over? Dit is niet een of andere puppyfabriek. Als we dat dachten, zouden we nooit teruggekomen zijn.'

Juist op dat moment, alsof hij aangespoord werd door de toenemende verheffing van mijn stem en de spanning die erin te horen was, vuurde een buldog in een van de kooien achter ons een salvo van geblaf af. Ik draaide me om en wierp hem een strenge blik toe, die zijn woede alleen maar verder aanwakkerde. Al gauw sloten enkele andere honden zich bij hem aan. Het werd zo'n kabaal dat Sally en ik onze woordenwisseling moesten staken. Een personeelslid van het asiel kwam vragen of alles goed ging.

'Prima,' schreeuwde ik. 'Uitstekend. Jullie hebben hier een stel fantastische honden.'

Daar reageerde hij niet op, maar hij liep naar de buldog toe om hem rustig te krijgen.

'Waar is Phoebe?' vroeg Sally. 'Ik dacht dat ze bij jou was.' Nu kreeg haar stem een scherpe klank. We gingen in tegengestelde richtingen op zoek. Ik trof Phoebe bij het mededelingenbord in de hal aan. Ze stond, net als bij onze vorige bezoeken, de foto's te bestuderen van gezinnen met de huisdieren die ze opgenomen hadden. Iedereen op de foto's – zelfs de honden en katten en een enkel konijn dat uit het asiel kwam – leek te lachen.

'Daar horen wij straks ook bij, schat. Dat beloof ik.'

Ze keek naar me op. Haar ogen waren vochtig en stonden op het punt om over te lopen. 'Waarom schreeuwden mama en jij?' vroeg ze me.

'We schreeuwden niet. Heb je ons gehoord?'

Ze keek weer naar het mededelingenbord. Sally kwam naast haar staan, legde haar hand op het hoofd van onze dochter en streelde het fijne, blonde haar. Het was zo'n moment waarop ik besefte hoeveel mijn vrouw en dochter op elkaar lijken; hun blonde haar en zeegroene ogen, smalle schouders, zachte stem, rechte rug en een griezelige manier om verzet, onzekerheid of tederheid uit te drukken met een uiterst subtiel gebaar van hun kin.

'Wat voor hond is dat?' vroeg Sally aan Phoebe, die een studie van rassen had gemaakt uit de boeken die ze in de loop der jaren met Kerstmis en haar verjaardag had gekregen.

'Ik weet het niet zeker,' zei ze. 'Het zou een kruising kunnen zijn van een Portugese herdershond. Of misschien van een laika.' En toen, met haar blik nog op het mededelingenbord gericht, zei ze op zachtere toon. 'Ik wil die hond niet, papa. Estasy.' Ze sprak de naam zonder de harde *c* uit, zodat het klonk als 'Estussie'. Het leek op het geluid van lucht die uit een feestballon ontsnapt.

Ik wist hoe moeilijk het voor Phoebe moest zijn om dat tegen me te zeggen. Ze liet opnieuw een kans voorbijgaan om een hond te krijgen. Ze wist niet goed wat er mis was met deze. Ze wist niet wanneer de juiste hond op haar pad zou komen en of dat ooit zou gebeuren. En ze vond het akelig om mij teleur te stellen. Ze deed haar uiterste best om niet te huilen. Ik was ontzettend trots op haar, maar voelde me tegelijkertijd rot over wat zij en wij allemaal moesten doorstaan. Sally en ik wisselden een korte, hulpeloze blik over het hoofd van onze dochter heen.

'Kom, laten we maar gaan,' zei ik. 'Wie wil er een ijsje op weg naar huis?'

'Ikke, ikke,' zei Sally. Dat deden we vaak als onze dochter, die enig kind was, gedeprimeerd was. Dan deden we net of we zelf kinderen waren, in een poging haar uit het soort stemming te halen waarvan de sombere intensiteit ons enigszins schrik aanjoeg. Phoebe liep achter ons aan naar de auto en ging toen op de achterste stoel zitten zodat ik haar gezicht niet in de achteruitkijkspiegel kon zien.

We gingen met onze hoorns en bakjes voor de ijszaak staan en keken hoe de vliegtuigen over de baai naar de internationale luchthaven van San Francisco scheerden. 'Daar gingen wij een paar weken geleden,' zei ik, onze terugvlucht van een bezoek aan mijn familie in Missouri in herinnering brengend. 'Lekker, hoor,' probeerde ik nog een keer terwijl ik met een plastic lepeltje naar mijn karamel-pecanijsje zwaaide. 'Maar het is geen milkshake van Winstead.'

'Waarom gaan we daar eigenlijk altijd heen?' vroeg Phoebe, duidend op de beroemde 'steakburger'-keten uit Kansas City.

'Alsof je dat erg vindt,' zei ik. 'Ik heb je nooit over de frietjes horen klagen.'

'En de uienringen zijn er echt het lekkerst,' deed Sally een duit in het zakje.

'Helemaal niet,' antwoordde Phoebe.

Ze bekvechtten een tijdje opgewekt over dat onuitputtelijke onderwerp. Toen gaven ze mij de wind van voren vanwege die ene keer dat we bijna onze vlucht gemist hadden omdat ik per se nog een ijsje van Winstead wilde halen. Dat was fijn. We hadden het voor die dag gehad met honden en lieten deze laatste mislukte poging achter ons. Tijdens de terugreis maakten Sally en Phoebe plannen om straks bij de YMCA te gaan zwemmen.

Ik was blij dat de sombere, terneergeslagen stemming verdwenen was, blij dat ik naar huis terug kon rijden terwijl mijn vrouw en dochter volop zaten te kletsen. Er stonden voor het avondeten nog wat kliekjes in de koelkast, zodat we ons niet hoefden te haasten om snel iets te koken voor ze hun badpak aantrokken en naar het zwembad gingen. Maar terwijl ik in noordelijke richting langs het vliegveld reed en over de snelweg naar de witte deken van nevel reed die in de zomermaanden vaak over San Francisco hangt, dwaalden mijn gedachten weer terug naar die gedweeë hond met de enigszins wezenloze blik in de ogen, die we achtergelaten hadden.

Ik denk dat ik wel aanvoelde dat Ecstasy voor ons niet geschikt was. Misschien was ze voor niemand geschikt. 'Goed met kinderen,' bedacht ik, kon net zo goed betekenen 'Catatonisch bij iedereen'. 'Bijna hersendood.' En toch had ik op de een of andere manier het gevoel dat er iets weggeglipt was.

Misschien waren wij het enige gezin dat Ecstasy uit haar schulp had weten te lokken, dat de bron van liefde en trouw had weten te vinden die zelfs in de meest onwaarschijnlijke hond schuilt. Misschien was haar bijzonder ontoepasselijke naam een soort aanwijzing die ons uitnodigde om de uitbundigheid en vreugde die in dit beslist onextatische dier schuilging te vinden. We reden de nevel binnen bij het winkelcentrum van Stonestown en begonnen aan de klim van Nineteenth Avenue.

Terwijl de klamme lucht die middag om ons heen wervelde, en de in meerdere kleuren geschilderde huizen voorbij zoefden zou geen van ons het bedacht hebben, maar we zouden binnen afzienbare tijd weer naar Redwood City gaan. We zouden slechts enkele weken later naar hetzelfde asiel teruggaan, hoopvol gestemd maar verre van zeker dat het iets op zou leveren. We hadden op geen enkele manier kunnen weten dat de Ecstasy die we deze dag niet vonden een voorbode was van de waanzin die we later tegenkwamen.

2

Levenscycli

Phoebe werd op 14 juni 1991 geboren. Rond Onafhankelijkheidsdag op 4 juli begon ze ons al te bewerken om een hond voor haar te nemen. Ik weet dat dat niet echt mogelijk is. Onze dochter draaide zich pas met zes weken om en ze zette tegen haar eerste verjaardag haar eerste stapjes. Maar achteraf denk ik dat ze haar energie gewoon spaarde voor de niet-aflatende jacht op honden die zou beginnen zodra ze zelfstandig kon rondscharrelen. Vanaf het moment dat ze kon lopen, was geen enkele setter, spaniël of terriër, geen buldog, chihuahua of Deense dog veilig voor Phoebes vastbeslotenheid om hem te aaien, aan zijn staart te trekken of haar armen om zijn nek te slaan en hem zo stevig mogelijk vast te houden. Het mag een klein wonder heten dat ze niet door een net zo liefhebbende mastiff of golden retriever bij ons vandaan gesleurd is.

Haar psychologische oorlogsvoering begon nog eerder. Phoebe maakte geen gebruik van de voor de hand liggende strategie om alleen via boeken en prentenboeken over honden te houden. Ze was dol op *Dag dag, dag nacht*, waarin een muis, jonge poesjes, drie beren en een koe voorkwamen... maar geen hond. Beatrix Potters hondloze *De avonturen van Pieter Konijn* was een grote favoriet. Net als de *Mier en de bij*-boeken en *Het weggelopen konijntje*, dat ze telkens weer wilde horen. Dat verhaal over een wollig gevalletje dat vastbesloten was om voor zijn familie en thuis weg te vluchten, beseften we later, was maar al te zeer een aankondiging van onze eigen dierentoekomst.

Voor haar tot volle wasdom gekomen obsessie voor honden duidelijk werd, had Phoebe ons overtuigd van haar gezonde, veelzijdige belangstelling voor andere dieren. Ze speelde met Beanie Baby's en niet alleen met degene die op honden leken. Ze ging graag naar de dierentuin en keek vanuit haar wandelwagen op naar giraffen, olifanten en apen. Ze toonde zelfs genegenheid voor Angus, de rode kat van haar tante Nancy, toen we die in Seattle gingen bezoeken. We hadden niet het idee dat we een probleem hadden.

Maar er waren ook tekenen dat honden een onevenredig groot deel van Phoebes innerlijke leven innamen. Bepaalde knuffels begonnen 's avonds steeds vaker hun opwachting in haar bed te maken. Eerst was het een beagle, die piepte als je in hem kneep. Toen kwam er een enorme zwarte labrador, die ze Houtskool noemde. En uiteindelijk was daar definitief Dakta, de pluchen huskypuppy van wie ze de naam op zijn halsbandje ('Dakota') de eerste keer verkeerd uitsprak en die ze vervolgens weigerde te verbeteren.

'Hallo, dokter Dakta,' zeiden Sally en ik wel eens. 'Is dokter Dakta aanwezig? Zou dokter Dakta zich kunnen melden in de kamer van juffrouw Phoebe Ann Winn?'

'Gekkies. Hij is hier,' riep ze dan terug, terwijl ze met de kleine grijs-witte husky tegen haar borst geklemd in een deuropening stond.

Daarna begon onze dochter een belangstelling voor verzamelen te ontwikkelen. Nadat iemand haar op jonge leeftijd voor haar verjaardag een porseleinen Duitse herder cadeau had gegeven, bleef ze kleine hondjes vragen om de herder op een plank in haar kamer gezelschap te houden. De porseleinen roedel groeide sneller dan de muizen van haar vriendin Marlena zich vermenigvuldigden, en breidde zich uit van een plank naar twee en daarna naar drie planken. Ze kon uren bezig zijn met het herschikken van de collectie.

Phoebes meest favoriete Disneyvideo was *101 Dalmatiërs*. Er is een lange periode geweest waarin we die band in de videorecorder lieten zitten en hem weer aanzetten op de plek waar we de vorige keer gestopt waren. Phoebe zat niet met de onderbrekingen; de film was een doorgaande voorstelling in haar hoofd. 'Dal-ma-tsiërs' zei ze dan, het was een van de eerste woorden die ze kon zeggen. We drukten veel vaker op de afspeelknop dan goed was, omdat het onze dochter gegarandeerd uit elke lastige stemming waarin ze maar verkeerde haalde.

Sally en ik zeiden wel eens gekscherend dat we voor elke dalmatiër die erin voorkwam de film waarschijnlijk al één keer gezien hadden. Na er meer dan een jaar herhaaldelijk naar gekeken te hebben, maakten we er geen grapjes meer over. 'Ik geloof echt dat ze hem al honderd keer gezien heeft,' zei Sally op een avond tegen me, terwijl wij met het avondeten bezig waren en Phoebe opnieuw gebiologeerd naar de scène van de 'Twilight Bark' zat te kijken.

'Minstens,' zei ik en ik ging verder met het hakken van een ui. We zouden fusilli met marinarasaus eten, een gerecht dat ons pasta minnende kind het lekkerst vond van allemaal. Het kwam bij me op dat we – te veel – op Robert en Anita leken, het zachtaardige Londense echtpaar dat in het verhaal hun huis door al die dalmatiërs laat overnemen. Dat zei ik tegen Sally toen we op het punt stonden om naar bed te gaan.

'Ik weet het niet,' antwoordde ze. 'Phoebe vindt ons misschien meer op Cruella De Vil lijken.' Dat is Anita's demonische oude schoolvriendin, een op bont gefixeerd monster dat lief doet tegen de honden in de hoop ze te kunnen doden vanwege hun gevlekte vachtjes.

'Waar heb je het over?' vroeg ik, al wist ik precies waar ze het over had. Als het op honden aankwam waren wij Phoebes vijanden. Wij waren de enge slechteriken die haar er geen wilden geven. We konden net doen alsof ze het tegen God en niet tegen ons had als ze in haar gebedjes een vraag om een puppy – 'op een dag' – fluisterde. We konden net doen alsof we niet wisten wat het betekende als ze uitgebreide theepartijtjes hield voor haar porseleinen honden of zich 's avonds in bed aan Dakta vastklampte.

'Ze is veel te jong,' zei ik nadat we het licht uitgedaan hadden, waarmee we weer uitkwamen op ons terugkerende zelfrechtvaardigingsgesprek over het feit dat we geen hond konden nemen voor onze vierjarige. 'Ze weet niet wat er allemaal bij komt kijken. Al dat uitlaten in de regen en eten geven.'

'Hoe zouden we ooit nog kunnen reizen?' vroeg Sally, terwijl ze op haar rug in het donker lag. 'Wie zou bij hem thuis blijven als er iets gebeurde?'

Het was als een litanie in de kerk. We hadden die zinnen al talloze keren opgedreund. We wisselden wel eens van rol. De ene keer kwam Sally met het vakantieprobleem of het uitlaten in de regen en een andere keer was ik het. Met een schuldgevoel en al die makkelijke vragen onbeantwoord probeerden we de slaap te vatten.

Uiteindelijk, omdat we een rotgevoel over onszelf bleven houden, besloten Sally en ik het huisdierenprobleem aan te pakken met vissen. Toen Phoebe vijf was, kochten we een kleine, ronde glazen kom en zetten die op het tafeltje naast haar bed. Hij was net groot genoeg voor één goudvis. De eerste twee gaven zo snel de geest dat geen van ons zich kon herinneren wie de eerste was geweest; Claro of Hako. Phoebe had iets geheimzinnigs wanneer het aankwam op het geven van namen aan huisdieren – ze glimlachte mysterieus toen we vroegen waar ze 'Hako' vandaan had – maar ze strooide trouw twee keer per dag een paar korreltjes visvoer in het water en hielp in het weekend met het schoonmaken van de kom.

Sally of ik moest de kom van het tafeltje tillen en naar beneden dragen, maar Phoebe schepte elk korreltje van het gekleurde grind er zelf uit en legde het in een zeefje zodat het gewassen kon worden. Ze ging op een krukje voor het aanrecht staan om het porseleinen kasteeltje te schrobben. En vervolgens haalde ze, met de precisie van een chirurg, Claro of Hako met een netje uit het met water gevulde pindakaaspotje en deed hem terug in zijn nu blinkende huis.

We konden Phoebe zeker niet de schuld geven van die voortijdige, onverhoopte sterfgevallen. Ze had zich verantwoordelijk gedragen en alles goed gedaan. 'Dat gebeurt nu eenmaal, schat,' zei ik tegen haar nadat we op een zaterdagochtend een van de vissen op zijn rug op het water hadden aangetroffen. Na een snelle wc-begrafenis zat Phoebe in haar pyjama op de rand van haar bed en ze tuurde intens naar de lege kom. Ze keek ernstig, maar niet overstuur. Het was alsof ze dwars door dit vluchtige heengaan in een verre toekomst kon kijken, waar ze iets zag dat verder geëvolueerd was dan een vis. De kom was net haar kristallen bol waarin ze visioenen van zichzelf kon oproepen, dollend met een puppy op een groot groen grasveld.

Wat Rosie, de volgende vis in de reeks, betrof, moesten Sally en ik de schuld bij onszelf zoeken. Om de een of andere reden overtuigd van het feit dat de kom na Claro en Hako een grondige schoonmaakbeurt behoefde, brachten we hem naar beneden, goten een dopje bleekmiddel in het water en schrobden het glas vanbinnen en vanbuiten. We spoelden hem grondig af, vulden de kom weer met water en lieten het een nachtje staan, zoals het goudvissenboek adviseerde, voor we Phoebe een nieuwe bewoner lieten uitzoeken. Deze had een roodachtige gloed en leek in haar aquarium in de dierenwinkel bijzonder opgewekt. Maar een paar dagen nadat we haar mee naar huis genomen hadden, begon Rosie weg te kwijnen. Ze zweefde lusteloos boven haar kasteel, terwijl haar vinnetjes nog een week of wat levendig fladderden voor ze zich aan haar lot overgaf.

Toen ik naar de dierenwinkel terugging om mijn beklag te doen, luisterde de winkelbediende naar mijn verhaal en vroeg toen of er misschien iets 'ongewoons' in het water kon zijn terechtgekomen. 'Heeft uw kind misschien iets in de kom gedaan? Dat doen ze wel eens. Seven-up of zout of zoiets, om te zien wat er gebeurt. Of afwasmiddel. U heeft toch niet toevallig afwasmiddel gebruikt om de kom schoon te maken, hè? Het is vrijwel onmogelijk om alle restjes eruit te spoelen en goudvissen kunnen er niet tegen.' Hij had het niet over bleekmiddel, maar dat was ook niet nodig. Ik nam Phoebe de volgende dag mee naar de winkel om een nieuwe vis en een nieuwe kom uit te zoeken.

Die verschillende waterrijke sterfgevallen en vervangingen brachten mijn eigen ervaringen als kind met de levenscycli van dieren weer bij me naar boven. Net als Sally en ik, hielden mijn ouders hun poot stijf wanneer mijn zusje, Judy, en ik om een hond zeurden. Onze vroegste huisdierendrang moest op andere, primitievere manieren bevredigd worden. Ik hield tropische vissen, waarvan de lichtgevende kleuren en de voortplantingsdriften een algeheel gebrek aan persoonlijkheid en een hoog sterftecijfer compenseerden. Judy hield een reeks schildpadden. Hun belangrijkste functie was dat ze ons de gelegenheid gaven om uitgebreide begrafenissen te organiseren, nadat de vastberaden reptieltjes uit hun plastic eilandparadijsjes gekropen waren en van de roze boekenplank in haar kamer waren getuimeld.

Judy was in haar schildpadjaren in de ban van Billy Graham. Aangestoken door zijn televisieoptredens, hield ze hoogdravende preken voor Christoforus of Lucas, voor Marcus, of Johannes die in een sieradendoosje met watten werden gelegd voor hun laatste reis. Met mij als aangewezen grafdelver en met ongeacht welke buurtkinderen die ze voor de processie had weten te ronselen, voerde mijn zus met een plechtig gezicht de stoet naar de achtertuin aan. Gekleed in een hardroze ochtendjas die als toga diende, hield ze langdurige herdenkingsdiensten onder de magnolia. Ik was altijd bang dat, wanneer ik de volgende keer het plantentroffeltje van mijn vader in de aarde stak, ik op een rottend sieradendoosje van een vorige begrafenis zou stuiten.

Waar de schildpadden alles te maken hadden met de sociale rituelen van dood en openlijke rouw, waren de vissen die ik in de kelder hield een solitaire hobby. Elke dag ging ik na school direct naar de kelder om bij mijn twee aquariums te kijken. De een bevatte een verbijsterend assortiment neontetra's, zebravissen, maanvissen, black molly's, zwaarddragers en minstens één bebaarde meerval die het gekleurde grind druk stofzuigde en de plastic waterplanten zachtjes heen en weer liet zwaaien. Het andere, kleinere aquarium, waarin ik guppies hield, was problematischer. Ik ging daar altijd als laatste heen, half en half bang dat een van mijn kwetsbare schoonheden met hun waaierstaart ineens een of andere harige, witte schimmel had opgelopen of, zoals ze zo vaak zonder enige waarschuwing deden, gewoonweg doodgegaan was en met een gezwollen buik omhoog aan de oppervlakte dreef.

Toen ik in groep acht kwam, begon mijn belangstelling voor vissen te tanen. Mijn ouders moesten me eraan herinneren dat ik ze moest voeren. De wanden van het aquarium slibden dicht door dikke lagen groene algen, omdat ik het schoonmaken maar uitstelde tot ik er bijna geen levensteken meer doorheen kon zien. Op een dag, toen mijn vader beneden iets aan zijn werkbank moest doen, zag hij ineens hoe slecht de aquariums eruitzagen en dreigde hij ze leeg te laten lopen als ik ze niet schoonhield. 'Hoe kunnen we in 's hémelsnaam een hond nemen en verwachten dat jij de verantwoordelijkheid ervoor op je neemt,' vroeg mijn vader, 'als je niet eens voor een paar gúppies kunt zorgen?'

Ik voel nog de pijn van zijn minachting en teleurstelling en de intense, met schuldgevoel doorspekte woede die als een golf bij me opkwam. Bij de herinnering eraan vroeg ik me af wat voor stormen van emotie er door Phoebe raasden als ze in die glazen kom naast haar bed staarde en zich afvroeg of hij ooit vervangen zou worden door een hond.

Knabbel, de laatste van Phoebes vissen, leefde het langst... meer dan een jaar. Onze dochter bleef een goede verzorgster. Ze gaf Knabbel te eten, verschoonde zijn water en regelde met onze buren, Pam en Cheryl, dat zij voor hem zouden zorgen als wij er niet waren. Ze schreef lange, gedetailleerde instructies en bracht de kom zelf naar hun huis, nu ze groot genoeg was om hem te dragen. Phoebe schreef rond die tijd ook een gedicht voor school. Het was getiteld: 'Mijn wens' en begon zo:

> Als ik een hond voorbij zie lopen,
> dan kan ik alleen maar hopen
> dat mijn ouders in plaats van een vis
> een hondje voor me willen kopen.

Al die voorbijlopende honden, vervolgde ze verderop:

> zien eruit alsof ze voor een feestje uitgenodigd zijn
> en ik wou dat ze mij uitgenodigd hadden.

Het gedicht eindigde met een berustende zucht van maatschappelijke betrokkenheid:

> Maar dan denk ik aan alle arme mensen
> en vind dat ik niet meer zou mogen wensen.

'Heb je dat gezien?' vroeg ik aan Sally. Ze knikte. 'We zouden eigenlijk morgen een hond voor haar moeten gaan halen,' zei ik, 'of haar de Nobelprijs voor de Vrede toekennen.'

Sally had een beter idee. 'Laten we een vogel voor haar kopen,' zei ze. 'Ik heb eens wat zitten lezen. Dwergpapegaaien schijnen heel lief te zijn en een hoop persoonlijkheid te hebben. Ze gaan op je vinger zitten en klimmen langs je arm omhoog en kroelen tegen je oor. Dat zou ze geweldig vinden. En ze zijn nog leuk ook.'

Omdat het uit het niets opkwam en ik geneigd ben te vertrouwen op Sally's intuïtie en te vertrouwen op de grondigheid van haar onderzoek, stemde ik onmiddellijk in. We vertelden het Phoebe, die tien was, tijdens het avondeten. Ze zat in groep zes en had al geleerd haar gevoelens min of meer te verbergen, terwijl ze de onze heel goed aanvoelde. Ik dacht wel dat ze blij was bij het idee dat ze een vogel zou krijgen, maar ik ging er ook vanuit dat ze het doorzien had; de hondendroom opnieuw opgeschort door de komst van een ander dier. 'Dat klinkt geweldig,' zei ze en ze zette haar vork weer in haar spaghetti carbonara. Haar smaak wat pasta's betrof was, net als haar aanpak van ons, in de loop der jaren verfijnder geworden.

We moesten een paar weken wachten voor er een nieuwe lading dwergpapegaaien arriveerde in de dierenwinkel die Sally uitgekozen had. We maakten verschillende tochtjes door de stad en brachten veel tijd door met het wijzen naar verschillende zeer groene vogels, die er voor mij allemaal eender uitzagen en een identiek doordringend gekrijs lieten horen. Na een tijdje koos Phoebe er een die als een restje Chinees eten in een klein wit doosje verpakt werd. We namen hem mee naar huis en lieten hem vrij in een ruime kooi die we in de eetkamer hadden gezet. Ons nieuwe gezinslid sprong een tijdje van het ene houten stokje op het andere, pikte even aan zijn inktvis en kwam op de schommel terecht. Na nog wat verkenningen sloeg hij zijn poten om twee van de tralies en keek ons vanuit een wit omrand oog aan. Ineens begon hij fanatiek op en neer te wippen.

'Het is net alsof hij zich opdrukt,' zei Phoebe, die een meter van de kooi stond. Mij leek het plastischer. Zou dit de manier zijn waarop dwergpapegaaien elkaar liefhebben? vroeg ik me af.

Sally stak haar vinger uit om de vogel over zijn kop te aaien. Hij bleef in eerste instantie doodstil zitten, maar sprong toen abrupt naar de andere kant van de kooi. We bleven nog een tijdje kijken. De manier waarop hij rondsprong, luidruchtig zijn veren opzette, zich aan zijn kromme snavel optrok of ineens doodstil bleef zitten had iets fascinerends maar ook iets verontrustends. We hingen een handdoek over zijn kooi en gingen naar bed.

De volgende dag had Phoebe een naam voor hem: 'Kewi,' verkondigde ze.

'Lijkt een beetje op kiwi,' zei ik. 'Leuk bedacht. Ze zijn allebei groen.'
'Nee,' antwoordde ze gedecideerd. 'Het is Ke-wi. Met een "e".'
Phoebe leek vanaf het allereerste begin te voelen dat die vogel iets bijzonders had. In plaats van op een vinger te hippen of op een stokje dat hem toegestoken werd, vloog Kewi zodra er iemand in de buurt kwam in de tegengestelde richting. Sally, die een geduldig vertrouwen tentoonspreidde dat Phoebe en ik niet hadden, bleef volhouden. Ze verschoonde Kewi's water twee keer per dag, strooide zaadjes in zijn zaadbakje, voerde de bodem van zijn kooi met pagina's van de *San Francisco Chronicle* (mijn baas) en praatte vaak op zachte toon tegen hem. Hij leek minder te krijsen als zij in de buurt was.

Op een middag, toen Phoebe op school zat, was het Sally die krijste. Ik kwam de werkkamer uit gerend om te zien wat er gebeurd was. Sally hield een keukenpapiertje op haar hand gedrukt. 'Hij heeft me te pakken genomen,' zei ze en ze klonk gewonder dan ze in werkelijkheid was. 'Ik legde nieuwe kranten in zijn kooi en ineens dook hij met zijn snavel op me af.'

We waren het erover eens dat we het Phoebe niet zouden vertellen, al instrueerden we haar wel om haar vingers uit de buurt van de kooi te houden. Uit solidariteit hield ook ik mijn handen thuis. Sally weigerde het op te geven. Ze bleef zich naar de kooi wagen om water, voerbakje en kranten te verschonen. Kewi doorboorde haar niet elke keer; daar was hij veel te geslepen voor. Maar na een stuk of wat bloederige confrontaties ging Sally dikke, lange mouwen en zware tuinhandschoenen dragen wanneer ze vogeldienst had. Zelfs dan nog hield ze soms ineens haar adem in, omdat Kewi's snavel dwars door de stof heen ging.

Toen we hem ongeveer een halfjaar hadden, gebeurde er op een nacht iets vreemds: Kewi legde een ei. Die vogel, van wie we vanwege zijn opstandige manier van doen aannamen dat hij overliep van testosteron, bleek een vrouwtje te zijn. De eitjes, fijne roomkleurige dingetjes die op de pagina's van de *Chronicle* lagen die

Kewi op de bodem van de kooi verscheurd had, bleven met onregelmatige tussenpozen verschijnen. Deze onverwachte moederlijke openbaring was voor Sally reden om haar pogingen te hervatten om ons wrede gevederde beest te kalmeren. Ze bleef zich in haar tamelijk waardeloze harnas in de kooi storten om de orde te handhaven en de eitjes eruit te halen. Ze prikte de eieren aan beide zijden door en blies de inhoud eruit, waarna ze ze in een ondiep schaaltje bewaarde, alsof ze ze wilde gaan beschilderen voor een paasfeest voor dwergpapegaaien. Ik hoorde vanuit de werkkamer Sally tegen Kewi mompelen, maar ik ben er nooit achtergekomen wat ze allemaal tegen haar scherpgebekte kwelgeest te zeggen had.

Alles aan dit vogelexperiment was verbijsterend. Zowel Phoebe als ik – en Sally trouwens ook – hadden het met betrekking tot Kewi als we er niet bij nadachten nog dikwijls over 'hij' of 'hem', ook al had de biologie ons iets beslist anders laten zien. Noem het seksistisch, maar geen van ons kon wennen aan het idee dat die knalgroene, wrede borderlinepersoonlijkheid vrouwelijk zou zijn. Eerlijk gezegd zijn we er überhaupt nooit aan gewend geraakt om een vogel in huis te hebben.

Toen het einde kwam, was dat onverwachts en volkomen onvoorzien. We kwamen terug van een weekje vakantie, zetten onze koffers in de hal en liepen naar de keuken. We hadden de kooi op een met kranten bedekt werkblad gezet om het gemakkelijker te maken voor de vrienden die beloofd hadden om, terwijl wij weg waren hem/haar eten en water te geven. Toen we merkten dat de kooi leeg en stil was drong het niet direct tot ons door. Zouden onze vrienden Kewi mee naar hun huis hebben genomen om voor haar te zorgen? Maar waarom zouden ze dat doen en de kooi niet meenemen? En toen zagen we haar: uitgestrekt op de met poep bespatte kranten op de bodem van de kooi. Kewi lag op haar zij met één lange vleugel half over haar kleine borstje gespreid, als een deken die dreigde af te glijden. Haar starende oog staarde nu naar het niets. Ze was overduidelijk, nadrukkelijk dood.

Nadat we van de eerste schrik bekomen waren, reageerden Sally en ik op dezelfde manier. We trokken Phoebe bij de kooi vandaan en begonnen haar te troosten.

'Wat is er gebeurd?' vroeg ze, haar stem gedempt van oprechte verbazing. Het was het eerste ademende wezen dat ze ooit dood had gezien.

'Kom maar,' zei Sally, terwijl ze Phoebe in haar armen nam. 'Vogels worden nu eenmaal wel eens ziek.'

'Ik weet zeker dat ze niet geleden heeft,' voegde ik eraan toe.

Phoebe keek versuft, maar ze huilde niet. Ze ging dicht bij de kooi staan, gluurde erin, deinsde achteruit en zei dat ze naar boven wilde. Ik wachtte tot ze uit het gehoor was voor ik mijn eigen gevoelens de vrije loop liet.

'Hoe kunnen die eikels zoiets doen?' barstte ik uit, terwijl ik mijn woede probeerde te temperen zodat Phoebe me vanuit haar slaapkamer boven ons niet kon horen. 'Hoe halen ze het in hun hoofd? Moet je kijken,' snauwde ik, terwijl ik naar het overduidelijke tekortschieten van onze vogeloppassers wees. 'Geen eten of water meer. Ze zijn helemaal niet eens geweest.' Ik verfrommelde wat krantenpagina's die op het aanrecht lagen, waaronder een katern met een van mijn eigen artikelen, en liep stampvoetend door de keuken. 'Ik wil onmiddellijk weten wat voor smoes ze hebben.'

Eindelijk besefte ik dat Sally geen woord gezegd had. Ze stond roerloos in de kooi te kijken, met haar hand op het luikje. Ze hield haar hoofd gebogen, dus het duurde even voor ik het doorhad. Ze huilde. De tranen stroomden over haar wangen. De woede steeg nogmaals in me op en zakte toen. Sally hield van Kewi. Ze gaf meer om haar dan Phoebe deed en zeker meer dan ik ooit had gedaan. Ze had haar best gedaan, ze had zo hard mogelijk haar best gedaan, om Kewi bij ons te laten horen en wij bij Kewi. Sally's handen alleen al bewezen het, ze zagen eruit alsof ze het afgelopen jaar in een conservenfabriek had gewerkt in plaats van in een klaslokaal. Dit was een verlies voor haar. Dit was een verlies voor ons allemaal.

En opeens, midden in dat ellendige moment, wist ik wat we zouden doen. We zouden een hond nemen, voor Phoebe. We zouden voor ons allemaal een hond nemen. Het was ons niet gelukt met vissen en het was ons al helemaal niet gelukt met een vogel. Het zou ons lukken met een hond. Echt. Geen twijfel mogelijk. Ik voelde me een ontroostbaar kind en een vastbesloten echtgenoot en vader tegelijk. We zouden een hond nemen. Dat moesten we voor ons eenzame enig kind doen en voor ons als gezin, voor nu en voor straks. Ik zei niets van dat alles tegen Sally, terwijl ik haar bij de kooi vandaan trok en in mijn armen nam en haar tegen mijn borst voelde snikken. Maar op de een of andere manier had ik het gevoel dat ze het aanvoelde en hetzelfde besloten had. Ik leunde achterover en keek haar in haar ogen. Misschien niet meteen, zeiden we geluidloos tegen elkaar. Maar ja, we gingen het doen.

Ik was nog steeds pisnijdig op onze vrienden, maar terwijl ik mijn armen om Sally geslagen hield, begon mijn gerechtvaardigde boosheid weg te ebben. Misschien was er sprake van een misverstand, hield ik mezelf voor, en dat bleek het geval te zijn. Sheila en Todd dachten dat ze de volgende week moesten komen. Ze keken ontzet toen we vertelden wat er gebeurd was en bleven zich maar verontschuldigen, al meende ik op een gegeven moment een klein, samenzweerderig lichtje in Todds ogen te zien. Het was misschien toch ook niet zo heel erg, hij leek bevestiging bij mij te zoeken, dat onze psychopaatvogel uit beeld was verdwenen? Dat was een paar dagen later, nadat we over de eerste schok heen waren van het bij thuiskomst aantreffen van een dood huisdier.

Toen Sally zichzelf weer onder controle had en haar gezicht had gewassen, gingen we naar boven om te zien hoe het met Phoebe ging. Ze zat in kleermakerszit op haar bed met Dakta op schoot. Ze keken allebei in de richting van de gang, alsof ze zaten te wachten tot ze ons iets konden vertellen. 'Ik wil geen vogel meer, mama,' zei ze. 'Ik weet dat je verdrietig bent dat Kewi dood is. Maar wil je me één ding beloven? Wil je me beloven dat je geen andere vogel haalt?'

Ik stond achter Sally, maar ik wist, door de manier waarop ze haar schouders optrok, dat ze op het punt stond om weer te gaan huilen. Het duurde heel even voor ze de woorden uit haar mond kreeg. Toen die kwamen, klonken ze zacht maar duidelijk. 'Dat beloven we,' zei Sally. 'Dat beloven we.'

3

De andere honden in de kamer

Er waren een tijdlang twee heel goede redenen waarom we niet hoefden te denken over het nemen van een hond. Die redenen heetten Jessie en Riley.

Er waren veel redenen waarom we dankbaar waren dat we Pam en Cheryl als buren hadden – hun uitbundige begroetingen op straat, het gemak waarmee we dingetjes voor elkaar konden doen, hun politieke enthousiasme, hun gezellige feesten en het blikje overheerlijke gemberkoekjes met pure chocola van Pam met Kerstmis. Maar we waren in het bijzonder dankbaar voor hun twee Welsh springer-spaniëls. De honden, een moeder en zoon, waren allebei uitbundig, vriendelijk en uitzonderlijk mooi om naar te kijken, met hun opvallende bruin-witte vacht, hun knappe stoere snuiten en glanzende bruine ogen. Ik vond ze leuk, maar kon ze niet uit elkaar houden wanneer ze alleen of samen over de stoep op me afgestoven kwamen om een snuit tussen mijn benen te stoppen. Het kostte Phoebe helemaal geen moeite om ze uit elkaar te houden.

'Dat is Jessie,' zei ze dan belerend, met het zelfvertrouwen van een zesjarige. 'Ze heeft een heel ander gezicht. Ze ziet eruit als een moeder.'

'Wat is er dan anders?' vroeg ik.

'O papa,' was haar antwoord, terwijl ze Jessies enigszins sproetige en zogenaamd vrouwelijkere snoet omhoog hield zodat ik haar goed kon bekijken. 'Kijk dan.'

Nadat Cheryl een paar maanden lang getuige was geweest van Phoebes blijdschap zodra ze de honden zag, vroeg ze of we Jessie en Riley misschien voor een proefbezoek in huis wilden hebben. Die uitnodiging namen we aan. Voor Phoebe was het het ultieme speelafspraakje, met honden die de trap op sprongen naar haar kamer, terugrenden, een rondje door het huis maakten en vervolgens weer naar boven holden. Die speelafspraakjes gingen in de daaropvolgende maanden en jaren door. Voor Sally en mij dienden ze een tweeledig doel. Het was leuk om een stel levendige en spannend grote honden in huis te hebben (zolang het duurde) en tegelijkertijd heel effectief als hondenuitstelstrategie.

'Het is een goede oefening,' zeiden Sally en ik als we Phoebe met de twee spaniëls over de vloer van de woonkamer zagen rollen of zagen hoe ze hen hun kunstjes van 'opzitten en een poot geven' liet doen. 'Ze leert hoe honden werkelijk zijn.' Wat we ongezegd lieten, was onze gedeelde veronderstelling dat deze fase van oefenen en leren eindeloos door kon gaan. In feite hielden we onze dochter aan het lijntje door haar met de leenhonden van de buren te laten spelen.

In de loop der tijd raakten we allemaal gesteld op Riley en Jessie en begonnen we Pam en Cheryl regelmatig te bellen. 'Mogen de honden vanmiddag komen?' vroeg een van ons tweeën dan en diegene liep dan de trap aan de achterkant van het huis af om de poort tussen onze twee huizen open te doen. Nadat hun achterdeur opengezet was, stormden Riley en Jessie hun trap af en renden de onze op, de keuken in. Het belangrijkste motief was ongetwijfeld eten. Phoebe had een gulle hand in het uitdelen van de kennelijk verslavende hondensnoepjes die we nu in onze voorraadkast bewaarden. Maar de honden leken het ook leuk te vinden om ergens anders te zijn en nieuwe ondeugende streken uit te halen. Jessie sleepte Phoebes knuffels graag in haar bek rond. Als we aan het koken waren, bleef Riley voortdurend alert op alles wat er op de grond kon vallen. Zijn ongebreidelde eetlust sprak me aan – zo openlijk en spontaan: zo wezenlijk, intrinsiek mannelijk – dat ik stukjes brood of gare kip, rauwe groenten, zelfs een augurk van het aanrecht begon te schuiven. Riley slokte letterlijk alles op en hief dan zijn grote kop hoopvol voor meer.

Dat vormde waarschijnlijk de basis voor een van onze favoriete voorvallen. Het gebeurde op een zondagochtend toen Phoebe en ik ons klaarmaakten om Sally op te halen voor een picknick. We zouden een pastasalade meenemen, die ik klaarmaakte, terwijl Riley me voor de voeten liep. Ik was al laat en struikelde over hem toen ik de pesto uit de koelkast ging halen. 'Kijk uit waar je loopt, lobbes,' zei ik, terwijl ik om hem heen stapte om het vergiet met de uitgelekte fusilli uit de gootsteen te halen. Ik mengde de fusilli snel met de sperzieboontjes, pesto, kaas en walnoten en ging naar boven om tegen Phoebe te zeggen dat ze zich klaar moest maken. Ik kan niet langer dan anderhalve minuut uit de keuken weg zijn geweest. Binnen die tijd lukte het Riley om zijn voorpoten op de keukentafel te zetten en de halve salade uit de kom te schrokken. Hij was nog bezig de groene vegen van zijn snuit te likken toen ik terugkwam om huishoudfolie over de slakom te leggen.

Ik bleef ongeveer tien seconden kwaad. Toen Phoebe binnenkwam en ik haar de halflege kom liet zien, keek ze even naar mij om te zien hoe ik reageerde. We barstten in lachen uit en verzonnen er een verhaal over alsof het een oude volkslegende was. Het gerecht noemden we daarna 'Rileys pestosalade', een naam die het altijd behouden heeft.

De bezoekjes van Riley en Jessie vormden een welkome afwisseling om onze jaren van vergeefse pogingen verschillende vissen en één gevederd huisdier te houden. Na de dood van Kewi veranderde de teneur. We genoten nog steeds van de bezoekjes van de buurhonden en bleven ernaar uitkijken, maar onze eigen onhandigheid met dieren gaf er toch ook een nare bijsmaak aan. Waarom moesten we op Pam en Cheryl teren voor dat deel van ons leven dat we zelf niet aankonden? Waarom ontzegden we onze dochter nu eigenlijk datgene wat ze het liefst van alles wilde en dat we al, zij het stilzwijgend, besloten hadden toe te staan? Waarom bleven we het maar uitstellen, terwijl we allebei met de dood van Kewi wisten dat we een andere weg zouden inslaan?

Enkele maanden nadat we de vogelkooi in de garage opgeborgen hadden, sneed ik toen we alleen in de keuken waren het onderwerp bij Sally aan. 'Weet je, we kunnen Riley en Jessie niet eeuwig bij ons uitnodigen,' zei ik.

'Waarom niet?' vroeg ze verdedigend. Maar ik zag aan het gezicht van mijn vrouw dat ze het met me eens was.

Zonder het ooit uit te spreken, wisten we dat we ons eindelijk gewonnen gaven. We lieten ons huisdierenverleden los. We namen nog eenmaal afscheid van Claro en Hako, Rosie en Knabbel. We gaven Kewi onze laatste groet. Al die begraven schildpadden en schimmelgevoelige guppies uit mijn kindertijd, nog verder terug, werden definitief verleden tijd. Evenals de verschillende katten en één onfortuinlijke eend die Sally's familie in de jaren sinds haar kindertijd had gehouden.

Sally en ik moesten elk nog een ander deel van onze geschiedenis achter ons laten. We probeerden er niet over te praten wanneer Phoebe in de buurt was, deels om de onvermijdelijke vergelijkingen die ze met haar eigen hondloze toestand zou maken te voorkomen, maar we hadden allebei een familiehond gehad, toen we ongeveer van haar leeftijd waren. Beide honden – stomtoevallig allebei raszuivere minihondjes met Europese namen en een opvliegend karakter – hadden hun sporen op meer dan één manier achtergelaten. Zowel Sally als ik hadden er sindsdien voor gekozen om zonder dier, in wat voor vorm dan ook, door het leven te gaan. Onze eerste en enige ervaring met een hond had ons voorgoed genezen van een dergelijk verlangen.

In mijn geval kreeg ik een hond opgedrongen, lang nadat ik de hoop erop opgegeven had. Ik zat in groep acht en mijn zus, Judy, zat in de tweede van de middelbare school, toen onze ouders op een avond terloops aankondigden dat we na het eten naar een puppy zouden gaan kijken. Om redenen die me toentertijd onduidelijk waren – en ik peinsde er niet over om door te vragen, voor het geval ik het plan zou dwarsbomen – waren mijn vader en moeder tot de conclusie gekomen dat we een hond moesten hebben. Later bleek dat Judy bezig geweest was met heimelijke onderhandelingen met onze ouders om hen voor de zaak te winnen.

Na het toetje reden we met zijn vieren naar het huis van een fokker van dwergteckels in onze stad en gingen daar in de huiskamer om een geïmproviseerde kennel heen staan. De moederhond lag op haar zij op een stuk doorschijnend plastic terwijl zes piepkleine bruine dingetjes, niet groter dan kleine muisjes, bij haar grijze, opgezette buik wriemelden. De fokker pakte een van de puppy's en zette hem in de tot een kom gevormde hand van mijn zus en toen in de mijne. Voorzichtig om niet de minste druk uit te oefenen, ging ik met mijn vinger over de rug van het hondje. Hij voelde glibberig en glad aan, als een vis die net uit het water kwam. Ik kon bijna niet geloven hoe klein en hulpeloos hij was.

Zes weken later, toen de hondjes groot genoeg geacht werden om bij de moeder weg te gaan, kwam Gengy bij ons thuis. Zijn naam was een verkorte versie van de meisjesnaam van mijn moeder; Gengelbach. Het was het idee van mijn zus om onze Duitse hond een Duitse naam te geven en ze verklaarde dat hij zijn intrek in haar slaapkamer zou nemen.

'Geen sprake van,' zei mijn moeder, bij wie de Midwesterse nuchterheid de overhand had. Ze was opgegroeid op een boerderij in Missouri, waar honden en katten voor zichzelf moesten zorgen, en ze geloofde dat dieren van meet af aan hun plaats moesten weten. Ze zette een zware plaat multiplex in de opening tussen de keuken en de eetkamer, stak één vinger op en beval Gengy: 'Blijf!' en stuurde ons naar bed.

Het hondje jankte meer dan een uur lang en krabde met zijn

kleine nageltjes aan de hindernis. 'Waag het niet om naar hem toe te gaan,' riep mijn moeder, die mijn gedachten en die van mijn zus perfect kon lezen, vanaf de andere kant van de gang. 'Hij moet aan zijn eigen bed wennen. Hij moet weten wie de baas is.' Toen het geluid, ruim een uur of wat later eindelijk ophield, was ik nog klaarwakker en opgewonden en niet in staat mijn nieuwsgierigheid te overwinnen. Ik liep op mijn tenen naar het rammelende hek tussen de eetkamer en de keuken en gluurde eroverheen. Daar, met uitgestrekte benen en met zijn rug tegen een kastdeurtje, de hond opgerold op schoot, in zijn gestreepte ochtendjas, zat mijn vader. Ze waren allebei diep in slaap.

Vanaf het allereerste begin bestond er geen enkele twijfel over: Gengy was eerst en vooral en voor altijd de hond van mijn vader. Wanneer mijn vader 's avonds via de achterdeur naar binnen stapte, begroette hij Gengy op de levendige, zangerige toon die hij voorbehield aan honden, baby's en kinderen die te jong waren om iets onverwachts tegen hem terug te zeggen. Bij ons en zelfs bij de vrienden van mijn ouders was mijn vader over het algemeen zwijgzaam, grenzend aan nors. Het was alsof hij twee persoonlijkheden had, of in ieder geval een tweede, kinderlijke schaduwpersoon die loskwam bij het zien van een baby of een dwergteckel van vijf kilo.

Gengy, die altijd zeer bedreven was in het krijgen van zijn zin, beantwoordde de warme gevoelens van mijn vader gretig. Tijdens autoritjes sprong hij op de rugleuning van de stoel en wikkelde zich om mijn vaders nek, als een of andere dure bontkraag op een elegante jas. Tijdens het avondeten nam hij trouw onder de stoel van mijn vader plaats, waar hij zijn kop op de sport legde en stukjes eten opschrokte die mijn vader stiekem liet vallen of waar hij gezellig aan de tongen van mijn vaders schoenen kauwde. Op een avond zag mijn moeder, toen hij opstond, een gaatje in een van zijn nieuwe dure schoenen. 'Ach, wat geeft het,' zei mijn vader. 'Nu zijn ze ingelopen.' Gengy sliep niet langer in de keuken, dat hield op zodra hij zindelijk was. Vanaf dat moment bracht hij zijn nachten opgerold aan mijn vaders kant van het bed door.

De rest van het gezin mocht Gengy wel. Ik denk dat we wel van hem hielden. Maar we waren ook op onze hoede voor hem, vooral tijdens die onvoorspelbare woedeaanvallen die bezit van hem namen wanneer een van ons hem vasthield en er een vriend of iemand uit de buurt aankwam. Meestal gebeurde er niets. Gengy kwispelde met zijn ruitenwisserstaartje en begroette mensen enthousiast. Maar zo nu en dan verstarde hij ineens, en voor we iets konden doen, gromde hij en beet hij in een uitgestoken vinger of hand. Wat het juist zo beangstigend maakte was de manier waarop hij beet en niet meer losliet. Het was geen hap of beet en daarmee klaar, maar een klem als een muizenval die onverwacht dichtgesprongen is.

Toen het Jennifer, het kleine meisje van de buren, overkwam, keek ze even geschrokken, haar mondje gevormd tot een kleine 'o'. Maar toen Gengy niet losliet en ik zijn kaken probeerde open te wrikken, rolden de tranen uit haar ogen en over haar wangen. Ze slaakte geen kreet en zei niets. Maar daarna bleef Jennifer op een afstand. Mevrouw Corwin, van verderop uit de straat, reageerde anders. Ik stond toevallig in de voortuin met mijn moeder, die de hond vasthield. Onze buurvrouw had iets – de manier waarop ze bewoog of haar hand uitstak om hem te aaien – dat Gengy tegen de haren in streek. Hij schoot uit en zette zijn tanden in haar pols.

'Jezus Christus!' schreeuwde onze buurvrouw. 'Haal hem van me af!' Mijn moeder deed haar best en bevrijdde ten slotte de arm van mevrouw Corwin. De vrouw keek naar haar wond en toen naar ons. 'Wat is er in godsnaam met dat beest aan de hand?' wilde ze weten en ze stormde weg. We haastten ons weer naar binnen en deden de deur dicht terwijl mijn moeder de hond een standje gaf. Ik speelde het incident, vol schaamte en opwinding, keer op keer in mijn hoofd af. Ik geloof niet dat ik een volwassene ooit zo vrijelijk had horen vloeken. Ik bleef het verwrongen, woeste gezicht van mevrouw Corwin zien en haar stem horen zoals die bij de kornoelje in onze voortuin galmde: 'Jezus Christus!' 'In godsnaam!'

Toen mijn vader die avond thuiskwam van zijn werk, gingen mijn moeder en hij de werkkamer binnen en deden de deur achter zich dicht. Judy en ik hoorden hun woordenwisseling. We vermoedden dat ze het erover hadden om onze agressieve hond weg te doen, maar wilden het liever niet weten. 'Ze kunnen wel een aanklacht indienen,' waarschuwde Judy me, 'dan krijgen de Corwins ons huis misschien wel.' De deur van de werkkamer bleef lange tijd dicht. Bij het eten werd er niets meer over het voorval gezegd. Gengy zat weer onder de stoel van mijn vader aan diens schoenen te knagen en te wachten tot er iets lekkers voor zijn lange, spitse snuit terechtkwam.

Ik vertelde Sally mijn verhaal over Gengy in 1975, toen we elkaar pas kenden. Dat was in Seattle, waar ik voor een nieuw weekblad werkte, nadat ik gestopt was met mijn studie Engels aan de universiteit van Washington. Sally had een baan bij de bibliotheek van King County, waar ze boeken opspoorde die niet teruggebracht waren. Haar baas, Karen, stelde ons aan elkaar voor.

Sally en ik voelden ons meteen tot elkaar aangetrokken, maar deden net alsof dat niet zo was. Ze had nog steeds een langdurige relatie, met een vriendje van de middelbare school, die sleetplekken begon te vertonen maar officieel nog bestond. Ik voelde me gevleid dat deze vrouw me onlangs fanmail gestuurd had over een recensie van mij van een foto-expositie en ik vroeg me af of die brief misschien tot iets meer zou leiden (wat inderdaad ook gebeurde). Door stilzwijgend af te spreken dat we verboden terrein waren voor elkaar, waren Sally en ik vrij om vriendschappelijk met elkaar om te gaan en ook een beetje te flirten zonder dat het uit de hand liep. Er zouden nog elf jaren verstrijken voor we elkaar weer ontmoetten en verkering kregen. Toen dat gebeurde, bleek die voorgeschiedenis van vrijblijvende kameraadschap (en onderdrukte liefde) bijzonder gemakkelijk ontvlambare brandstof te zijn. Zodra ik haar naam in juni 1986 op een telefoonbericht op mijn werk zag staan, zodra ik haar gezicht in de hal van de *Chronicle* zag, zodra onze vingers zich met elkaar verstrengelden aan een van de smoezelige, met initialen volgekerfde tafels in de M&M-bar – in dezelfde straat als mijn werk – begonnen de vlinders woest te fladderen. Het viel me amper op dat ik veel van wat ze zei niet hoorde. Ik werd zo licht in mijn hoofd van onze eerste kus, een paar uur later, dat ik er bijna misselijk van werd. We moesten er later om lachen; dat verliefd worden zo op wagenziekte lijkt, met al die emoties die onbeheersbaar alle kanten op vliegen.

Om eerlijk te zijn, was die eerste kus technisch gezien niet echt onze eerste. Die had plaatsgevonden op de avond van Halloween in 1975, op een gemaskerd bal in West-Seattle. Sally ging als Marlene Dietrich. Ik was Groucho Marx. We stapten allebei rond met een onaangestoken sigaar in onze mond, aten inktvis van de barbecue en dronken iets te veel ouzo. Later zaten we op de schuin aflopende houten treden van de veranda, net niet in de regen, en lieten onze knieën tegen elkaar leunen. We reisden in tegengestelde richtingen en dat wisten we. Sally was onderweg uit een langdurige relatie en ik op weg naar een nieuwe. Maar terwijl er een zacht regentje viel, er rook vanaf het rooster omhoog kringelde en ons gesprek doelloos voortkabbelde, liepen onze wegen die avond heel even parallel. De kus was niet gepland, kostte geen enkele moeite en het leek of we ons in een geluidsdichte, bijzondere luchtbel bevonden. We keerden ons naar elkaar toe, proefden plakkerige ouzo, Groucho-grime en vochtige sigarenbladeren op elkaars lippen en stonden op. Eén kus en we waren klaar om weg te gaan.

Op de terugweg vanuit West-Seattle praatten we over onze families. We hadden allebei hardwerkende vaders, moeders die huisvrouw waren en een oudere zus. We hadden allebei wortels in het Midwesten; de mijne in Missouri, waar mijn beide ouders ge-

boren en getogen waren, en die van Sally in Kansas, de thuisstaat van haar moeder. We beseften het niet, tenminste niet bewust, maar we waren elkaars basis aan het aftasten. Op een bepaald moment kwam het gesprek op huisdieren; de katten en die ene ongelukkige eend uit haar jeugd, uit mijn jeugd de vissen en schildpadden. Toen vertelde ik haar over Gengy. Ze lachte om de obsessie van mijn vader met die hond en luisterde intens toen ik Gengy's asociale trekje beschreef.
'Beet jouw hond mensen?' vroeg ze.
'Tja, ik ben er niet trots op. Maar ja, dat klopt.'
'Heeft hij jou ooit gebeten?'
'Nee,' zei ik. 'Waarom vraag je dat?'
Ze haalde diep adem en vertelde me over Beau.

Een paar jaar nadat Gengy bij ons thuis kwam, besloot Sally's moeder, Marty, opeens om een hond te nemen. Er bestaan verschillende familietheorieën over het wat en hoe, zoals Sally me vertelde, maar heimwee moet een rol hebben gespeeld. Van de verschillende plaatsen waar de familie Noble in de loop der jaren had gewoond (haar man was ingenieur bij Boeing), was Marty blijkbaar in New Orleans het gelukkigst geweest. Alsof ze probeerde iets van de fijne tijd die ze daar had gehad terug te krijgen, richtte ze zich daarom op het vinden van een huisdier. Een van haar oude vriendinnen uit New Orleans kende iemand die Franse dwergpoedels fokte. 'Voor we het wisten,' herinnerde Sally zich, 'reed mam ons naar het vliegveld om Beau op te halen.'
Beau was een afkorting van Beauregard. Wat een afkorting was van Pierre Beauregard. Wat een afkorting was van Pierre LaPierre Beauregard. Beau was het ware werk, een raszuivere poedel met stamboom en alle papieren om dat te bewijzen, zo Frans als de Eiffeltoren of als een *croque-monsieur*. Toen hij op de internationale luchthaven van Seattle-Tacoma landde was hij getooid met lintjes en strikjes. De reis vanuit New Orleans was niet meegevallen. Toen hij eenmaal uit zijn krat gehaald was, belandde Beau op

de achterbank bij Sally, die de bijzonder nerveuze hond probeerde te kalmeren, terwijl haar moeder hen naar huis in Bellevue, een voorstad van Seattle, aan de andere kant van het Washingtonmeer, reed.

Aangezien Sally's zus, Nancy, in die tijd al studeerde, verkeerde Sally in de luxe positie dat ze het enige speelkameraadje van het nieuwe gezinslid was. Maar net zoals Gengy onmiskenbaar de hond van mijn vader was, was Beau die van Marty. Zij was degene die hem eten gaf, zindelijk maakte en het vaakst uitliet. Toen de hond in huis kwam, was Sally, net als Judy en ik, al oud genoeg (derde klas van de middelbare school) om andere dingen aan haar hoofd te hebben, niet op de laatste plaats een tamelijk serieuze verkering... met degene met wie ze nog steeds samen was toen wij elkaar ontmoetten.

Voor Marty, van nature een gezelligheidsdier, was de hond gezelschap tijdens de lange dagen in een stad waar ze nog niet het soort vriendinnen had gemaakt dat ze in New Orleans had gehad. Op een van Sally's dierbare familiefoto's staat haar moeder, gekleed in een donkerblauwe stippeltjesblouse, met haar arm uitgestoken naar Beau, die op zijn achterpoten staat en zijn aandacht richt op haar dichtgeknepen hand waar een lekkernij in moet hebben gezeten. Ik ben nooit aan Sally's moeder voorgesteld... Ze overleed in 1977, minder dan twee jaar nadat Sally en ik elkaar ontmoet hadden. Maar ik krijg door dat kiekje een goed idee van Marty. De liefdevolle blik waarmee ze opging in de hond en het genoegen dat ze schiep in de dikke grijze vacht, de zacht gevlekte oren en grote, alerte ogen was overduidelijk.

Maar Beau had ook zijn duistere kant. In tegenstelling tot Gengy, die zijn gram botvierde op bezoek, richtte de hond van Sally zijn schade dichter bij huis aan, door elk lid van het gezin op een bepaald moment wel een keer te bijten. Sally heeft als oorlogswond nog steeds een littekentje op haar kleine linkerteen; Beau nam haar te pakken toen ze langs hem liep en hem per ongeluk uit zijn dutje wakker maakte. Haar zus en haar vader kregen ook allebei te maken met het slechte humeur van de hond. Maar het was Marty die de meest dramatische vernedering onderging.

'Hij sprong op en beet haar in haar borst,' vertelde Sally me, toen we die avond van Halloween door Aurora Avenue reden. Ik nam toen aan dat haar moeder over Beau heen gebogen stond, misschien terwijl hij sliep, en hem zo liet schrikken dat hij met ontblote tanden opsprong van waar hij lag. Veel later, toen ik een vergeelde foto tegenkwam die ik nooit eerder gezien had, begon ik een andere mogelijkheid te overwegen. Beau staat op een picknicktafel, met zijn voorpoten wijd uit elkaar en wat er verontrustend genoeg uitziet als een gemene grijns op zijn snuit. Het is de linkervoorpoot die opvalt. Wat eruit zou moeten zien als een wollig pootje met kussentjes ziet er meer uit als de dreigende klauw van een roofvogel. Hoe langer ik naar de foto keek, hoe meer Beau's lange, wijduitstaande oren begonnen te lijken op vleugels die elk moment naar opzij konden klappen zodat hij kon opstijgen.

Sally's nuchtere zus, Nancy, verwerpt dergelijke fantasieën. Voor haar had Beau's stoute gedrag een simpele verklaring: hij was genadeloos gepest door buurkinderen. Sally herinnert zich dat ook en geeft toe dat het een rol gespeeld moest hebben bij Beau's uitbarstingen. Maar ze kijkt ook wat verder en vraagt zich af of de hond misschien al enigszins de kluts kwijt was tegen de tijd dat hij in Seattle aankwam. Zou het haar eigen ervaring met een getraumatiseerde hond zijn, zou ik me later afvragen, die ons ertoe aanzette de beschadigde hond te kiezen die we later zouden nemen?

'Die lange vlucht kan hem geen goed gedaan hebben,' vertelde Sally me jaren later, tijdens een van die gesprekken over de honden uit onze jeugd. 'Bovendien was het verdorie een poedel. Een Fránse poedel.' Aangezien ze als derdejaars een jaar in Aix-en-Provence heeft doorgebracht en later in haar leven nog een tijdje in Parijs heeft gewoond, vindt Sally dat ze het recht heeft om zo nu en dan alles wat Frans is zwart te maken.

'En niet zomaar een Franse poedel,' verbeterde ik haar. 'Een Pierre LaPierre.'

Sally glimlachte flauwtjes terug. Na al die jaren is Pierre La-Pierre Beauregard nog steeds een niet bepaald amusant onderwerp voor haar.

Wees dat onvermogen om iets van humor te zien in die periode van haar leven met Beau op een dieper liggende weerzin tegen het nemen van een hond? vroeg ik me af. En hoe zat het met mijn eigen niet bepaald zonnige herinneringen aan Gengy? Misschien was ons eigen hondenverleden gewoon te bezoedeld en besmeurd om te garanderen dat we succesvolle volwassen hondenbezitters zouden worden. Hoe, tobde ik, zouden die tekortkomingen zich manifesteren met een echte, ongetwijfeld onvolmaakte hond in huis? Stonden we op het punt om ons allemaal en Phoebe in het bijzonder een teleurstelling te bezorgen en bloot te stellen aan een onherroepelijke mislukking?

Zoals iedereen die ooit met een hond samengeleefd heeft, wisten Sally en ik allebei dat het geïdealiseerde beeld dat een kind heeft ongetwijfeld vertroebeld zou worden door allerlei complicaties. We waren bang voor meerdere vormen van teleurstelling en pijn waarmee Phoebe geconfronteerd kon worden als haar hondendroom eindelijk zou uitkomen. Maar misschien hadden we in onze kindertijd een verkeerde les geleerd, met honden die een sterkere band vormden met een van onze ouders dan met ons en die een wispelturig en soms agressief karakter hadden.

'We moeten er volledig achter staan,' zei ik op een avond in bed tegen Sally. 'Als we dit gaan doen, dan moet het ook met onze hele ziel en zaligheid.'

Ze bleef doorlezen, alsof ze me niet gehoord had of mijn opmerking wilde negeren. Ik wilde mijn woorden net met klem herhalen, toen Sally haar boek op haar buik legde en in de richting van de kamer van onze dochter aan het andere eind van de gang keek. 'We kunnen in ieder geval ons best doen,' zei ze. 'Ik doe mee als jij ervoor gaat.'

Ik reikte met mijn hand over het laken en legde hem op haar heup. Ik had haar gevraagd om een hond in huis te nemen en zij had in twee korte zinnen geantwoord met een heel goede beschrijving van huwelijk en ouderschap.

4

Buon compleanno
Gefeliciteerd met je verjaardag

In juni 2003 maakten Sally, Phoebe en ik een lang geplande reis naar Italië. We waren in Venetië, te midden van een alle records brekende hittegolf, op de twaalfde verjaardag van onze dochter. Dat was de datum die we gekozen hadden om haar te vertellen dat we zodra we terug waren op zoek zouden gaan naar een hond. We waren allemaal in een rothumeur vanwege de warmte, om nog maar te zwijgen over de muggen die ons 's nachts wakker hielden en het niet zo lekkere verjaardagsdiner dat we in de wijk Dosoduro genuttigd hadden. Phoebe zat in haar korte broek op een kriebelige bank en probeerde blij te kijken toen we haar het boek, de Italiaanse kleren en de kralenketting van Murano-glas gaven.

'O,' zei Sally, op een zo nonchalant mogelijke toon voor het maximale effect, 'ik zou bijna de kaart vergeten.'

Phoebe maakte de envelop open, zag de hondenfoto op haar verjaardagskaart en las onze belofte twee keer voor het tot haar doordrong. Ze keek op en zag ons allebei knikken. Zelfs toen kon ze het niet geloven.

'Echt?' zei ze. 'Nemen we echt een hond? Ik bedoel, écht?'
'Echt waar,' zei ik.
'Echt?'
'Echt.'
'Echt?'

Sally vloog op haar af en dook met haar hoofd in Phoebes schoot. 'Houden jullie nu eens op met "echt" zeggen? Ik word er stapelgek van.' Ze draaide zich op haar rug en schopte quasidriftig met haar benen in de lucht.

'Je moeder is gek geworden,' zei ik. 'Laat de carabinieri maar komen om haar mee te nemen.'

Phoebe zweeg, alsof ze het woord voor het Italiaanse politiekorps tot zich door wilde laten dringen. Maar dat leek maar zo. Haar hoofd zat zo vol honden dat er geen ruimte overbleef voor een nieuw Italiaans woord of zinnetje. 'Dus we nemen er echt een,' zei ze terwijl ze me strak aankeek, alsof ze een aanklager was. 'En geen knuffel of een of andere namaakhond of zoiets. We nemen een hond zodra we thuiskomen. Wanneer precies? Meteen of zo?'

Zo ging het de hele avond, de volgende ochtend en de drie daaropvolgende dagen die we in Venetië doorbrachten, door. Ik vraag me af of Phoebe wel besefte dat ze in en uit *vaporetti*, de waterbussen, stapte, chocolade-hazelnoot *gelato* in haar mond lepelde, verdwaald raakte op de vismarkt en met ons mee naar kerken en musea sjokte. Haar hoofd zat zo vol honden – haar hond, een echte hond voor haar – dat de met kanalen doorsneden stad die haar in vervoering had kunnen brengen, niets anders was dan een wazige achtergrond. We namen op een woensdag de lange vlucht terug naar San Francisco. De volgende ochtend was ze om zeven uur op en klaar om aan de zoektocht te beginnen.

'Kun je ons niet een béétje langer laten slapen?' smeekte ik, terwijl ik mijn jetlag-ogen probeerde open te doen zonder licht binnen te laten.

'Hoeveel is een beetje?' vroeg ze.

'Ik sta wel op,' zei Sally. 'Ik kan nu toch niet meer slapen.'

Tegen de tijd dat ik beneden kwam, zaten ze met zijn tweeën over de computer gebogen, grasduinend door websites die honden aanboden. Hoewel Phoebe in eerste instantie gehoopt had op een puppy, waren we in een marathononderhandelingszitting in het vliegtuig overeengekomen dat het beter was om een hond uit het asiel te nemen. Phoebe, een gezworen voorvechtster van dierenrechten, liet zich overhalen door het idee dat ze een hond zou redden die anders misschien afgemaakt zou worden. Terwijl we over de Atlantische Oceaan vlogen, zeiden we tegen elkaar hoe spannend en leuk dit zou worden. Al die ongewenste honden die wachtten om door ons gewenst te worden. Al die rassen en keuzes. We zouden de beste, liefste keffer uitzoeken die we maar konden vinden.

Vanaf het allereerste begin werden we overdonderd. Er waren tientallen sites met foto's van honden, variërend van zo nu en dan lief via bepaald eigenaardig tot domweg dreigend. Bij de foto's waren uitgebreide algemene voorwaarden om naar ze te komen kijken en over hoe verder te gaan met adoptie. Telefoontjes naar die verschillende asiels rond de baai, en sommige zelfs helemaal in Monterey, Sacramento en Redding, eindigden bijna onvermijdelijk bij een antwoordapparaat. Soms konden we een klaaglijke boodschap achterlaten op de voicemail, maar we werden zelden teruggebeld. Wanneer dat wel gebeurde, bleken de honden waarvoor we eventueel belangstelling zouden hebben gehad al weg te zijn. Ik begon me af te vragen of die honden überhaupt wel beschikbaar waren geweest. Misschien was het gewoon een spelletje: lokken met iets wat niet bestond. De asiels haalden je met een sinister plan binnen, ontmoedigden je en braken je weerstand, zodat je met de schurftigste, minst aantrekkelijke honden naar huis ging.

Gefrustreerd over onze cyberzoektocht reden we naar asiels, hondententoonstellingen en speciale evenementen. De dierenbescherming was de voor de hand liggende eerste stop. Daar, in een prachtig gerenoveerd onderkomen, kwamen we een gedenkwaardige verzameling pitbulls tegen. Het is mogelijk dat er die dag andere rassen in de aanbieding waren. Het is ook mogelijk dat we door onze ervaringen ons niet voor konden stellen dat pitbulls ook charme en beminnelijke eigenschappen kunnen hebben. Maar het enige wat ik me herinner is dat we door een gang vol horror liepen, met de ene uit de kluiten gewassen, stompneuzige hond na de andere allemaal in een toestand van overspannenheid. Sommige blaften en jankten toen ze ons zagen. Anderen besmeurden de ruiten met hun bek en tong. Een paar ontblootten hun tanden en gromden. Er was er een die door zijn kooi ijsbeerde en duidelijk niet in de gaten had dat hij geobserveerd werd.

Sally, Phoebe en ik zeiden niet veel terwijl we de rondes maakten. Op weg naar buiten vroeg de verzorger ons of we iets gezien hadden dat naar onze zin was. Tot mijn verrassing was het Phoebe die haar mond opendeed. 'Vandaag niet,' zei ze. 'Maar we komen terug.'

En dat deden we dus, een paar dagen later. Wonderlijk genoeg was, na de overdaad aan pitbulls, de adopteerbare bevolking bij de dierenbescherming aangevuld met een paar nieuwe en veelbelovende exemplaren. Er was een verscheidenheid aan kleinere honden en een paar pups; een langharige collie, een paar dalmatiërs en de bastaardpoedel Kristof tot wie Phoebe zich meteen aangetrokken voelde. We vroegen of we hem in de bezoekruimte mochten ontvangen. Hij was een levendige en vriendelijke hond, bijna vrolijk, met een vacht van veerkrachtige zwarte krullen die dansten wanneer hij draafde. Terwijl Phoebe Kristof achter de oren krabde en neus tot neus contact met hem had, stelden Sally en ik een paar vragen en kregen te horen dat hij niet zindelijk was en misschien wel tegen de twintig kilo kon worden. Beide waren niet volgens afspraak.

'Kom, schat,' zei ik. 'Er zijn nog een heleboel honden om naar te kijken.'

Phoebe had onmiddellijk door wat er aan de hand was. We trokken één lijn en het had geen enkele zin om tegen ons in te gaan. Ze wierp ons één giftige blik toe en liep bij Kristof vandaan naar de auto. Ze zweeg het grootste deel van de rit. Toen we de oprijlaan opreden, gaf ze ons de wind van voren.

'Jullie willen helemaal geen hond,' zei ze beschuldigend terwijl ze zich vanaf de achterbank naar voren boog en rechtstreeks in onze oren toeterde. 'Jullie meenden er niets van.' Ze stapte uit de auto en sloeg het portier dicht. Sally en ik bleven enkele minuten zitten, we staarden door de voorruit en luisterden naar het tikken van de motor dat even later ophield. Niemand had ons beloofd dat dit gemakkelijk zou worden.

De zoektocht ging door, van een uitbundige huisdierenmarkt in de wijk Noe Valley in San Francisco, waar mensen hun hond uitlieten, fietsten en koffie dronken (en maar weinig honden werden aangeboden) tot een somber gebouw vlak bij de internationale luchthaven van Oakland, wat ons het gevoel gaf dat we met een smokkeloperatie bezig waren. We lieten de dierenbescherming in San Francisco even voor wat hij was, maar gingen wel naar filialen in andere gemeentes. Sally bleef via internet en de telefoon zoeken en bereidde ons op een middag voor op een rit van vijftig kilometer in noordelijke richting naar Novato, waar we, eenmaal aangekomen, te horen kregen dat de hond die ze in gedachten had, opeens om niet nader verklaarde redenen 'in quarantaine' zat.

Na nog een telefoontje, nu naar Redwood City, kropen we tijdens de spits over de Highway 101 om naar een mogelijk veelbelovend stel zogenaamde foxterriërs te kijken. Ze waren geen van beide iets, maar onder het genot van frisdrank en een Slurpee voor Phoebe op het aangrenzende parkeerterrein van een supermarkt waren we het erover eens dat we allemaal een goed gevoel hadden over dat asiel. 'Ik zie ons hier nog wel eens terugkomen,' zei Phoebe, die zich neergelegd leek te hebben bij een lange campagne. Ze zoog aan haar rietje en leunde achterover in haar stoel.

Hoe geduldig Phoebe ook was – en wij allemaal – we kregen heel wat ontmoedigende momenten op ons pad. Dagen, hele weken gingen voorbij waarin er op internet niets te vinden was en er niet gereageerd werd op onze ingesproken berichten. Van een aantal van de honden die we, in levenden lijve of op internet zagen kreeg onze dochter zelfs de rillingen. Het schoot al helemaal niet op toen Phoebes goede vriendin Marlena op een dag langskwam om ons voor te stellen aan Lizzy, het toypoedeltje dat haar ouders als verrassing voor haar gekocht hadden en dat haar zat op te wachten toen ze thuiskwam van kamp. Die onmogelijk kleine inktzwarte puppy werd op ons kleed neergezet en stoof als een of ander opwindpoppetje door het huis. Phoebe was er weg van. Wij allemaal. Maar Sally en ik voelden een mist van triestheid in de kamer kruipen terwijl we keken hoe Lizzy op Marlena's schoot sprong. Toen haar vriendin weg was, ging Phoebe naar boven, naar haar kamer en deed de deur achter zich dicht.

Later die avond belde Sally Marlena's moeder en hoorde haar uit. Lizzy bleek een betrekkelijk gemakkelijke, zij het tamelijk kostbare, aanschaf te zijn geweest. Mensen die op zoek waren naar rashonden of speciale kruisingen – zoals labradoedels, yoraniërs of pugaliers – namen rechtstreeks contact op met fokkers, wachtten op een nestje en betaalden. Marlena's ouders waren een weekend naar Las Vegas gegaan en met Lizzy op de achterbank thuisgekomen.

'Misschien moeten we dat gedoe met die asiels gewoon maar vergeten,' zei ik die avond tegen Sally. 'Er komt helemaal niets van terecht.'

'Daar zou ze twee dingen van leren,' antwoordde ze. 'Dat je je principes aan de kant kunt schuiven en dat je elk probleem met geld kunt oplossen. We hebben afgesproken dat we een asielhond zouden nemen.' Ik probeerde niet te laten merken dat ik me ergerde aan het feit dat ze gelijk had. 'En trouwens,' voegde Sally, die voelde dat ze de overhand had, eraan toe, 'jij mag morgen de zoektocht op internet overnemen. Ik ben het spuugzat om het allemaal in mijn eentje te moeten doen.' Dat kwam luid en duidelijk over.

Sally had gelijk. Net als Phoebe had ik half en half zitten wachten tot er als door een wonder een hond uit de lucht kwam vallen. Het werd tijd dat ik wat actiever mee ging doen, ook al betekende het dat er iets meer spanning en drama bij kwamen kijken. Twee dagen later zag ik een Boston terriër en een kruising met een schnauzer op de site van Redwood City staan. We belden naar het huis van een vriendinnetje waar Phoebe de dag zou doorbrengen en zeiden dat we haar over een halfuurtje zouden ophalen. Tegen de tijd dat we in het asiel aankwamen, waren beide honden al weg. We stonden op het punt om te vertrekken toen ik een laatste keer langs de kooien wandelde. Dat was het moment dat mijn oog op Ecstasy viel. Ik wist zeker, toen ik Phoebe riep om kennis te maken met die bijzondere kruising van een corgi en een beagle, dat onze zoektocht voorbij was. Phoebe en de schikgodinnen dachten er echter anders over.

Een week later nam Sally de zoektocht weer over, omdat ze het spuugzat was om mij tegen het computerscherm te horen foeteren omdat er geen hond op verscheen. Het werd opvallend rustiger in huis. Zoals een heel aantal van onze vrienden benadrukt heeft, is mijn vrouw door haar geduldige en kalme aard zo ongeveer mijn biochemische tegenovergestelde. Sally kan een uur of langer met een klusje bezig zijn – schoolwerk corrigeren, overhemden strijken of hondensites bekijken – zonder veel te zeggen. Wanneer ze halverwege een klusje wel iets te zeggen heeft, is het meestal de moeite waard. Zelfs een mompelend 'eventueel' als ze een of andere hond op haar scherm had, was genoeg om me over haar schouder mee te laten kijken.

'Wat dacht je van deze?' riep ze op een warme middag in september uit, kort nadat Phoebes school weer begonnen was. Ik kwam vanachter mijn bureau terwijl Sally de cursor naar een minifotootje op de inmiddels vertrouwde site van Redwood City bewoog en klikte. Een woeste bos vuilwit haar, twee donkere ogen en een knolvormige neus die te groot leek voor zijn terriërsnuit kwamen tevoorschijn. De hond keek ons met zijn kop naar voren gestoken aan alsof hij iets alarmerends gehoord had. Hij keek alsof hij elk moment van het scherm kon springen.

'Waar zitten zijn oren?' zei ik.

'Hier,' zei Sally, terwijl ze met de cursor over de warrige bovenkant van zijn kop schoof. 'Denk ik.'

Zijn vacht waaierde boven zijn kop uit als een soort aureool, met aan weerszijden koteletachtige rondingen, een warrige kruin die op sommige plekjes steile pieken vertoonde waarin zijn oren schuilgingen, en een lange pony over zijn ene oog. Het rafelige toefje haar onder zijn kin leek op het slecht onderhouden sikje van een beatnik uit de jaren vijftig.

'Hij is een jaar oud en zindelijk,' las Sally de tekst onder zijn portretfoto voor. 'Hij weegt vijf kilo en hij heeft alle inentingen gehad die hij moet hebben. Hij heet Gandalf en hij zoekt een goed tehuis met kinderen.'

'Wil hij er meer dan één?' vroeg ik. 'We hebben maar één kind. Is dat niet de tovenaar uit *The Lord of the Rings*?'

'Wat?'

'Gandalf. Zijn naam.'

'Hou op met tijd rekken,' zei Sally. 'We moeten een keer een hond nemen. Ik vind hem wel leuk. Hij kijkt misschien een beetje schrikachtig, maar hij is wel schattig.'

Ik keek nog eens naar zijn foto en probeerde me voor te stellen dat hij de hond was die bij ons zou komen wonen, met ons zou gaan wandelen, door ons gewassen zou worden (wat, zo te zien, heel hard nodig was) en op Phoebes schoot zou gaan liggen. Ik kon me er geen enkele voorstelling van maken. Maar ja, ik weet eigenlijk niet of ik me ooit wel echt voorgesteld had dat onze zoektocht ten einde zou komen en zou resulteren in een heuse hond in huis. Eerlijk gezegd.

'Goed,' zei ik, waarna ik de neiging kreeg om van onderwerp te veranderen. 'De hoeveelste is het vandaag eigenlijk?' vroeg ik aan Sally.

'11 september 2003,' zei ze. Het was een datum die we niet licht zouden vergeten.

5

Bezetenheid

Sally en ik zaten die donderdagmiddag tien minuten voor de bel ging voor Phoebes school te wachten. Zodra de eerste kinderen het schoolplein op kwamen, sprong Sally uit de auto om onze dochter bij haar lurven te pakken. Het is maar goed dat we bekend waren op de school – Phoebe ging er al sinds de kleuterschool heen en zat nu in groep acht – anders zou een telefoontje naar de politie misschien op zijn plaats zijn geweest. We gedroegen ons als gecontracteerde kidnappers, zoals Sally de zwerm krioelende kinderen doorzocht en ik met draaiende motor in de vluchtauto zat te wachten.

Phoebe, die er geen flauw idee van had dat we een potentiële hond op het oog hadden en snel moesten handelen, was achtergebleven om met de lerares te praten en vervolgens met vriendinnen te roddelen. Sally trof haar in een zijgangetje bij de receptie aan en sleepte haar mee naar buiten. Tegen de tijd dat ze bij de auto kwamen, was ze helemaal bijgepraat.

'Hoe ziet hij eruit?' wilde ze weten. 'Wat voor kleur? Hoe groot is hij? Wat voor ras is het?'

Sally en ik keken elkaar aan. We hadden geen van beiden enig idee.

'Vuilnisbakkenras,' zei ik, terwijl ik in Turk Street een scherpe bocht naar rechts maakte richting de snelweg. 'Het beste ras van allemaal.'

De nuchtere Sally kwam met het benodigde voorbehoud. 'We zullen wel zien,' zei ze. 'Vergeet niet dat we al eerder vol goede moed zijn geweest.'

Maar terwijl ze dat zei, smolten op de een of andere manier de herinneringen aan het Ecstasy-debacle en aan alle andere zoektochten in Redwood City die op niets waren uitgelopen, weg. Vandaag zou onze hondendag worden. Sally voelde het ook. Ze keek naar me en knikte grijnzend.

Het verkeer werkte mee. We schoten Highway 101 op en vlogen langs het footballstadion bij Candlestick Point en vervolgens zonder oponthoud voorbij het vliegveld. Phoebe kletste wat over haar nieuwe leraren en haar lessen, voornamelijk om haar gedachten bezig te houden en haar hoop te temperen. De airconditioning voor in de auto stond voluit, wat betekende dat ik maar een tiende opving van wat ze zei. Maar dat gaf niet. Ze doodde gewoon de tijd tot we er waren.

We sloegen voorbij de supermarkt af en parkeerden op het halfvolle parkeerterrein bij het asiel. Phoebe was de auto al uit gevlogen voor ik mijn gordel losgemaakt had. Toen Sally en ik binnenkwamen, vroeg onze dochter de weg al naar Gandalfs kooi. Dat alleen al getuigde van haar vastberadenheid. Phoebe hield er niet van om met vreemden te praten.

'Ben je hier alleen?' vroeg de vrouw achter de balie haar.

'Nee,' zei ze, terwijl ze in onze richting gebaarde. 'Ik ben met hen.'

Hén. Alsof we anonieme figuranten in haar verhaal waren. Wat we in zekere zin ook waren. Een groot deel van het verlangen in Phoebes leven was op dit moment gericht. Wij waren de wind in haar zeilen geweest.

De vrouw tikte een paar toetsen in op haar telefoon en vroeg of er iemand wilde komen. Er kwam al snel een jonge vrouw aan die ons beleefd aankeek.

'Ze zijn geïnteresseerd in Gandalf,' zei de baliejuffrouw tegen haar, het moest haar aardig wat inspanning gekost hebben om zo neutraal te klinken. Ik kon het me verbeeld hebben, maar ik meende een korte, veelbetekenende blik tussen de twee personeelsleden van het asiel op te vangen. De jongere vrouw, wier meest in het oog lopende uiterlijke kenmerk een opvallend lange en smalle neus was, nam ons mee het blaffende, jankende doolhof in. Ze bleef op een hoek staan en wierp ons een geamuseerd glimlachje toe.

'Hij is schattig, hè?' zei ze.

Een ogenblik lang had ik geen idee waar ze het over had. De enige honden die ik zag waren grote, roodbruine jachthonden. En toen zag ik hem, of eigenlijk moest ik maar raden dat hij het was. In de verste, donkerste hoek van zijn kooi geperst, kronkelde een zandkleurige bos haar tegen het hek. Er was enige fantasie voor nodig om te zien dat het een hond was. Hij hield zijn schouders opgetrokken en zijn nagels klauwden over de vloer terwijl hij zich in de betonnen muur achter zich probeerde te drukken. Hij had zijn staart weggestopt. 'Vel over been' was een compliment voor zijn lichaamsomvang, of voor wat we daarvan konden zien. Met iets minder vacht zou hij voor een groot knaagdier hebben kunnen doorgaan, dat het laatste halfjaar zonder veel succes in de woestijn naar eten en drinken had lopen zoeken. Zijn ogen waren twee donkere poelen van angst.

Toen onze gids zijn naam riep, kwam Gandalf meteen op ons af en begon tegen het hek te springen... een keer, twee keer... acht of tien keer, zonder op te houden. Sally en ik deden instinctief een stap terug. Ik ving haar blik op en mimede mijn reactie: 'Is dat hem echt?'

'Ik denk het,' mimede ze schouderophalend naar me terug.

Phoebe had geen spier vertrokken. Ze stond vlak bij de vrouw met de lange neus en keek kalm toe terwijl de hond zijn trampolineact voortzette. 'Waarom doet hij dat?' vroeg ze.

'Hij is blij dat hij je ziet,' antwoordde Steekneus. 'Zie je dat niet?'

'Ja,' zei Phoebe dromerig fluisterend.

'Wil je kennis met hem maken?'

'Ja,' zei onze onverschrokken dochter opnieuw. Steekneus haalde een sleutel van de dikke bos die aan haar riem hing.

'Wacht even,' zei ik. 'Weet u zeker dat dat kan? Ik bedoel, hij kent haar niet.' Ik had tijdens een van Gandalfs reuzensprongen twee gebogen en scherp uitziende hondentanden gezien. Phoebe en Katarina – ik had eindelijk de naam gelezen op het naamplaatje dat aan haar blouse was vastgespeld – keken me allebei aan.

'Pap,' zei Phoebe.

'Steven,' zei Sally.

Katarina, die me niets te noemen had, sloot zich bij hen aan door haar wenkbrauwen licht op te trekken en met haar sleutels te rammelen. Ik vond het toch een beetje onrechtvaardig. Niemand had ons aangeboden om nader kennis te maken met Ecstasy. Misschien zou dat het verschil hebben gemaakt en zouden we nu een gelukkig hondengezin zijn geweest. Maar dat was toen. Het getij voerde ons nu mee in een andere richting.

'Oké,' gaf ik me gewonnen. 'Vooruit dan maar.'

'Eigenlijk moet ik hem naar de bezoekersruimte brengen,' zei Katarina. 'Bij de receptie zullen ze u vertellen waar u heen moet. Dan zie ik u daar straks.'

De bezoekersruimte was een lang, wigvormig vertrek op de bovenverdieping, met oude bureaus en stoelen langs de ene muur opgestapeld en een vermoeid uitziende kunstleren bank tegenover de deur. Het enige natuurlijke licht viel door een rij ramen met melkglas langs de kale muur. We gingen in de schemering zitten wachten. Ik had het gevoel alsof er elk moment een dokter binnen kon komen om ons slecht nieuws te brengen. Een paar minuten later ging de deur open en kwam Katarina met Gandalf aan een riem naar binnen. Ze deed de deur achter zich dicht voor ze hem losliet. De hond trok een snel sprintje langs de muren waarbij hij zo laag mogelijk bij de grond bleef, bij ons vandaan zwenkte en onder een bureau kroop.

'Dat doen terriërs altijd,' zei Katarina rustig. 'Ze graven zich graag in. Dat is hun jachtinstinct.' Het was net of ze commentaar leverde bij een documentaire op Discovery Channel. Toen hurkte ze en stak uitnodigend haar hand uit (waarin een lekker brokje bleek te zitten). Phoebe liep naar haar toe en ging op haar hurken naast haar zitten. Zo bleven ze een tijdje zitten tot Gandalf onder het bureau vandaan kwam gekropen, beide handen bekeek en besnuffelde en besloot op de uitnodiging in te gaan. Hij griste het snoepje uit Katarina's hand en haastte zich terug naar zijn schuilplaats.

'Probeer jij nu maar eens,' zei Katarina, terwijl ze Phoebe een snoepje in haar hand drukte voor ze bij ons, sceptische ouders, kwam staan. Phoebe deed Katarina's techniek precies na, met haar ene arm volledig uitgestoken terwijl ze geduldig wachtte.

'Hij komt er niet onder vandaan,' fluisterde ik tegen Sally. 'Dit wordt niets.'

Sally reageerde niet. Terwijl mijn vrouw onze dochter aandachtig bestudeerde, zag ze al wat ik nog niet kon zien: Gandalf zou met ons mee naar huis gaan. Phoebe liet haar hart spreken en had haar besluit al genomen.

Het deed er niet toe dat deze hond zo wild, schuw en onbenaderbaar was als de hondenvariant van een prairiewolf. Het deed er niet toe dat hij zich onder een metalen bureau verstopte en er niet onder vandaan wilde komen. Het deed er niet toe dat hij eruitzag alsof hij zojuist door een veegwagentje uitgebraakt was of dat hij niet de onbeholpen puppy met de grote, vochtige ogen was die Phoebe al sinds haar tweede tekende.

Niets van dat alles deed ertoe. Dit zou haar hond worden. Ze zou hem redden van wat het ook was dat hem gemaakt had tot wie hij was.

Gandalfs kleine pootjes leken net witte mesjes toen hij ten slotte naar voren dook, het snoepje uit Phoebes hand griste en met zijn buik bijna over de grond, zijn hele lijfje klaar om weg te springen maakte dat hij wegkwam. Onze dochter kwam overeind en keek ons allebei, een voor een, recht in de ogen. 'Nemen we hem?' vroeg ze. 'Nemen we hem? Ik wil hem echt heel graag hebben.' En toen, na een voorbeeldig getimede stilte, diende ze de doodsklap toe: 'Alsjeblieft?'

De hond toonde ook zijn aanleg voor timing door dat moment uit te kiezen voor een nieuw rondje door het vertrek. Zelfs Katarina keek een beetje geschrokken toen hij langs de kale muur naar de deur stoof en zich langs haar wrong. Hij hield zijn oren achterover, plat tegen zijn kop alsof hij door een windtunnel rende. Phoebe ging hem uit de weg en kwam bij ons zitten.

'Is dit typerend?' vroeg ik, terwijl Gandalf nog een rondje maakte en van koers veranderde.

'Soms,' antwoordde Katarina vrijblijvend. 'Het is een heel levendige hond. Dat is goed.'

Goed voor wat eigenlijk? wilde ik vragen, maar ik slaagde erin het voor me te houden.

'Misschien moeten we een andere naam voor hem bedenken,' zei Sally. Ik keek haar vol verbazing aan.

'Wat zei je?'

Sally keek me een ogenblik strak aan. 'Je hebt me wel gehoord.' Haar voorstel, of liever beslissing vermomd als voorstel, wekte de indruk dat we al afgesproken hadden dat we deze hond zouden nemen. Wat voor verschil zal een andere naam maken? vroeg ik me af. Hij blijft even gestoord.

Phoebe ging gretig op de uitnodiging in. 'Ja mam, dat is een gaaf idee. Het moet iets Italiaans worden.'

'Lasagna, bijvoorbeeld,' zei Sally en daar moesten ze allebei om giechelen. Gandalf stoof weer langs, maar dit keer veranderde Katarina van positie om hem in de val te laten lopen.

'Of Fettucine,' zei Phoebe. 'Wat dachten jullie van Provolone? Of Prosciutto? Zijn volledige naam zou Prosciutto met Meloen kunnen zijn.'

Sally en zij lagen krom van het lachen en hadden het overduidelijk naar hun zin. Ik snapte er niets van. Ik begreep niet waarom mijn vrouw en dochter een of ander cabaretnummer opvoerden op basis van een Italiaanse menukaart. Ik begreep niet hoe we erin geslaagd waren om ons in die vreemde ruimte te laten opsluiten met een krankzinnige hond en een vrouw die ons probeerde over te halen hem mee naar huis te nemen. Ik snapte er helemaal niets van. Katarina hield Gandalf nu in haar armen en liep met hem naar ons toe.

'Ga eens rechtop zitten,' zei ze tegen Phoebe en ze zette de hond bij haar op schoot. 'Je hoeft niet bang te zijn. Hij is heel lief.' Hij bleef een ogenblik stil liggen terwijl Phoebe hem zachtjes over zijn nek aaide. Maar toen maakte hij een plotselinge beweging. Sally en ik staken instinctief onze hand uit om hem tegen te houden. Ik bedacht later hoe stom het was om hem op die manier tegen te houden. We geloofden Katarina op haar woord over een hond die voor hetzelfde geld vals zou kunnen worden als hij in de val zat of bang was.

Sally had haar vingers onder zijn halsband gehaakt zodat hij niet weg kon. Onder zijn ruwe vacht voelde ik Gandalfs schouder- en rugspieren spannen. Hij had een kracht in zich die ik door mijn hand voelde trekken, terwijl Sally en Phoebe lieve, sussende geluidjes maakten en hem bleven aaien.

'Hij lijkt sterk,' zei ik. 'Voelen jullie dat?'

'Hij voelt heerlijk aan,' zei Phoebe. 'Hij is zo zacht.'

Het viel niet mee om daar niet tegenin te gaan. Vergeleken met Ecstasy's weelderige vacht, die Phoebe 'raar' vond aanvoelen en zelfs met Kristofs veerkrachtige, olieachtige krullen (die ze niet erg vond) was deze vacht bijna weerzinwekkend. Het leek net een versleten vloerkleed waar veel over gelopen was en dat al heel lang niet meer schoongemaakt was. Phoebe leek het heerlijk te vinden, want ze streelde steeds weer met haar hand over zijn rug.

'Probeer hem eens net boven zijn staart te krabben,' opperde Katarina. 'Dat vindt hij heel lekker.' En inderdaad, hij stak zijn achterste omhoog om het te bewijzen.

'Nu jij, papa. Probeer jij het eens.'

Ik legde mijn hand precies op de plek waar die van Phoebe had gelegen en krabde. Gandalf voelde het verschil. Hij keek met een ruk achterom om te zien wat er gebeurde en probeerde zich los te wurmen.

'Terriërs zijn heel gevoelig,' zei Katarina, terwijl ze zich bukte om Gandalf van Phoebes schoot te tillen. 'Ik zal jullie nu even met hem alleen laten, als jullie dat willen. Zo kunnen jullie hem een beetje beter leren kennen. Dan kunnen jullie aan hem wennen en hij aan jullie.' Ze was goed, hoor, die Steekneus. Ze wist precies hoe ze het optimale uit die kennismakingen kon halen.

Katarina zette Gandalf in het midden van de ruimte en glipte weg. Het viel me opnieuw op hoe zorgvuldig en snel ze de deur achter zich dichtdeed. De hond snuffelde langs de onderkant van de deur, gaf het ten slotte op en ging terug naar zijn donkere, veilige schuilplaats onder het bureau.

'Hé, Prosciutto,' riep Sally hem zachtjes. 'Kom eens hierheen. We willen je zien.' Ze stond op en imiteerde Katarina's gehurkte, uitgestoken hand-methode. En ja hoor, de hond waagde zich onder het bureau vandaan, liep argwanend naar haar toe en pakte iets uit haar hand.

'Wat was dat?' vroeg ik.

'Een snoepje. Katarina heeft een zakje achtergelaten,' zei Sally en ze liet het aan haar andere hand bungelen. Dat stukje van de trukendoos van het asiel was me ontgaan.

'Vind je niet dat je hem omkoopt?' tartte ik. 'Probeer het eens zonder het snoepje.'

Sally wierp me een snelle, ijzige blik toe. 'Misschien moet jíj het eens proberen,' zei ze.

'Nee, laat maar. Ik kijk voorlopig maar even toe. Kijk uit, schat. We weten eigenlijk niets van hem of van wat hij zou kunnen doen.'

Phoebe was opgestaan en gluurde onder het bureau, waar de hond zich weer teruggetrokken had. Het kat uit de boom kijken ging een tijdje door. Ik dacht dat het haar misschien wel zou ontmoedigen, maar dat gebeurde niet. Gandalf – of Manicotti of Mortadella of hoe we hem ook zouden noemen – sleepte er nog aardig wat snoepjes uit. Phoebe bleef de wacht houden bij de

grotingang onder het bureau en haalde alles uit de kast om contact te krijgen met het mormel erbinnen, met en zonder de knapperige brokjes van het asiel als lokaas. Maar voor zover ik kon zien, gaf hij geen millimeter toe en was hij ook niet in het minst aan ons aan het wennen, zoals Katarina het stelde. Sally kwam terug naar de bank en ging naast me zitten.
'Weet je, je helpt niet erg mee door hier te blijven zitten,' fluisterde ze. 'Zie je niet hoe opgewonden ze is? Zie je niet hoeveel ze al van hem houdt?'
'Van hem hóudt?' fluisterde ik terug. 'Hoe kun je in vredesnaam houden van een hond die helemaal niets met je te maken wil hebben?'
'Kijk,' zei Sally.
Onze dochter zag er, gekleed in een knalrode broek en een bedrukt T-shirt, met haar rossig blonde haar in een paardenstaart, echt als twaalfjarige uit, maar ze zag er ook uit als twee of twintig, tien of zestien. Ze was nu groter en slimmer en sneller. Ze was groot aan het worden. Maar er was iets wat nooit in haar veranderd was en misschien ook nooit zou veranderen: die sterke aantrekkingskracht die honden op haar hadden, de behoefte om bij hen te zijn en het gevoel dat ze haar nodig hadden. Ze zat op haar knieën en tuurde in de donkere ruimte waar de Italiaanse rakker zich ophield.
Sally had natuurlijk gelijk. Houden van honden – houden van deze hond – was bij Phoebe niet iets bewusts of weloverwogens. Het was een instinctieve lichaamsimpuls, een bezetenheid die haar in bezit nam en haar blind en doof maakte voor wat voor waarschuwingen of bezwaren dan ook. Ik had er geen idee van waar dat vandaan kwam en slechts een vage voorstelling van wat het mogelijk zei over haar diepere vermogen om van anderen te houden en om te geven om een groter geheel. Maar ik wist dat het echt was. Ik stond op en ging naar haar toe om samen met haar de wacht te houden.
'Waar zit hij, Skidge?' vroeg ik, een van de koosnaampjes gebruikend die we Phoebe in de loop der jaren hadden gegeven.

'Daar,' zei ze heel zachtjes, om de hond niet aan het schrikken te maken. 'Zie je wel?'

Het enige wat ik kon zien waren drie donkere rondjes – twee ogen en een neus – in een wollige waas van een kop. 'Heb je zo'n ding,' vroeg ik, 'zo'n snoepje?'

Zonder haar ogen van hem af te wenden, stak ze haar hand in het zakje en gaf me er een. Net als Katarina, Sally en Phoebe hadden gedaan, hurkte ik en hield een stukje geperst zaagsel met kipsmaak in mijn hand. De hond gaf geen krimp. Ik zwaaide een beetje met het snoepje heen en weer om te zien of dat iets uitmaakte.

'Wat doe je nou?' vroeg Phoebe. 'Je maakt hem bang.' Ze pakte het snoepje uit mijn hand en hield het vlak boven de grond. Eindelijk, rond de tijd dat ik dacht dat haar arm eraf zou vallen, stak de hond zijn neus naar buiten. Zijn kop en de helft van zijn verwaarloosde lijf volgden. Hij rook of er gevaar was, besloot dat ik dat inderdaad was, en glipte weer uit het zicht.

'Kom maar. Kom maar, jochie. Niemand doet je kwaad.' Phoebe kroop op haar knieën naar voren. Opnieuw kwam hij naar buiten gekropen. In plaats van hem het snoepje te geven, gebruikte Phoebe het om hem verder naar buiten te lokken, naar de plek waar ik op de vloer zat. Ze stak haar andere hand naar het hondje uit zodat hij eraan kon ruiken en zei dat ik hetzelfde moest doen, terwijl ze al die tijd zijn aandacht vasthield door het snoepje net buiten zijn bereik te houden. Hoe wist ze dit?

'Zie je wel, papa? Hij begint aan je te wennen.'

Dat zag ik helemaal niet. Hij zag er diep ongelukkig uit terwijl zijn verlangen naar het snoepje zijn opwelling om ervandoor te gaan maar net aan onderdrukte. 'Tja,' zei ik desondanks.

Phoebe lokte hem nog iets dichterbij en stak met een behendig gebaar haar vinger onder zijn halsband. Ze beloonde hem onmiddellijk met het snoepje en trok toen langzaam het hondje tussen ons in. 'Je moet hem aaien. Hij moet eraan wennen dat je hem aanraakt.' Ik volgde haar instructies op en aaide het ruwe tapijt op zijn nek en rug een paar keer. Phoebe had in de tussentijd een plekje in zijn hals gevonden om hem te krabben. Zo trof Katarina ons aan toen ze terugkwam.

'Hé, dat is mooi,' zei ze. 'Hij vindt jullie leuk.' Bij het geluid van de deur raakte de hond in paniek en hij worstelde om los te komen. Toen Phoebe zijn halsband losliet, rende hij naar de deur en herhaalde zijn zorgvuldige onderzoek ervan. Misschien zijn alle honden gek op deuren, dacht ik, maar de fascinatie van deze voor de uitweg uit het vertrek leek wel bijzonder intens.

'En, wat denken jullie ervan?' vervolgde Katarina op haar aangename verkoopsterstoontje, terwijl ze het gesnuffel van de hond aan de deur achter zich negeerde. 'Ik heb hem nog nooit zo gezien,' zei ze, waarmee ze óf zo vriendelijk óf zo manisch had kunnen bedoelen.

Voor ik kon vragen wat er anders was, kwam Sally naar ons toe en sloeg haar arm om Phoebes schouders. Ze waren nu ongeveer even lang, mijn vrouw en dochter, en ze vormden één front. 'Moeten we er nog over praten?' vroeg Sally me, met de overduidelijke overtuiging dat dat niet nodig was.

'Wat gebeurt er nu?' vroeg ik terwijl ik me tot Katarina wendde. 'Ik bedoel, wat wordt nu de volgende stap?' Ik probeerde nog één laatste, snel verdwijnende ontsnappingsroute in het vizier te houden.

Katarina bukte zich om Gandalf weer aan te lijnen en kwam toen energiek overeind. 'We kunnen de details bij de receptie regelen,' zei ze en ze liep weg, zodat wij zonder haar de weg terug moesten zien te vinden.

Toen we bij de receptie kwamen lag het papierwerk van het asiel al voor ons klaar. Dat leek een beetje voorbarig, maar misschien wisten ze uit ervaring dat als een gezin eenmaal boven in de bezoekersruimte zit, het allemaal in kannen en kruiken is. Ik vroeg Sally om de formulieren in te vullen, onder het voorwendsel dat haar handschrift netter was dan het mijne. Phoebe en zij gingen er samen mee op de bank aan de andere kant van de wachtkamer zitten. Ik bleef bij de balie rondhangen en probeerde nog een beetje te vissen.

'En, hoeveel honden worden hier eigenlijk dagelijks of wekelijks geadopteerd?' vroeg ik aan de vrouw die ons toen we binnenkwamen had begroet. Katarina en Gandalf waren nergens te bekennen.
'Dat varieert. Op sommige dagen krijgen we een ware stormloop en dan gaan er misschien wel zes of acht honden – en katten – de deur uit. Op andere dagen is het heel stil.'
'Omdat...?'
De vrouw zweeg even terwijl ze probeerde te bedenken wat ik werkelijk wilde weten. 'Weet u, ik denk gewoon dat er sprake is van een natuurlijk ritme. Persoonlijk zou ik al die kleine apen stuk voor stuk mee naar huis willen nemen. Die Gandalf is een portret, hoor.'
'Ja,' zei ik, 'kennelijk. Heeft u zelf ook huisdieren?'
De vrouw moest de telefoon beantwoorden. Ze stak een vinger op en trok haar wenkbrauwen op terwijl ze luisterde. Met haar hand op het mondstuk mimede ze: 'Ze vragen haar hém. Naar Gándalf!' Ze zei tegen de beller dat het haar speet, maar dat die geweldige hond zojuist een thuis gevonden had. 'Asjemenou,' zei ze nadat ze opgehangen had. 'Een halfuur later en we zouden u hebben moeten teleurstellen.' Ik begon het enigszins misselijke gevoel te krijgen dat ik in autoshowrooms ook altijd krijg. Was dit hele geval doorgestoken kaart? Speelden mijn vrouw en dochter het spelletje mee om mij over de streep te trekken? Ik wist dat ik een beetje paranoïde begon te worden en probeerde mezelf te beheersen en mijn gezonde verstand de overhand te laten krijgen.
'En heeft u nog adviezen voor ons?' vroeg ik. 'Bijvoorbeeld, waar we meteen op moeten letten?'
'Nou, er zijn een hoop dingen waar u aan moet denken. Waar de hond gaat slapen en wie hem eten geeft en uitlaat en zo. Een vast patroon creëren is heel belangrijk. We willen dat dit een succes wordt, voor u én voor de hond. Daar zijn we voor. En weet u, als het om de een of andere reden op niets uitloopt, hebben we altijd ons dertig-dagenbeleid nog.'

'Ik weet helemaal niets van een dertig-dagenbeleid. Wat is dat?'
'O, heeft niemand u dat verteld? Nou, dat is een soort vangnet, voor de zeer zeldzame gevallen waarin het toch niet klikt. U heeft dertig dagen de tijd om het dier naar ons terug te brengen zonder dat er vragen gesteld worden.'

'En daarna? Na die dertig dagen, wat gebeurt er dan?' vroeg ik, omdat ik graag de voorwaarden van dat beleid wilde weten. Ze deed wel net alsof het niet veel voorstelde, maar het leek mij wel belangrijk. Tumult achter ons maakte een verder gesprek onmogelijk. Katarina bracht Gandalf mee de hal in. Eerlijk gezegd was het een combinatie van meebrengen en sleuren. Om de meter begon de hond aan de riem te trekken en probeerde een andere kant op te lopen. Het viel me op dat hij een tuigje om had, dat was blijkbaar veiliger dan de gewone halsband die hij eerder droeg.

'Daar hebben we 'm!' riep de vrouw achter de balie uit.

Phoebe kwam aangesneld om haar nieuwe hond te begroeten. Het was niet bepaald een blije, spontane ontmoeting. Toen ze dichterbij kwam kromp hij ineen en rukte aan de riem. Katarina fluisterde iets geruststellends en gaf de riem aan Phoebe. 'Ga maar een beetje met hem wandelen, voorlopig nog even binnen, dan ga ik met je ouders praten. Gefeliciteerd.' Phoebe keek een beetje beduusd en onder de indruk, alsof iemand haar achter het stuur van een auto had gezet en haar had gezegd dat ze naar Los Angeles moest rijden. Ze hield de riem voor zich en wachtte tot de hond iets ging doen. Zodra Katarina wegliep, kwam hij naar haar toe.

'Rustig maar,' zei Sally, terwijl ze vanaf de bank naar haar toe liep. 'Wij blijven bij je.'

Katarina wenkte ons naar een andere balie, waar de adjunct-directeur van het asiel, een vermoeid uitziende vrouw van in de vijftig, naar ons toekwam. We namen met zijn drieën de papieren door. Daarna kregen we nog allerlei papieren uit een dossier, met informatie over Gandalfs meest recente inentingen, zijn voortplantingsstatus (gecastreerd), geschatte leeftijd (ongeveer een jaar) en de code van een piepkleine computerchip die in zijn nek was ingebracht, zodat hij naar dat asiel teruggebracht kon worden en vervolgens naar ons, mocht hij ooit verdwaald raken. We kregen een klein proefzakje droogvoer en wat clichétips over voeding en het vinden van een goede dierenarts in San Francisco. Ik schreef een cheque uit voor honderd dollar en Gandalf, die al snel een nieuwe naam zou krijgen, was van ons.

'Heeft u een goed boek over het houden van een hond?' vroeg Katarina. 'Daar staan vaak goede adviezen in.'

We knikten en terwijl we ons klaarmaakten om te gaan, wensten ze ons het goede. Voor we weggingen, bracht ik nog even het geval van dat dertig-dagenbeleid te berde.

De adjunct-directeur slaakte een zuchtje. 'Het staat allemaal in de voorwaarden,' zei ze, terwijl ze naar een dichte envelop knikte die zich nu in Sally's hand bevond. 'Maar eerlijk gezegd komt het zo weinig voor dat we het soms bijna vergeten te zeggen. We vinden hier eigenlijk altijd de juiste honden bij de juiste baasjes.'

'Hoe weinig?' vroeg ik.

Daarop meden beide vrouwen even oogcontact met ons. 'Nou, het is grappig dat u dat vraagt,' zei de adjunct-directeur en haar vermoeide uiterlijk klaarde op toen ze met enthousiasme aan haar verhaal begon. 'De enige hond die vorige maand teruggebracht is, is toevallig Gandalf. Hij was door een oudere dame in huis genomen, maar al die terriërenergie en levendigheid was niet echt aan haar besteed. Ik had aldoor al gedacht dat ze gelukkiger zou zijn met een kat.' Ze toverde een opgewekte glimlach tevoorschijn. 'Maar u moet het maar zo zien,' zei ze. 'Als die vrouw hem niet teruggebracht had, zou u vandaag niet met die fantastische hond naar huis gaan.'

Ik keek even naar Sally om te zien wat zij daarvan vond. Maar ze had haar aandacht elders. Ze keek hoe Phoebe met de hond door de receptie liep.

'Is er nog iets anders dat we zouden moeten weten?' vroeg ik.

Tot de dag van vandaag prijs ik Katarina om het feit dat ze eerlijk antwoord gaf. Neus of niet, ze was tenslotte toch geen

Pinocchio. 'We weten eigenlijk niet wat er gebeurd kan zijn,' begon ze. 'Gandalf zwierf over straat in de gemeente Santa Clara en zat al een tijdje in een ander asiel voor hij hierheen gebracht werd. Het lijkt erop dat hij niet goed behandeld is, waarschijnlijk door een man. Misschien was het het baasje of iemand op straat. U ziet het zelf: hij is echt op zijn hoede in de buurt van mannen. Maar het is een schatje. Ik weet dat jullie hem zullen overstelpen met liefde,' zei ze. 'En geduld.'

Tien minuten later zaten we in de auto op weg naar huis. Phoebe zat achterin met de hond te knuffelen, ze had hem in het blauwe dekentje gewikkeld dat ze maanden geleden voor dit doel had gekocht. Sally zat op de passagiersstoel, diep verzonken in wat voor gedachten dan ook. Haar kennende, was ze waarschijnlijk aan het plannen waar we precies de mand van de hond zouden zetten en waar zijn etens- en waterbakjes.

En ik had er op de een of andere manier stilzwijgend mee ingestemd om een hond te adopteren die al een keer geadopteerd was en teruggebracht en die waarschijnlijk mishandeld was – wie weet hoe erg – door één of meerdere mannen. Vanuit het standpunt van de hond leek het waarschijnlijk dat de ene man net zo onbetrouwbaar was als de andere. Hij moest van geen enkele man iets hebben en had daar goede redenen voor. Ik keek even in de achteruitkijkspiegel. Phoebe en haar nieuwe liefde zaten in de verste hoek van de achterbank genesteld, buiten mijn gezichtsveld. Ze leken allebei heel ver weg, afgezonderd in een of ander privékoninkrijk waarvan de wegen, de poorten en ook de geheimen voor mij waren afgesloten.

Eenmaal weer op de snelweg was er griezelig weinig verkeer. We snelden naar ons nieuwe leven, hoe dat ook mocht zijn, en er was niets om ons af te remmen.

6

Een nieuw huis

Sally en ik wisten alles wat er te weten viel over het adopteren en mee naar huis nemen van een hond. We hadden boeken gelezen, met vrienden en familie gepraat en alle mogelijke wijsheden opgedaan die we op onze hondenjacht in de verscheidene asiels en kennels maar tegenkwamen. Hoe de verschillende adviezen ook gepresenteerd, opgeleukt en uitgebreid werden, het kwam uiteindelijk voornamelijk hierop neer: Liefde met Grenzen.

Honden willen liefde en hebben daar ook behoefte aan. Het zijn gevoelige wezens die scherp afgestemd zijn op mensen, die een band met ons willen vormen en graag liefde teruggeven. Maar als je niet vanaf het allereerste begin duidelijk maakt wie de baas is en aan het hoofd van de rangorde staat, raken je hond en jij zeer waarschijnlijk verzeild in een ellendige, onafzienbare machtsstrijd die beiden kan uitputten. Honden willen ons tevredenstellen, horen we steeds, en ze willen consequente regels over hoe ze dat moeten doen. Dat is in hun belang en ligt in hun aard. Dus een van de belangrijkste manieren om van een hond te houden en dat te laten zien, is te laten merken dat jij de baas bent. Een goedaardige baas, maar niettemin de baas.

Het probleem met dit alles is dat honden niet lezen, geen televisieprogramma's over trainingsmethodes voor honden kijken of luisteren naar de uitspraken van deskundigen. Het is net zo goed in het belang van een hond, en het ligt net zo goed in zijn aard, om vrij rond te lopen, om alles te eten wat hij maar kan vinden en te doen waar hij zin in heeft als het is om zich keurig aan de regels te houden en ons tevreden te stellen. En dan heb ik het nog niet eens over de buitengewone vasthoudendheid waarmee een getraumatiseerd dier besluiten kan om alles op zijn eigen manier te doen. Zodra we hem het huis binnenbrachten, begon de naamloze ex-Gandalf zijn nieuwe territorium te verkennen. Als je het zo kon noemen; hij bracht zijn neus naar de vloer en begon de woonkamer, eetkamer en gang te stofzuigen om geurtjes, kruimels en Joost mag weten wat nog meer op te doen. Toch leek natuurlijke nieuwsgierigheid naar een nieuwe omgeving maar een klein deel uit te maken van zijn drijfveren. De fanatieke manier waarop hij tekeerging, zoals hij een kamer doorliep, op zijn schreden terugkeerde, dicht langs een muur sloop en ineens bleef staan, en als iemand van ons zich verroerde ons dreigend aankeek en verder negeerde, deed denken aan een wild beest dat samen met zijn overmeesteraars in een kooi zat en wanhopig op zoek was naar een uitweg.

Ik snapte het wel. Als ons nieuwste gezinslid zich opgesloten voelde in zijn vreemde, nieuwe omgeving, dan was hij niet de enige. Hoe nerveuzer hij de begane grond inspecteerde, hoe kleiner en benauwder ons huis leek. Ik voelde me zelf behoorlijk in een hoek gedreven.

'Hoe lang denken jullie dat hij dit blijft doen?' vroeg ik. Het was alsof je een balletje door een flipperkast zag vliegen zonder dat er punten bijgeteld werden.

Phoebes gevoelens van medelijden kregen de overhand en ze ging op de vloer zitten. 'Kom maar, joh,' zei ze sussend, terwijl de hond voorbij stoof en de trap oprende. 'Ja, toe maar. Kijk maar lekker rond. Dit is je nieuwe huis.' Ze klauterde achter hem aan, met een doelbewuste uitdrukking op haar gezicht. Onze dochter, die ons in groep acht verrast had met haar belangstelling voor de exacte vakken nadat ze eerder alles veracht had wat maar met een reageerbuisje of een getal te maken had, koos voor een ordelijke, systematische benadering van het gewenningsproces van haar hond. Ze nam het even serieus als een heus milieuprobleem. Dat was prima, maar ik raakte in paniek over wat we gedaan hadden. Zodra Phoebe niet-Gandalf naar boven was gevolgd, kregen Sally en ik onze eerste kans om vrijuit te praten. Eerst stelde ik vast dat ze gehoord had wat de mensen van het asiel hadden gezegd over de houding van de hond ten opzichte van mannen.

'Ik heb het gehoord,' zei ze. 'Ik heb alles gehoord. Een hond in huis halen is altijd een gok. Dat wisten we toen we eraan begonnen.'

'Jij hebt makkelijk praten. Jij bent geen man.'

'En jij wel,' reageerde ze vinnig. 'Zet je er maar overheen. Hé, help me hier eens mee.'

Ze ontvouwde een stuk afdekfolie dat we bij de bouwmarkt gekocht hadden. Het plan was om de vloer van de eetkamer ermee te bedekken en van die kamer de ongelukjesbestendige zone in huis te maken. We plakten het plastic met tape aan de vloer naast de randen van het kleed vast. Ik had de oude klaphekjes uit Phoebes peuterjaren uit de garage gehaald en ze uitgetrokken voor de drie deuropeningen gezet. Ze waren ooit gebruikt om te voorkomen dat onze dochter van de trap viel en nu moesten ze de hond binnen de perken houden. Sally zette de zware plastic bench van de hond in wat ze als het gezelligste hoekje van de kamer beschouwde, achter de kast waarin we lampjes, aangebroken rollen plakband en afhaalmenu's bewaarden.

'Phoebe!' riep ze naar boven. 'Neem hem maar mee naar beneden, dan kunnen we hem zijn slaapkamer laten zien.'

Onze dochter kwam binnen met de hond in haar armen.

'Eens kijken wat hij ervan vindt,' coachte Sally.

Phoebe zette het hondje zo zachtjes mogelijk neer. Hij bleef even als versteend zitten. Toen ontdooide hij plotsklaps en begon verwoed met zijn voor- en achterpoten aan het plastic te krabben en stormde daarna naar een van de hekjes, net zoals hij in het asiel op deuren af was gerend. Maar in plaats van ertegenop te springen, deinsde hij op het laatste moment achteruit, alsof het hekje onder stroom stond en een of ander waarschuwingsgesis liet horen. Hetzelfde gebeurde bij de twee andere hekjes waar hij op af ging.

'Vreemd, hoor,' zei ik, 'maar het werkt blijkbaar wel. Al heb ik weinig vertrouwen in het plastic. Het ziet ernaar uit dat we iets sterkers moeten hebben.'

Terwijl hij rondjes door de kamer bleef racen, maakte de hond korte metten met onze tijdelijke vloerbedekking. Het plastic was op sommige plekken verfrommeld en op andere aan flarden. De tape was het volgende doelwit. Hij klauwde bij de keuken aan een hoekje en probeerde dat met zijn tanden los te trekken.

'Hé, hou daarmee op,' riep ik. Dat leverde me een korte, zijdelingse blik op waarna hij verderging met zijn werk.

'Hij vindt het vast lekker ruiken,' zei Phoebe. 'Of misschien heeft het met de kleur te maken. Het is dezelfde kleur als zijn deken.' Phoebe gedroeg zich helemaal als de amateurwetenschapper. Ze observeerde, speculeerde, veronderstelde. Ik vond het leuk om me haar in een witte labjas voor te stellen, ook al sloegen haar hypotheses wat mij betrof nergens op. Toch begon ik al te wennen aan het gevoel van desoriëntatie door dat dier.

'Hebben we nog ergens van dat zwarte isolatieband?' vroeg Sally zich af. 'Dat blijft misschien beter plakken.'

Ze wilde er net in de la van de kast naar gaan zoeken toen de hond in een plotselinge uitbarsting van inspiratie stopte met het knagen aan de tape, zich schrap zette en nog een keer op het hekje af rende dat de brede toegang tot de woonkamer versperde. Ditmaal liep hij door en sprong er met een grote boog, nog hoger dan nodig, overheen. We waren een ogenblik sprakeloos, als bij een hoogspringer wanneer hij naar boven schiet en over de lat zweeft. We bleven stokstijf op het gescheurde plastic staan en keken hem na, zijn dikke staart als een triomfantelijk groet in de lucht.

Enkele uren later, nadat we gegeten hadden, Phoebe de hond uitgelaten had en we zonder succes geprobeerd hadden hem iets te laten eten – hij was kennelijk te gestrest om te eten of zelfs maar water te drinken – verzamelden we ons weer in de eetkamer om hem naar bed te brengen. Het leek Sally een goed idee als we allemaal op de grond zouden gaan zitten.

'We lijken vast reuzen voor hem,' zei ze.

'Dat zijn we ook,' beaamde ik. 'Worden we dat ook niet geacht te zijn?'

'Honden zijn net als mensen, papa,' onderwees Phoebe me. 'Ze hebben ook zelfvertrouwen nodig en een positief zelfbeeld. We moeten doen wat we kunnen om te helpen.' Ze hoorde dat soort boodschappen over de waarden van empathie en gemeenschapszin al sinds de kleuterschool en had die zich blijkbaar goed ingeprent. Als het voor mensen gold, gold het dan ook niet voor honden?

'Je hebt gelijk, schat.' Ik kroop naar de hond toe, die achter Sally's uitgestoken been op de loer lag. Hij hield me nauwkeurig in de gaten, maar scheen niet al te verontrust over mijn nadering tot ik met mijn hand in het gescheurde plastic bleef hangen en me met een ruk weer lostrok. Daar schrok hij van en hij deinsde achteruit.

'Geen onverhoedse bewegingen,' mopperde Sally toen de hond wegvluchtte.

Phoebe had zijn blauwe deken in de bench gedrapeerd en het deurtje een stukje open laten staan. Ze liep naar het hondje toe om hem op te tillen en hem met zijn slaapruimte kennis te laten maken. Een paar aaien over zijn staart brachten hem ertoe om naar binnen te gaan.

'Wauw, moet je eens kijken,' zei ik. 'Hij vindt het leuk. Het is vast geruststellend voor hem, net als dat plekje onder het bureau in de bezoekruimte. Weten jullie nog wat Katarina zei over terriërs, dat ze zich ingraven?'

Maar toen kwam de staart en al snel de rest van de hond weer in beeld. Hij haastte zich er sneller achterstevoren uit dan hij erin gegaan was. 'Wat is er gebeurd?' vroeg ik.

'Hij heeft het snoepje gevonden,' zei Phoebe.

'Je hebt er een snoepje voor hem neergelegd?' vroeg ik, mijn ongenoegen over nog meer omkoperij kenbaar makend.

'Ja, Steven,' zei Sally. 'Hoe stel je anders voor dat we hem erin krijgen?' Wanneer ze mijn naam op die manier zei wist ik dat ik mijn mond moest houden. Het was een lange, spannende dag geweest en we waren allemaal uitgeput van de opwinding en de stress. Ik veranderde van onderwerp.

'Hoe gaan we hem eigenlijk noemen? Als wij Gandalf niet mooi vinden, moet hij een andere naam hebben.'

Sally stelde prosecco voor, ter ere van de bubbeltjeswijn in Italië die we zo lekker vonden. 'Omdat hij zo bruist van levenslust.'

'Dat heb ik niet geproefd,' wierp Phoebe tegen. 'Ik heb trouwens besloten om hem niet naar eten of drinken te vernoemen.'

'Wat is het Italiaanse woord voor "springen"?' vroeg ik peinzend. 'Hij kan wel vliegen, zeg, voor zo'n klein hondje.' Hij liep op dat moment weer te drentelen en ik had het idee dat hij mogelijk weer een sprong over een van de hekjes overwoog.

'Wat dacht je dan van een beroemde Italiaan?' vroeg Sally. 'Je hebt Dante, Michelangelo en Leonardo da Vinci. En Pavarotti... Luciano Pavarotti.'

'Dat is toch die dikkerd?' vroeg Phoebe. 'We kunnen een klein hondje niet vernoemen naar een grote, dikke vent die opera zingt.' Ze trok een vies gezicht.

'Palladio,' probeerde Sally. 'Weet je nog? We zijn op weg naar Venetië in van die grote huizen geweest die hij gebouwd heeft. Zijn roepnaam zou dan Pal kunnen zijn.'

Phoebe leek er een ogenblik over na te denken. We hadden haar tenslotte in Venetië verteld dat ze een hond mocht hebben. Dat betekende wel iets. Ik dacht erover om Gondola voor te stellen, of Marco (naar het Piazza San Marco) of Doge de Hond. Maar ik zag dat ze geen hulp nodig had. De verstilde, teruggetrokken uitdrukking die ze altijd krijgt als ze een besluit genomen heeft was op haar gezicht te zien. Dan verdwijnt haar onderlip onder haar boventanden en lijken haar ogen groener en haar blik intenser te worden. Ze stond op, dreef de hond in het nauw bij de bench, pakte hem op en kwam met hem in haar armen tegenover ons staan.

'Como,' zei ze.

'Perry?' vroeg ik, zonder erbij stil te staan dat een twaalfjarige zich die oude smartlappenzanger in zijn vest onmogelijk kon herinneren.

Maar Sally begreep het. 'Nee, als het meer.'

Phoebe knikte. We hadden tijdens onze reis een paar dagen bij het Comomeer doorgebracht, waaronder één dag waarop we in de avondschemering een boottochtje vanuit Bellagio hadden gemaakt. Het zijdeachtige water, de bergen die aan weerszijden van het meer verrezen, het idee dat de Zwitserse Alpen zo dichtbij waren, de andere schepen als enorme drijvende kerstbomen; ze was erdoor in vervoering geraakt. De ene droom liep over in de andere. Sally en ik glimlachten naar elkaar en toen naar haar.

'Perfect,' zei een van ons.

'Dat is het, Como,' zei de ander. Het was tijd om naar bed te gaan.

De eer om hem zijn eerste nacht thuis in bed te stoppen was aan Phoebe. Ze zette Como bij de bench neer en hield met haar ene hand zijn halsband vast, terwijl ze met haar andere de deken opschudde. Hij ging met tegenzin naar binnen, maar zonder zich te verzetten. Phoebe liet hem omdraaien zodat hij met zijn snuit naar voren lag, deed vervolgens het deurtje dicht en vergrendelde het. Elk van ons keek om beurten door de tralies in het deurtje.

'Ga maar liggen, Como,' zei Phoebe. 'Wees een brave jongen en ga lekker slapen. Goed zo. Ga maar liggen.'

Sally was als volgende aan de beurt. Ze ging in min of meer dezelfde trant door. Toen ik op mijn knieën zakte om naar binnen te gluren, stond de hond nog stijf overeind, met een uitdrukking van volkomen verbijstering op zijn gekwelde snuit. Zijn magere rug schampte langs de bovenkant van de bench en zijn slanke voorpootjes stonden ferm uit elkaar. Hij keek ongelukkig en tegelijkertijd vastbesloten om iets te ondernemen. Ik besloot maar net te doen of alles in orde was.

'Welterusten, Como,' zei ik, terwijl ik achterwaarts wegliep. 'We zien elkaar morgenochtend weer.' We deden de lichten uit en gingen naar boven.

Ons huis, dat vier straten ten zuiden van het Golden Gate Park in het westelijk deel van San Francisco staat, is 's nachts over het algemeen koel en aangenaam, vooral 's zomers wanneer de veel voorkomende zware mistdekens als een natuurlijk koelsysteem werken. We hebben in september meestal wel een deken nodig. Maar dat jaar niet. De maand was warm en zonnig begonnen en dat was zo gebleven. Omdat de ramen wijd openstonden toen we naar bed gingen, leidden de straatgeluiden van mensen, auto's en voorbijrijdende bussen ons af van wat er beneden gebeurde. Phoebe kwam drie of vier keer onze kamer binnen om ons precies te vertellen wat we de volgende dag wanneer zij op school zat, met Como moesten doen. Sally, lerares Engels op het San Francisco City College, gaf 's ochtends les en zou rond het middaguur thuis zijn. Ik werkte vaak thuis aan mijn opdrachten voor de *Chronicle*.

'Ik neem het het weekend wel over,' verzekerde onze trotse honden-bezittende dochter ons. We wensten haar welterusten en deden het licht uit.

Het donker versterkt alles. Zodra Sally en ik het laken over ons heen trokken, hoorden we een zwaar, ritmisch gebonk. Aangezien de angst voor aardbevingen bij elke inwoner van San Francisco ingeworteld is, ging ik van het ergste uit en wachtte tot het bed begon te schudden en de ruit boven ons hoofd begon te rammelen. Sally had het als eerste door.

'Dat is Como,' fluisterde ze. 'Wat is hij aan het doen?'

Het gebonk stopte. Het werd heel stil in huis. Toen begon het geluid weer, deze keer vergezeld van een zangerig gejank dat een paar octaven omhoog ging en dan weer omlaag, op het laagst als een misthoorn en dan stijgend tot een doordringend, griezelig katachtig gekrijs. Bonk. Knal. Bonk-bonk. Ik hoorde iets wat waarschijnlijk de bench moest zijn, tegen de kast of de muur knallen.

'Wat moeten we doen?' vroeg Sally, met eveneens schril wordende stem. Ze was de hele dag het toonbeeld van nuchterheid en gezond verstand geweest, waarbij ze Phoebe door haar glorieuze Dag van de Hond had geleid en tussendoor mijn nukkigheid en zorgen had getemperd. Toen ze lag kwamen bijna onmiddellijk, zoals vaak gebeurt wanneer ze 's avonds gaat liggen, haar eigen demonen los. Het heeft iets te maken met een horizontale houding en met het op het randje van de slaap en de onvoorspelbare chaos van dromen balanceren, waardoor Sally de regie kwijtraakt over haar eigen op hol slaande fantasie. Ik hoorde het direct aan haar stem.

'Niets,' opperde ik, in de wetenschap dat dat een onwaarschijnlijke optie was. Ik probeerde te klinken alsof ik wist wat ik moest doen, maar eigenlijk was ik alleen maar tijd aan het rekken, terwijl ik iets beters bedacht. De herrie beneden nam toe. Het gebonk en gejank namen een doelbewust, maar onregelmatig patroon aan. Het was alsof je naar een amateurtimmerman luisterde die aan een klus begonnen was die hij niet aankon, zodat elke hamerslag nog zinlozer en woedender klonk dan de vorige. Het halfverstikte gejank van de hond kon het hondenequivalent zijn van zachtjes vloeken.

'We kunnen niet zomaar blijven liggen,' zei Sally. 'Straks wordt Phoebe wakker. Ze moet morgen naar school. Straks kan ze niet meer slapen en ze heeft al die nieuwe vakken nog maar net.' Ik sprong uit bed en zei dat ik wel zou gaan kijken. Wat ik ook zou ontdekken, het kon nooit erger zijn dan ernaar blijven luisteren. 'Maak hem niet overstuur,' riep ze me na.

Como had me vast gehoord toen ik op de trap liep. Het werd stil en ik bleef in mijn ondergoed in de hal wachten tot hij weer zou beginnen. Na een paar minuten begon het gebonk weer, maar nu klonk er een ander geluid bij dat we boven niet gehoord hadden... een hardnekkig geknars zoals een oude versnellingsbak of een stamper en vijzel van steen kunnen maken. Het was aanhoudend, maar niet constant en klonk in de pauzes tussen het gebonk door. Ik sloop dichterbij en bleef luisteren. De hond moet mijn aanwezigheid opnieuw gevoeld hebben, want hij stopte met waar hij mee bezig was.

Toen ik eindelijk over de laagste van de drie hekjes die we neergezet hadden gluurde, zag ik dat Como zijn bench uit de hoek gewrikt had en hem twee meter van de muur en half onder de eettafel geschoven had. Hij moest dat bereikt hebben door zich tegen de zijkanten van de bench te werpen, hoewel hij niet veel bewegingsruimte had. Het was schokkend, maar ook wel bewonderenswaardig... al die wilskracht. Ik besloot hem er meteen op aan te spreken.

'Zo,' zei ik, terwijl ik over het hekje stapte en op mijn blote voeten over het plakkerige plastic liep. 'Jij maakt wel een kabaal, zeg. Wat ben je aan het doen?' Toen ik me bukte om in de bench te kijken, zag ik hem niet. Ik wist dat hij er met geen mogelijkheid uit had gekund – dat zou de hond van Houdini nog niet gekund hebben – maar het duurde een ogenblik voor tot me doordrong dat de grijze schaduw die tegen de achterkant geperst zat Como was.

'Wat is er allemaal aan de hand?' vroeg ik hem terwijl ik ging zitten om kennis te maken. Dit was onze eerste keer echt samen. Como bewoog niet en maakte geen enkel geluid. Na een minuut of twee legde ik mijn hand op de bovenkant van de bench en schoof hem terug naar de hoek waar we hem in eerste instantie neergezet hadden. Ik had de boeken gelezen; ik liet me gelden als een strenge maar rechtvaardige baas. 'Is dat niet beter?' vroeg ik. Hij had zich omgedraaid en hield twee donkere ogen strak op me gericht.

'Oké,' zei ik na nog eens vijf minuten van dominantie bepalende stilte. 'Klaar om te gaan slapen.' Ik ging terug naar boven en kroop onder het laken. Het was zo warm dat we de sprei er maar niet op gelegd hadden.

'Wat was er aan de hand?' vroeg Sally, die klaarwakker was. 'Wat heeft hij gedaan?'

Ik vertelde haar hoe hij de bench de kamer in geschoven had en hoe ik hem weer teruggezet had, en besefte toen dat ik helemaal niet vastgesteld had waar het knarsende geluid vandaan gekomen was. We lagen allebei naar het plafond te staren en te wachten op wat er zou gebeuren. Zodra het gebonk hervat werd, zoals we allebei al geweten hadden dat zou gebeuren, steunde Sally op haar elleboog en begon weer over school. Deze keer dacht ze aan haar eigen rooster; ze moest even na zevenen de deur uit.

'Ik móét gewoon slapen,' zei ze. 'Stel dat dit de hele nacht zo doorgaat. En morgennacht. Het is zo warm,' voegde ze eraan toe terwijl ze het laken van zich afwierp en zich op haar buik draaide. 'Misschien is dat het probleem. Misschien vergaat hij gewoon van de hitte in dat ding.'

'Zo warm is het beneden niet,' zei ik. 'Het is hier altijd warmer.'

'We hadden de ventilatoren tevoorschijn moeten halen,' zei Sally. 'Phoebe stikt waarschijnlijk ook in haar kamer.'

'Phoebe is diep in slaap,' zei ik.

'Hoe weet je dat?'

'Dat weet ik niet,' gaf ik toe. 'Maar denk je niet dat we het zouden weten als ze niet sliep?'

'Dat weet ik zo net nog niet. Misschien houdt ze zich rustig en doet ze net of ze slaapt.'

'Waarom zou ze dat juist vanavond doen?'

'Wat dacht je?'

Het maakte nu al niet meer uit wat we zeiden of waar het over ging. We speelden huwelijkstennis, waarbij de bal van grootte, kleur, gewicht en richting kan veranderen en zelfs kan verdwijnen zodra hij bij de tegenpartij is.

'Ik ga wel weer bij hem kijken,' bood ik aan, in de hoop een eind te maken aan dat buitengewoon zinloze gekaats.

'Nee,' zei Sally. 'Niet doen. Dan raakt hij maar weer van slag.' Ineens legde ze haar hand op mijn arm. 'Wacht even. Wat was dat?'

'Wat?'

'Dat,' zei ze en ze hoefde het niet uit te leggen. Ze hoorde het geknars nu ook. Wij allebei. Het was een gestaag, uitgesproken geknars dat een minuut of anderhalve minuut aanhield, zweeg en weer begon. Het gebonk was afgelopen. Het knarsen/boren/zagen had het overgenomen.

'Wat dóét hij toch?' fluisterde Sally, haar ogen opengesperd, als een actrice in een tweederangs horrorfilm.

'We kunnen niet naar beneden blijven gaan,' zei ik. 'Dan geven we aan hem toe. Hij moet eraan wennen dat hij alleen slaapt.'

Toen we eenmaal afgesproken hadden om niet meer naar beneden te gaan, zat er niets anders op dan maar proberen te slapen. Ik hoorde de trolleybus een paar keer langsgaan, hoorde de bovenleidingen zachtjes snorren toen de bus bij de hoek onze straat overstak en Ninth Avenue in reed. Het geluid vermengde zich geleidelijk met Como's schrille gejammer en op een zeker moment doezelde ik weg. Ik weet niet wanneer en of Sally zelfs wel geslapen had, maar een paar minuten na vieren – de wekker stond enkele centimeters van mijn gezicht – toen ze tegen mijn schouder duwde had ze nieuws.

'Hij is ontsnapt,' zei ze. 'Wakker worden.'

'Wat? Wie is ontsnapt?' vroeg ik, terwijl ik naar mijn bril en mijn bewustzijn tastte. Een paar uur slaap hadden de hond tijdelijk uit mijn geheugen gewist.

'Luister!'

En ja hoor, er liep beneden iets los rond dat pootjes met nageltjes had. We hoorden het getik naar de voordeur gaan, terug door de gang naar onze werkkamer en vervolgens de keuken in. Ik stond op en trok mijn ochtendjas aan. Ik wilde in ieder geval halfgekleed zijn om me volledig voorbereid te voelen. Sally was ook op en bezig de ceintuur van haar ochtendjas vast te knopen. Ik volgde haar naar beneden. Toen Como ons hoorde, schakelde hij over op een hogere versnelling, haastte zich de keuken door en gleed uit over een van de kleedjes. Ik stapte onder aan de trap in iets nats, dat nog steeds een beetje warm was, en besloot niet te blijven staan om het voor de hand liggende te concluderen.

'Ga jij die kant op,' zei ik tegen Sally, terwijl ik door de gang wees. 'We proberen hem in een hoek te drijven.' Dat betekende dat ik over het ene hekje de eetkamer in moest stappen en over het andere om in de keuken te komen. Dat waren bewegingen die in een ochtendjas lastiger bleken te zijn dan eerder in een korte broek of in mijn onderbroek. Het feit dat ik weer in een plasje terechtkwam toen ik over het eerste hekje stapte, voorkwam op de een of andere manier dat ik struikelde. De verrassing hield me overeind.

'Ik heb hem,' riep Sally.

'Heeft hij daar ook geplast?' riep ik naar haar terug. Ik zag nu in het licht van de keukenlamp, die Sally aangeknipt had, de ravage van de bench. Die zag eruit alsof hij met een reusachtige blikopener opengewrikt was. Ik trok de bovenkant naar achteren om het beter te kunnen zien. Tot mijn enorme verbijstering had Como om te kunnen ontsnappen de dikke plastic scharnieren doorgeknaagd. Dat was dus blijkbaar het geknars geweest. Van de blauwe deken was nu niets meer over dan een warrige hoop wollige repen en lapjes; een mechanische hakselaar had het niet grondiger kunnen doen. Ik bleef stokstijf stil staan en probeerde het tot me door te laten dringen, te laten bezinken wat ik duidelijk kon zien, maar wat toch onbegrijpelijk leek. We woonden samen met een buitenaards wezen.

'Ja, hij heeft geplast,' zei Sally. 'Wat doe je daar? Ik kan hem niet vasthouden en tegelijk die plas opruimen.'

Ik stapte over het tweede hekje de keuken in en vertelde haar wat ik aangetroffen had. Sally hield Como in haar armen. Met zijn snuit afgewend, alsof hij achter haar uit het raam wilde kijken, had hij net zo goed een stoffig bontje kunnen zijn geweest dat ze bij een kostuumverhuurbedrijf gevonden had. De hemel achter hen begon het eerste roze licht van de dag te vertonen. De daaropvolgende twintig minuten hielden we ons bezig met het zoeken naar de plekjes waar Como de tapijten, kleedjes en hardhouten vloeren versierd had. Het waren er heel wat. Geen van ons zei veel terwijl we depten en doorwerkten. Uiteindelijk gingen we, met de hond nog in Sally's armen, naar boven.

'Heb je nog ideeën?' vroeg mijn vrouw me.

Die waren op. Ze zette de hond op de vloer van onze slaapkamer om te zien wat hij zou doen. Na een kort rondje door de kamer koos hij aan Sally's kant een plekje bij het bed en plofte daar neer, zijn kop tussen zijn voorpoten. Het was een lange, drukke nacht geweest. Sally en ik kropen weer onder het laken en probeerden net te doen alsof de zon niet aan het opkomen was. Toen ik op een bepaald moment mijn ogen opendeed, keek ik in die van Sally. Ze keek terug en knipperde een paar keer met haar ogen. Toen vernauwde ze ze tot spleetjes en ze fonkelden een ogenblik in het grijze ochtendlicht.

'Het is hij of wij,' zei ze kalm. 'Ik denk dat we hem moeten vermoorden.'

'Daar ben ik het helemaal mee eens. Hoe gaan we het doen?'

'Met pillen,' zei ze. 'Gif in zijn eten.'

'Gas,' opperde ik. 'Of met stenen in een jutezak een vijver in. Zo raakte mijn oom op de boerderij van poesjes af.'

'Gruwelijk,' zei Sally.

'Dat is waar,' gaf ik toe, 'maar wel effectief.'

Marlene Dietrich en Groucho Marx hadden de scène niet beter kunnen spelen; half modern melodrama en half absurdistische komedie. Sally kraste met haar nagels over mijn wang. Ik maakte een liefdevol gebaar terug door haar achter haar oor te krabben. Het voelde vertrouwd en kameraadschappelijk, met zijn tweeën wakker zijn, maf van slaapgebrek, net als toen onze dochter als baby om drie uur 's nachts gevoed, verschoond of geknuffeld moest worden. Zo kwamen we die nachten ook door; ellende omgezet in zwarte humor terwijl we ons uit bed sleepten. Met een beetje geluk hielp het ons te doorstaan wat Como voor ons in petto had.

'Ik hou van je, ouwe brombeer,' zei Sally, terwijl ze me nog een keer met haar nagels toetakelde.

'Hoezo, loop ik zo te mopperen?'

'Teddy,' verbeterde Sally zich, 'ik zei "teddy"... Ik hou van je, ouwe teddybeer.'

'Ik van jou,' antwoordde ik en draaide me op mijn zij. 'En dat is maar goed ook. We zullen het nog hard nodig hebben.' Eindelijk slaperig, dommelden we in.

Wat onze zorgen om Phoebes volgende dag op school betrof, die waren onnodig. Een paar uur later, toen het gepiep van de wekker van onze dochter door de gang klonk, werd ze verkwikt wakker en ze kon niet wachten tot ze haar eerste volledige dag met een hond in huis kon beginnen.

7

Ontsnappingsclausule

Het viel eerst niet zo op. Como's gedrag was zo ongelooflijk chaotisch en veeleisend dat we niet beseften dat hij door zijn gedrag mogelijk blijk gaf van een diep geworteld seksistisch vooroordeel. Als de hond zijn afkeer van alle mannen op mij – de enige man in zijn nieuwe omgeving – projecteerde, dan verkozen we dat te negeren of het probleem uit te stellen tot we tijd hadden om het aan te pakken. Het domweg in de hand proberen te houden van Como was al zo'n uitdaging dat diepere gedachten niet ter zake deden.

Toen Sally en Phoebe de volgende ochtend naar school waren, besloot ik de afbakening van de eetkamer te versterken. Hij had weliswaar de barrières genomen die ik in de deuropening gefabriceerd had en ook zijn eerste bench kapotgebeten, maar ik was niet van plan hem te belonen door hem vrij door het hele huis te laten lopen. 'Blijf,' schreeuwde ik tegen een hond die nergens te bekennen was. Ik had geen flauw idee waar Como op dat moment kon zijn, maar terwijl ik naar de garage liep om een paar stevige kartonnen dozen te halen zette ik mijn strengste stem op. Ik was van plan om de drie hekjes te verhogen door er dozen onder op te stapelen. Ik nam aan dat zelfs de meest atletische terriër wat springen betrof zijn grenzen moest hebben.

Toen ik weer bovenkwam met het eerste stel dozen, maakte Como zijn aanwezigheid nog steeds niet bekend. Maar terwijl ik een van de hekjes inklapte, er een rij dozen onder schoof en het hekje erbovenop zette, had ik het gevoel dat ik geobserveerd werd. Ik durfde het niet met honderd procent zekerheid te zeggen; na een nacht met amper slaap was mijn waarnemingsvermogen waarschijnlijk een beetje wazig. Maar toen ik opstond en terug wilde lopen naar de voordeur, hoorde ik iets de trap op schieten. Oké, dacht ik, prima. Als Como me tussen de spijlen door had staan bespionneren, zou hij misschien wel inzien dat het menens was. Dit zou zijn plekje in huis worden en ik ging het afbakenen. Ik ging naar beneden naar de garage om nog meer dozen te halen.

Wat er daarna gebeurde, was een waarschuwing en stom geluk tegelijk. In plaats van weg te rennen toen hij me met een nieuwe lading dozen de trap aan de voorkant van het huis hoorde opkomen, stond Como bij de voordeur te dringen. Hij had kennelijk ontdekt dat buiten die kant op was en hij wilde zijn kans niet missen. Als ik niets in mijn handen had gehad en domweg de deur zou hebben opengetrokken zoals ik normaal doe, zou hij gemakkelijk hebben kunnen ontsnappen. Maar omdat ik met die dozen balanceerde, moest ik de deur langzaam opendoen en er een zetje tegen geven met mijn heup. Ik voelde hem voor ik hem zag, iets wriemeligs en wolligs bij mijn voeten (ik droeg een korte broek en sandalen). Geschrokken liet ik de dozen op de grond vallen. Daar raakte Como opnieuw van in paniek. Hij schoot de gang door en verdween de werkkamer in.

Ik ging op de vloer van de hal zitten om bij mijn positieven te komen. Het was op het nippertje geweest of ik had een sluwe vluchteling laten ontsnappen, de dag nadat we hem mee naar huis hadden genomen. Als ik die dozen niet in mijn handen had gehad, zou hij nu al op de vlucht zijn, terug naar Redwood City (niet dat hij al te verzot had geleken op het leven in een asielhok) of terug naar de straten van de gemeente Santa Clara of, wat mij betrof, Mexico. Als we nu thuiskwamen of weg wilden, moesten we extra uitkijken. Como was klein, vlug en buitengewoon vasthoudend. We waren minder dan vierentwintig uur met dat honden-

gedoe bezig en ik vond het nu al een slijtageslag. Ik verzamelde de gevallen dozen en ging weer aan het werk.
Toen Sally rond lunchtijd de trap opkwam was ik er nog mee bezig. Ze keek me aan over een van de anderhalve meter hoge muren die ik in elk van de deuropeningen naar de eetkamer aan het bouwen was. 'Hoe moeten we er nu in en uit?' vroeg ze.
Ik wilde iets snerends tegen haar zeggen, voornamelijk omdat ik zelf niet aan dat probleem had gedacht, maar ik hield me bijtijds in. We waren allebei erg moe van de toestand van de afgelopen nacht en moesten rustig blijven. 'Dat bedenken we wel als het zover is,' zei ik, alsof ik ter plekke een kasteel met een slotgracht aan het maken was en ik rekende op spontane inspiratie over hoe het verder moest.
'Waar is hij trouwens?' vroeg ze, terwijl ze via de gang naar de keuken liep. Ik rook de gebruikelijke taco's met rijst en bonen die ze op weg naar huis bij Gordo haalt.
'Dat weet ik eigenlijk niet,' zei ik. Ik maakte aanstalten om bij haar aan de keukentafel te gaan zitten. Maar zoals ze al opgemerkt had, had ik mezelf in de eetkamer ingebouwd. Op dat moment ontdekte ik een belangrijke constructiefout in mijn pas opgeworpen barricades. Toen ik achteruit stapte om de kleinste van de drie te bekijken, stootte ik tegen degene achter me. De dozen vielen om, het hekje schoot los en gleed langs de deurpost omlaag. Wat er tamelijk indrukwekkend uitgezien had, was in feite zo fragiel als het decor in een marionettentheater.
'Wat was dat?' riep Sally. 'Deed hij dat?'
'Nee. Laat maar,' zei ik, terwijl ik over mijn gevelde kasteelmuur stapte. 'Ik ga hier straks wel mee verder. We moeten terug naar de dierenwinkel en een betere bench voor hem kopen. Degene die we hadden was vast voor puppy's.'
Sally maakte korte metten met haar taco en cola light, pakte de hond, die er zonder dat ik het gemerkt had in geslaagd was om weer naar boven te sluipen, en liet hem uit voor we weggingen. Toen we met de kapot geknaagde bench als bewijs van onze on-

tevredenheid in de dierenwinkel verschenen, zette de winkelbediende grote ogen op en riep zijn chef erbij.

'Wat voor soort hond zei u dat het was?' vroeg de filiaalchef ons. Hij was klein en heel mager, had zwart geverfd haar en leek voor ons op zijn hoede. Het kwam bij me op dat een dergelijk gedrag wellicht voortkwam uit de veelvuldige omgang met huisdieren en hun bezitters. Hij bekeek de kapotte scharnieren van de bench nauwkeuriger.

'Een terriër,' zei Sally. 'We denken dat het wel eens een kruising tussen een Cairn terriër en een Westie zou kunnen zijn.' Dat was nieuw voor mij. Dat had ze zeker in het asiel gehoord op een moment dat ik niet luisterde.

'Dit hebben we nog nooit gezien,' zei de chef. 'Ik weet niet wat ik moet zeggen.' Hij gaf ons de bench terug alsof het iets was waardoor hij bij een misdaad betrokken zou kunnen raken.

'Hij moet al ondeugdelijk geweest zijn,' zei ik, terwijl ik in mijn zak zocht naar de rekening. 'Zoals u al zei, dit gebeurt nooit.'

'Ik heb niet gezegd dat het nooit gebeurt,' verbeterde hij me. 'Ik zei dat we het nooit hebben zíén gebeuren.'

'Dat is hetzelfde,' wierp ik tegen. Zijn schoensmeerzwarte haar, dat ik zag als een daad van cosmetische agressie, begon me op mijn zenuwen te werken.

Om verdere escalatie te voorkomen kwam Sally tussenbeiden. Ze vroeg of ze ook een stevigere bench hadden.

'Nee,' zei de chef. 'Dit is de sterkste die we hebben. Tenzij u voor een metalen kooi wilt gaan, wat ik niet aanraad voor een hond als deze.'

'Een hond als wat?' vroeg ik.

Hij zweeg even en koos voor een vriendelijke aanpak. 'Ik moet u iets vragen: heeft u naar de tanden van uw hond gekeken?'

'Wat bedoelt u?' vroeg Sally.

'Een hond die zoiets in één nacht voor elkaar krijgt,' zei hij, terwijl hij een blik wierp op de bench die nu op de grond tussen ons in stond, 'heeft óf tanden van staal óf echte die nu tot stompjes afgesleten zijn. Hij zou zijn hele bek openhalen aan een metalen kooi, want ik durf te wedden dat hij er net zo op zal aanvallen.'

Sally en ik bedankten hem voor zijn advies en liepen weg voor privéoverleg. We bleven in het gangpad bij de kattenspeeltjes staan om onze opvoedingsstrategieën te herzien en te bespreken hoe we een hond die zijn eerste nacht bij ons al uit zijn kooi losgebroken was en door het hele huis had lopen plassen onder controle zouden kunnen krijgen. 'Misschien moet hij bij ons in de kamer slapen,' opperde Sally. 'Of bij Phoebe. We zouden hem in een van de kamers kunnen zetten en de deur dichtdoen.'

'Wat los je daarmee op?' vroeg ik. 'Hoe voorkom je dat hij op de kleden plast?'

'Misschien doet hij dat niet als hij niet opgesloten zit.'

'Maar je zei net dat we hem in een kamer moesten zetten en de deur dichtdoen. Is dat niet opsluiten dan?'

'Misschien ziet hij het anders,' antwoordde Sally. 'Zonder de bench. En al dat plakkerige plastic spul op de vloer.'

Er zaten akelig veel misschiens in haar verhaal, om nog maar te zwijgen van een gevoel van overhaaste overgave. Na één nacht al was ze bereid om het beleid om de hond te leren in de bench te slapen, zoals aangegeven in verscheidene van de boeken die we hadden gelezen en zoals onderschreven werd door het asiel, overboord te gooien. De potentiële voordelen waren talrijk. Men zei dat honden die leerden van hun bench te houden stabieler waren, eerder zindelijk, minder geneigd om het meubilair te vernielen, en sneller gewend aan reizen. En nu waren we die strijd al aan het verliezen voor we er ooit echt mee begonnen waren.

Maar er viel ook weinig in te brengen tegen het standpunt van de filiaalhouder van de dierenwinkel dat Como mogelijk benchbestendig was. Het was tenslotte geen beïnvloedbare, kneedbare puppy meer, maar een hond van een jaar met blijkbaar nare straatervaringen en bovendien een stel stalen tanden. En ik borrelde zelf ook niet bepaald over van geweldige ideeën. Opnieuw voelde ik, te midden van het geroezemoes van klanten, zachte muziek, het gekwetter van parkieten en zo nu en dan een schreeuw van een dwergpapegaai, hoe de muren op me afkwamen. Wat hadden we onszelf in vredesnaam aangedaan?

'Laten we maar gaan,' zei ik. 'Het is bijna tijd om Phoebe op te halen.' Ik pakte de resten van onze nutteloze bench waar we duidelijk geen geld voor terugkregen en liep voorop naar de auto.

Op weg door de stad naar de school van onze dochter, besloten we Phoebe te vertellen dat Como die nacht, bij wijze van proef, bij haar op de kamer mocht slapen. We deden allebei alsof het beter zou zijn om de hond te testen in de rustigere achterkamer, uit de buurt van het straatrumoer in onze slaapkamer. En we wisten dat Phoebe dolgelukkig zou zijn met het nieuws. Ze had überhaupt het idee dat Como beneden 'in de gevangenis' zou verblijven al zeer tegen haar zin in geaccepteerd. 'Honden horen niet in hokken te slapen,' zo had ze het omschreven. Wat door geen van ons uitgesproken werd, was de veronderstelling dat Como in een kamer waarin zich geen ander mannetje – namelijk ik – bevond waarschijnlijk wel rustig zou gaan slapen.

Phoebe was teleurgesteld dat we haar nieuwe schat niet meegenomen hadden om er op het schoolplein mee te kunnen pronken. 'Alles op zijn tijd,' zei ik. 'Bovendien denk ik dat hij het hier niet zo leuk zou vinden.' Er drongen kinderen om ons heen, ze schreeuwden, renden achter elkaar aan en sprongen van de bankjes. Niets van dit alles leek de verschillende honden te storen die op vrijdagmiddag voor een hereniging met hun zorgeloze baasjes mee naar school waren genomen. Ik herkende Spencer, Lauries uitbundige Airedale, die aan zijn riem trok richting een groepje vierdeklassers. En daar was Oscar, Tobias' nu volwassen teckel die zo'n kilte tussen Phoebe en mij veroorzaakt had op de dag dat hij zijn eerste adembenemende optreden gaf. Het zag er allemaal zo levendig, zo normaal uit en zo volkomen ondenkbaar voor de hond die wij geadopteerd hadden.

Phoebe schudde de lichte teleurstelling over Como's afwezigheid van zich af en haastte zich naar de auto. Ze kon niet wachten om naar huis te gaan. Sally en zij hadden het over logistiek, waar ik maar een hap en een snap van opving omdat ik reed. Ze besloten van oude dekens en handdoeken een slaapplaats voor Como te maken. 'Ze houden van de geur van oude dingen,' verklaarde Phoebe. 'Dat geeft ze troost.' Haar kennis van hondengedrag kwam zelfverzekerd, veelomvattend en vreemd intimiderend over. Hoe wist ze al die dingen?

Toen we de oprit opreden, liet ik een nadrukkelijke waarschuwing uitgaan over het naar binnen gaan. 'Laat mama of mij maar eerst gaan,' zei ik. 'Hij zou bij de deur kunnen zitten wachten en in een flits naar buiten gaan. En dan zijn we hem kwijt.' Ik wilde heel duidelijk zijn over het gevaar dat hij zou ontsnappen. Phoebe haalde haar rugzak uit de kofferbak en rende de trap op. Sally stak haar sleutel in het slot en ze liepen zonder onderbreking het huis binnen. Toen ik binnenkwam waren ze al bezig Como aan de riem te doen.

'We gaan hem uitlaten,' tjirpte Phoebe. Zij danste met de hond langs me heen door de hal.

'Tot zo,' zei Sally, die hen achterna liep.

Alleen in huis maakte ik van de gelegenheid gebruik om mijn mislukte hindernissen af te breken. Ik klapte de hekjes in en zette ze samen met de kartonnen dozen terug in de garage, scheurde vervolgens de tape en het plastic dat al in flarden hing van de vloer en maakte er een enorme bal van die ik in de vuilnisbak propte. Toen Sally, Phoebe en Como terugkwamen, alle drie hijgend van een run om de honkbalvelden van Golden Gate Park, was de eetkamer weer een eetkamer, zonder enig bewijs van onze poging om er een hond in op te sluiten. Ronde één stond op naam van Como. Als het een bokswedstrijd was geweest, zou de jury hem unaniem de punten hebben toegekend.

De warmte bleef nog aanhouden toen we die avond naar bed gingen. Het zou lastig worden om te slapen, ook zonder dat we nog te maken hadden met een maniak van een hond. We dachten erover om de staande ventilatoren neer te zetten, maar Como's aanwezigheid leek dat onmogelijk te maken.

'Kun je je voorstellen dat hij ertegenaan rent?' zei ik.
'Of dat hij er met zijn staart in terechtkomt?' vroeg Sally met een lichte huivering.
'Of eroverheen springt.' Hij was in onze gedachten een soort Superhond geworden die met een enkele sprong grote hindernissen nam, uit elke gevangenis kon ontsnappen en daarbij roekeloos genoeg was om zichzelf tijdens die pogingen iets aan te doen.
Sally en Phoebe hadden in een hoek van Phoebes kamer een enorme slaapplek voor Como gecreëerd. Terwijl hij over beide verdiepingen van het huis dwaalde, leek hij niet van plan te zijn er gebruik van te maken. De enige aandacht die hij eraan besteedde waren een paar snuffels tijdens zijn grillige hogesnelheidsverkenningen. Maar toen we hem eindelijk voor de nacht in Phoebes kamer opsloten, hoorde we niets. Sally en ik wensten elkaar fluisterend welterusten – elk harder geluid kon de breekbare rust verstoren en de hond laten schrikken – en deden het licht uit. Ik was op mijn zij gaan liggen en sliep bijna toen Sally haar hand op mijn schouder legde.
'Ben je wakker?'
'Nu wel,' zei ik en ik draaide me om. 'Wat is er?'
'Haar licht is nog aan.'
Ik tuurde met toegeknepen ogen door de gang en zag het licht onder Phoebes deur. 'En?'
'Ga eens kijken wat ze aan het doen zijn,' zei ze.
'Waarom zou ik?'
'Sst,' waarschuwde Sally me. 'Straks laat je hem schrikken.'
'Wat precies is wat er gebeurt als ik daar naar binnen ga. Ga toch slapen.'
Als er van alles door haar hoofd spookt heeft het totaal geen zin om tegen mijn vrouw te zeggen dat ze moet gaan slapen. Maar na een huwelijk van veertien jaar worden er elke dag allerlei zinloze gedragingen herhaald. Ik wist uit ervaring dat dit gesprek, of wat ervoor moest doorgaan, nog niet afgelopen was.
'Heb je gezien hoe hij naar ons kijkt?' vroeg Sally. Ik wist dat

het niet echt een vraag was en wachtte tot ze verderging. 'Die kleine zwarte kraaloogjes. Het is net of hij dwars door je heen kijkt. Echt hoor, ik vind hem een beetje beangstigend. En zoals hij die scharnieren doorgeknaagd heeft... Dat is demonisch.'

Ik wist niet hoe ik moest reageren. Ik had het idee dat Sally veel beter met Como overweg kon dan ik. En bovendien dacht ik dat we het idee om de hond af te schrijven al hadden laten varen door er de avond tevoren grapjes over te maken. Maar misschien werkte hij Sally op een manier op haar zenuwen die nog niet tot mij doorgedrongen was. Ik was ook bang voor hem, maar dat had meer te maken met mijn angst dat hij tijdens mijn wacht uit huis zou ontsnappen of dat hij overal zou blijven plassen, of beide. Nu ze het zei, de hond had inderdaad kraaloogjes en een meedogenloze uitstraling.

'Nou,' zei ik, terwijl ik zo kalmerend en nuchter probeerde te klinken als ik maar kon, 'ik denk dat we het gewoon van dag tot dag moeten bekijken en zien hoe het gaat.'

'Achtentwintig,' zei ze.

'Achtentwintig?'

Toen viel het kwartje. Voor het eerst noemde een van ons de ontsnappingsclausule van dertig dagen die het asiel ons gegeven had. Met ingang van morgen hadden we nog achtentwintig dagen om te beslissen of we met een monster konden samenleven – dat zich verderop in de gang bij onze dochter ophield – of hem terugbrengen en ons geld terugkrijgen zonder dat er vragen gesteld werden.

'O,' zei ik. 'Ja, dat is waar ook, hè?' Ik probeerde luchtig te klinken, maar ik hoorde de klok tikken.

Phoebe keek blij, zij het een beetje slaperig, toen ze de volgende ochtend aan het ontbijt verscheen. Ze was vaag over hoe en waar in haar kamer Como precies geslapen had en ze vergat ook de schade te vermelden die hij aan de stapel dekens en handdoeken aangericht had. Maar ze hield nadrukkelijk vol dat hij haar niet uit haar slaap gehouden had. Sally trok een sceptisch gezicht boven haar cornflakes en zei dat ze naar de sportschool ging. Phoebe bood opgewekt aan om de hond uit te laten en hem wanneer ze terugkwamen zijn ontbijt te geven. Ik vroeg me af of ze ons de avond tevoren op de een of andere manier had gehoord en wist dat ze nog vier weken had om een permanente plek voor Como in ons huis te bevechten. Ze zou alles doen wat in haar twaalfjarige macht lag om dat voor elkaar te krijgen.

Gezien de ellendige start die we met hem gemaakt hadden, verliep dat eerste weekend met Como in huis aardig soepel, ondanks een paar 'ongelukjes'. Phoebe hield zich aan haar belofte om hem op tijd uit te laten en eten te geven en ze besloot hem, met hulp van Sally, het bad te geven dat hij zo hard nodig had. Ze moesten hem met zijn tweeën vasthouden, water over hem heen spuiten en hem inzepen. Ik hoorde allerlei alarmerende gilletjes, zowel menselijke als hondachtige, en stak op een gegeven moment mijn hoofd om de deur van de badkamer om te zien hoe het ging.

'Ga weg!' schreeuwde Sally. Een open deur gaf Como een nieuwe aanval van vluchtdrang en hij wriemelde zich bijna los uit twee paar gladde handen. Ik deed de deur snel dicht en trok me terug in de keuken. Nadat ze hem met twee gestreepte strandlakens zo goed mogelijk afgedroogd hadden, lieten Sally en Phoebe de hond vrij. Misschien kunnen windhonden sneller over een renbaan rennen, maar geen enkele hond had in ons huis sneller kunnen sprinten en scherpere bochten maken dan Como op zijn vlucht na zijn eerste bad. Ik bekeek het schouwspel vanaf een stoel bij de keukentafel. Sally en Phoebe keken vanuit de badkamer toe en staarden naar de race als nieuwkomers op het circuit, die overweldigd zijn door de snelheid en het gebrul van motoren tijdens hun eerste NASCAR-race.

Como rende de trap op en af en zijn pootjes denderden door de gang boven ons hoofd. Elke terugkeer naar de woonkamer was als een noodlanding waarbij hij zich met zijn hals op het kleed wierp en eerst met de ene kant van zijn kop over het kleed wreef en daarna met de andere. Ineens hield hij op, met zijn achterste zo hoog mogelijk in de lucht gestoken en zijn kop tegen de vloer gedrukt. Vervolgens rende hij briesend de trap weer op, op zoek naar meer en droger tapijt. Zo ging het een tijdje door en we vonden het allemaal behoorlijk komisch.

'Zullen we hem elke dag in bad stoppen?' opperde ik. 'Dan raakt hij misschien uitgeput en slaapt hij 's nachts beter.'

'Misschien moet jij hem de volgende keer in bad stoppen, papa.'

'Ja, papa,' zei Sally spottend.

We hadden plezier, wij drieën – vieren – en het leek erop alsof het misschien toch nog iets zou worden. Kleden met vochtige strepen van het waterige hondenshampoosop en een badkuip vol pootafdrukken waren een kleine prijs die we moesten betalen. Como kwam de woonkamer binnengestormd en wierp ons een blik toe die ons uitdaagde hem te vangen. Zijn staartje ging heen en weer met de precisie van een slingeruurwerk. Phoebe dook op hem af, maar ze had geen schijn van kans. Hij stoof terug de trap op voor zij met een gelukkige grijns overeind kwam.

's Maandags had Sally na haar lessen een vergadering en zou ze niet voor drieën thuis zijn. Ik moest zelf een deel van de ochtend de stad in en toen ik terugkwam, voorzichtig langs de voordeur naar binnen schuivend, besefte ik dat ik Como zelf moest uitlaten. Tot dan toe was Sally of Phoebe er steeds geweest om hem aan te lijnen.

'Como,' riep ik. 'Tijd om naar buiten te gaan. Kom maar. We gaan een eindje lopen. Kom maar, Como.'

Stilte.

Ik doorzocht eerst de begane grond, onder de tafels in de keuken, de eetkamer en beide bureaus in de werkkamer. Omdat ik dacht dat hij misschien een veilige haven had gevonden in de hoop handdoeken en dekens, ging ik boven eerst naar Phoebes kamer. Mis. Zodra de weg vrij was, kwam Como de voorste slaapkamer uit geschoten en rende de trap af. Ik ging zo achteloos mogelijk achter hem aan. 'Có-mo,' zong ik. 'Wil je gaan wandelen?' Het gedreun van mijn voeten toen ik achter hem aan ging vormde een tegenstelling met de luchtigheid die ik in mijn stem legde.

Ons huis is dusdanig ingericht dat een hond bij een spelletje als dit altijd het voordeel heeft. Als ik hem door de eetkamer achternazat, nam Como de route door de gang. Wanneer ik de gang probeerde, had hij een vrije doorgang door de eetkamer naar het halletje en weer naar boven. Op één ronde beneden lukte het me in de keuken heel even om hem af te snijden. Maar opnieuw was ik de pineut door de inrichting. Door een schijnbeweging naar de ene kant van het kookeiland in het midden van de keuken te maken en vervolgens de andere kant te kiezen, wist Como me met gemak te omzeilen. Hij draafde de woonkamer door en keek nog even als afscheid achterom voor hij op weg ging naar de trap.

Ditmaal volgde ik hem verslagen. Ik deed geen poging om hem te vinden of op te sporen, maar liet me op het bed vallen en deed een bewuste poging om enkele minuten te denken aan iets wat niets met honden te maken had. Ik had een deadline en ik kon Como niet eeuwig door het huis achternazitten. Misschien kon hij het 'ophouden' (zoals we tegen Phoebe zeiden toen ze uit de luiers kwam) tot Sally thuiskwam. Ik was in mijn hoofd een openingszin voor een artikel aan het testen toen ik het zachte gerinkel van de hondenpenning tegen het identificatieplaatje hoorde. Ik keek heel voorzichtig op en zag hem vanuit de deuropening naar me kijken. Dit was mijn kans. Ik moest het op de juiste manier spelen.

Ik deed lange tijd niets en dwong mezelf om zo stil mogelijk te blijven liggen. Dat hielp. Ik hoorde Como over het kleed sluipen om mijn roerloze massa te bekijken. Hij kwam steeds dichterbij, als een wolf naar een neergeschoten hert, en waagde zich voor het eerst aan mijn kant van het bed. Als ik net deed of ik sliep, dacht ik, zou hem dat misschien geruststellen. Ik slaakte een zucht, draaide zo langzaam mogelijk op mijn zij en nestelde me met nog een zucht in mijn kussen. Ik had die stunt met dat zogenaamde slapen in geen jaren meer uitgehaald. De techniek uit mijn kindertijd was meteen helemaal terug. Como bleef dichterbij komen. Ik deed één oog een beetje open om te zien hoe ver hij was. Daarop bleef hij staan. Ik deed mijn oog dicht. Nog meer gesluip. Dichterbij. Dichterbij. Dichterbij. Toen ik zeker wist dat hij dichtbij genoeg was, schoot ik overeind, greep met mijn rechterhand zijn halsband en legde mijn linkerhand om zijn achterste.

Ik had hem, zoals ik Sally en Phoebe later zou vertellen. Ik voelde twee vingers onder zijn halsband glijden terwijl ik zijn achterste in mijn andere hand hield. Hij leek op een vis aan een lijn, zoals hij wild om zich heen sloeg, zijn rug kromde en zichzelf drie verschillende kanten tegelijk op wierp. Hij beet me niet en maakte geen geluid, wat zijn geheime wapen bleek te zijn. Dat en de pure, gebundelde kracht die ik de eerste keer voelde toen ik hem in de bezoekersruimte van het asiel aaide. Deze hond had iets verontrustends onhonds – zijn stilte, zijn weigering om die indrukwekkende tanden van hem te gebruiken, zijn marlijnachtige gevecht dat van mijn armen hengels en lijnen maakte die tot het uiterste gespannen waren. Ik heb zijn naam misschien een keer of twee gezegd, in een poging om hem rustig te krijgen. Maar of ik dat nu wel of niet deed, ik wist dat ik hem moest laten gaan. Om hem op zo'n manier eronder te krijgen voelde als een aanranding, een truc die ik uithaalde met een ander sterk gemotiveerd wezen. We keken elkaar een ogenblik aan. Met een laatste ruk brak Como los en schoot ergens heen. Ik deed geen poging hem te vinden.

In plaats daarvan vond hij me een halfuur later. Ik nam een sanitaire pauze tijdens het schrijven van een artikel op mijn computer in de werkkamer. Terwijl ik op mijn gemakje zat – op een plek waar goede ideeën soms zomaar opduiken – had ik net zo'n beetje een overgangsprobleem in mijn stuk opgelost toen Como met zijn neus de wc-deur openduwde en naar binnen stapte. We keken elkaar een tijdje rustig aan. Ik deed niet langer mijn best om hem te vangen en dat scheen hij te weten. Misschien voelde hij ook dat ik, met mijn broek rond mijn enkels, op dat moment geen gevaar voor hem vormde. Alles bij elkaar was het een eerlijke en billijke wapenstilstand. Ik stak mijn hand uit. Hij liep ernaartoe en snuffelde eraan. Ik wachtte even voor ik een voorstel deed:

'Wil je misschien gaan wandelen?'

Deze keer toonde hij geen verzet en liet zich bij zijn halsband beetpakken. Het lastigste kwam toen ik me aan mijn aanbod probeerde te houden. Ik tilde de hond op en hield hem onder mijn rechterarm terwijl ik mezelf vervolgens zo goed en zo kwaad als het ging met mijn linkerhand probeerde af te vegen en weer aan te kleden. Er rolde ondertussen aardig wat wc-papier van de houder op de vloer. Ik kwam tot de ontdekking dat je broekriem zich niet makkelijk laat vastmaken met een wriemelende hond onder je arm. Maar ik kwam er ook achter dat, als ik om de een of andere reden in de toekomst een tijdlang mijn rechterhand niet zou kunnen gebruiken, ik heel wat meer met mijn linkerhand voor elkaar kon krijgen dan ik voor mogelijk had gehouden. Pas later realiseerde ik me dat ik, toen ik Como eenmaal te pakken had naar de deur had kunnen huppen en hem terwijl ik mezelf toonbaar maakte in ons kleine toilet had kunnen opsluiten. Daarna had ik hem zo weer kunnen pakken.

Toen Sally uit school thuiskwam, was het eerste wat ze wilde weten of de hond tussen de middag uitgelaten was.

'Ja,' zei ik.

'En hoe ging dat?' Ze trok een gezicht alsof ze bereid was me een kruisverhoor af te nemen over de details.

'Goed,' zei ik. 'Hé, ik heb een deadline. Zullen we het er straks over hebben?' Ik was er nog niet aan toe om de bijzonderheden van mijn wc-capriolen te etaleren.

Die avond, nadat Como weer bij Phoebe op de kamer ondergebracht was en we ons uitkleedden om naar bed te gaan zag Sally iets. 'Wat is dat?' vroeg ze, terwijl ze een plekje op mijn onderrug bekeek. 'Zit dat er pas?' We vonden nog meer – een rode uitslag die me niet opgevallen was – op mijn ribbenkast en bovenarmen. 'Dat ziet er niet goed uit,' zei ze. 'Daar zou ik maar mee naar de dokter gaan.'

Sally waakt meestal veel beter over mijn gezondheid dan ik. Ik ben gewend dat zij iets ziet wat ik nog niet gemerkt had, of dat ze vraagt naar een of ander pijntje dat ik genoemd had en daarna weer vergeten was omdat het overgegaan was. Ze is geen paniekzaaier, maar ze neigt wel tot een zekere gezonde en nuchtere benadering van alles wat medisch is. Toch viel het me op dat er die avond een zekere zangerigheid, bijna iets opgewekts, in Sally's stem lag. 'Kijk toch eens,' zei ze, met zo'n bewonderende toon die je bij een indrukwekkend vergezicht of bij een of ander opvallend kunstwerk in een museum gebruikt. 'Het zit zelfs aan beide kanten.' Als ik niet beter geweten had, zou ik misschien wel gedacht hebben dat ze blij leek met de verschijning van mijn uitslag.

'Het jeukt niet,' zei ik tegen haar.

'Dat maakt niet uit,' antwoordde ze gedecideerd. 'We moeten erachter zien te komen wat de oorzaak is.'

Wat ik niet doorhad, zoals meestal, waren de paar zetten vooruit die Sally al gedaan had terwijl ik daar stond met mijn blote bovenlijf. (Het is maar goed dat we niet schaken; ze zou me elke keer verslaan.) Stel dat mijn uitslag een of andere allergische reactie op Como was, dacht ze. En stel dat er niets aan te doen was. Zelfs Phoebe zou begrijpen dat we onmogelijk een hond konden houden waar haar arme vader onder leed. Mijn vrouw schoof Como en mij over haar denkbeeldige schaakbord, met een schaakmat als mogelijkheid.

8

De parabel van de mueslireep

Mijn vliegtuig vertrok woensdagochtend vroeg uit San Francisco. Met een korte onderbreking in Dallas kwam ik pas 's avonds in Tampa aan. Tegen de tijd dat ik met vrienden gegeten had en we met een taxi naar ons hotel in Saint Petersburg gereden waren, liep het tegen elven. Normaal gesproken zou ik me doodop voelen na zo'n lange reisdag. Maar zodra ik mijn koffer in mijn kamer gezet had, voelde ik een nieuwe energiestoot. Ik was bijna vierduizend kilometer van huis. Ik was alleen, niet gekweld of van afschuw vervuld, in een kamer zonder een spoor van honds leven. Het enige geluid was het zachte kattengespin van de airconditioning. Ik ging gestrekt op het bed liggen en genoot een paar minuten van de eenzaamheid. Toen nam ik de lift naar beneden om de foyer, het zwembad en het terras dat op de Golf van Mexico uitkeek te verkennen. Ik trok mijn schoenen en sokken uit en wandelde over het maanverlichte strand. Ik ging weer naar binnen en nam een rumpunch aan de bar.

Ik had een volstrekt legitieme reden om hier te zijn. Ik nam deel aan een journalistiek congres, waar mijn plichten bestonden uit het optreden als panellid, en het co-voorzitterschap van een ander panel. Maar het was ook waar dat de timing van het uitstapje niet beter had kunnen zijn. Net toen de realiteit van het feit dat we een krankzinnige mannenhater-van-een-asielhond in huis hadden gehaald tot ons door begon te dringen, kreeg ik zomaar een kaartje met 'Verlaat de gevangenis zonder te betalen' dat vier dagen geldig was. Ik wist dat het niet eeuwig zou duren. Ik wist dat ik terug moest naar huis en de keuze onder ogen moest zien tussen de hond houden (en in een voortdurende toestand van angst en vrees verkeren) of hem terugbrengen (en Phoebes net uitgekomen droom aan diggelen slaan). Ik wist dat ik alleen maar net deed alsof dat alles er niets toe deed terwijl ik hier in het roze strandpaleis Don CeSar Beach Resort zat. Maar net doen alsof was precies wat ik van plan was te doen.

Eerst belde ik naar huis, zoals ik beloofd had. Toen de telefoon voor de tweede keer overging nam Sally op.

'Waar zat je toch?' vroeg ze.

'In de lucht,' zei ik. 'In het vliegtuig.' Proberen lollig te doen was waarschijnlijk niet de juiste manier om haar tegemoet te treden.

'Je zei dat je zou bellen.' Ik legde uit dat ik het eerder had geprobeerd, vanuit het restaurant in Tampa, en dat er niet opgenomen werd. 'Je hebt geen bericht achtergelaten.' Er volgde wat gemopper voor ik een adempauze kon benutten om toe te geven dat ik inderdaad geen contact had gelegd.

'Je hebt gelijk,' zei ik instemmend. Ik probeerde zo opgewekt mogelijk te klinken. 'Sorry. Ik had eerder moeten bellen. Hoe gaat het?' 'Het' had in dit geval een dubbelzinnige betekenis. Het betekende Como.

'Nou, hij heeft een badhanddoek te pakken gekregen en die aan flarden gescheurd. Toen rende hij rond alsof hij zou stikken. Hij heeft zeker de helft van dat ding opgegeten.'

'Een van de handdoeken in Phoebes kamer?' vroeg ik, denkend aan het slaapnest.

'Die had hij al kapotgemaakt,' bracht Sally me in herinnering. 'Deze kwam uit jouw badkamer. Het was denk ik degene die je vanochtend gebruikt hebt.' Ik kreeg het een beetje koud en dat kwam niet door de airconditioning. Het idee dat Como mijn natte handdoek van het rek had geplukt en zodra ik het huis uit was aan stukken had gescheurd, had een enigszins roofdierachtige lading. Had de handdoek naar mij geroken en had hij hem daarom kapotgemaakt? Of was hij als vernietiger voor gelijke behandeling en was alles op zijn pad een potentieel slachtoffer? Geen van beide opties was erg aantrekkelijk.

'En plassen?' vroeg ik.

'Nee, dat is over. Voorlopig.'

'Nou, dat is goed.'

'Ja,' zei Sally, 'het goede nieuws is dat hij níét in huis heeft geplast. We gaan flink vooruit.'

Het viel niet mee om iets tegen haar sarcasme in te brengen, dus probeerde ik het niet eens. Ik vertelde haar een beetje over het hotel, waarbij ik de prachtige ligging aan zee en de luxe van het grote, weelderige bed met zijn zeegroene sierkussens afzwakte. Ik zei niets over het maanlicht of de rumpunch. Ik zei dat ik haar en Phoebe miste en hen binnenkort weer zou spreken. Voor we ophingen, vroeg Sally naar mijn uitslag.

'Ik had er vandaag geen last van,' zei ik. 'Ik zal straks nog wel eens kijken.'

Het was even stil aan de andere kant van de lijn. 'Je moet echt uitkijken met dat soort dingen. Het kan best uitslag van de warmte zijn of van iets wat je gegeten hebt. Maar het kan ook een allergische reactie zijn en die dingen zijn soms heel moeilijk te behandelen. Onmogelijk zelfs.'

'Oké,' zei ik.

'Ik meen het, Steven. Jij negeert dat soort dingen altijd tot het te laat is.' Ik voelde dat ze nog een schaakzet aan het beramen was over mijn uitslag. Maar door al die kilometers tussen ons in drong haar strategie niet onmiddellijk tot me door. Het is bijna onmogelijk om door de telefoon de nuances in de stem van mijn vrouw te horen.

Ik kreeg Phoebe die me welterusten wilde wensen nog even aan de telefoon en toen hingen we op. Terwijl ik in een kamer lag die bijna te stil was – ik miste het gesis en gepiep van de bussen van San Francisco – begon het eindelijk tot me door te dringen wat

Sally bedoelde. Ik had pas de laatste paar dagen last van die uitslag... sinds we Como in huis hadden genomen. Als op de een of andere manier zou blijken dat ik allergisch was voor de hond, zou ons probleem opgelost zijn. We zouden niet anders kunnen dan hem terugbrengen en dat zou niet onze beslissing of onze schuld zijn. Ik hoorde het Sally al aan Phoebe uitleggen:

'We wilden hem echt, echt houden, schat, maar het kon gewoon niet. Papa's uitslag werd zo erg en er was niets aan te doen. Misschien kunnen we een andere hond vinden waar hij niet allergisch voor is. Of misschien ook niet. Misschien is een hond niet het juiste huisdier voor ons. Misschien moeten we een kat nemen.' Ik kreeg kippenvel op mijn toch al gevoelige huid toen ik me het tafereel, en het uit steen gehouwen gezicht van Phoebe, voorstelde. Ze had een hekel aan katten, net als ik. Ik heb zeker wel een uur in mijn heerlijke hotelbed liggen woelen voor ik in slaap viel.

De workshops en paneldiscussies begonnen meteen de volgende ochtend. Het was al achter in de middag toen ik eindelijk de kans kreeg om naar mijn kamer terug te gaan, mijn zwembroek aan te trekken en even te gaan zwemmen voor we aan het diner gingen. Dat was het moment dat ik zag dat de uitslag zich over mijn borst, schenen en enkels had verspreid. Zodra ik het zag, begon mijn hele lichaam te jeuken. Hoe meer ik wreef en krabde, hoe roder mijn huid werd.

Sally heeft maar half gelijk over de manier waarop ik op de grilligheden van mijn lichaam reageer. Ik negeer ze inderdaad zo lang mogelijk; en daarna raak ik meteen in paniek. Als dit een allergische reactie op Como was (wat logisch genoeg leek), waarom had het zich dan verspreid en was het in Florida erger geworden? Stel dat ik zomaar een ernstigere huidaandoening had die niets met de hond te maken had? Straks zou de uitslag zich over mijn hele lichaam verspreiden en moest ik me de rest van de conferentie in mijn hotelkamer schuilhouden of me overgeven aan de zorg van een of andere huidarts in St. Petersburg die ik niet kende. Straks moest ik eerder naar huis vliegen, tussen twee andere pas-

sagiers in geperst en geteisterd door de drang om mijn kleren van mijn lijf te rukken en me wezenloos te krabben. Ik trok een T-shirt aan over mijn rode borst en liep de badkamer almaar in en uit.
Ik zei tegen mezelf dat ik moest kalmeren. Ik probeerde Sally te bellen, maar die was niet thuis. Eigenlijk was dit haar schuld. Die stomme uitslag zou me nooit opgevallen zijn als zij me er niet op gewezen had. Ik had dat soort dingen waarschijnlijk vaker zonder dat ik er iets van afwist. Onwetendheid kan echt een zegen zijn. Dit was niets, kwam ik tot de conclusie, een onschuldige warmte-uitslag. Het was in San Francisco al een week warm en het was in Florida ook warm (ook al had ik de tijd daar voornamelijk binnen doorgebracht, in vergaderzalen met airconditioning). Airconditioning op zich was ook al niet goed. Je huid kon erdoor uitdrogen en het kon zelfs de lichtste uitslag verergeren. Wat ik nodig had, was zwemmen in de late middagzon, gevolgd door een douche en de gratis bodylotion van het hotel.
Rondhangend in mijn ochtendjas van Don CeSar, kreeg ik Sally te pakken en lichtte haar in over mijn dag en mijn uitslag.
'Ik hoop niet dat je die vochtinbrengende lotion, of hoe ze het ook noemen, van het hotel hebt gebruikt,' zei ze. 'Dat is vreselijk spul. Over allergieën gesproken. Nu komen we er nooit meer achter wat er aan de hand is.'
'Hoe komt het dat dit hele gedoe nu ook al met mijn huid te maken heeft?' vroeg ik.
'Wat voor hele gedoe?'
'De hond,' zei ik.
Het werd even stil aan de andere kant van de lijn. Ik weet niet of dat betekende dat ze vond dat mijn opmerking terecht was of dat ze diep ademhaalde voor een nieuwe ronde bekvechterij. 'Luister,' zei ze, 'ik wil het gewoon opgehelderd hebben. Ik weet hoe gek jij jezelf kunt maken.'
Ik was meer opgelucht over de capitulatie in haar stem dan over wat ze zei. 'Oké, schat,' zei ik. 'We komen er wel uit. Op de een of andere manier.' We wisten allebei dat we het niet alleen

maar over mijn uitslag hadden. We hadden het, zo optimistisch mogelijk, over Como.
De conferentie verliep voorspoedig, en al te snel. Voor ik het wist zat ik in het shuttlebusje terug naar het vliegveld samen met twee schrijvers uit Boise en een redacteur uit Odessa, Texas. Ik had de twee uit Idaho de afgelopen paar dagen al iets verteld over Como en ze vroegen me nu om een update. Ik vertelde hun over de aanval op mijn badhanddoek en een paar andere stunts die de hond uitgehaald had terwijl ik weg was. Ze schenen het allemaal nogal komisch te vinden. Eindelijk deed de Texaan zijn mond open.
'Hoe groot zei je dat die hond van je is?' vroeg hij.
'Een kilo of vijf, zes.'
'En welk ras.'
'Een kruising van een terriër. Een vuilnisbakje eigenlijk,' zei ik.
Terwijl het busje ratelend over een brug reed dacht hij even na. Ik was bang dat hij me een typische preek uit de Lone Star-staat zou geven over vangen met een lasso en brandmerken bij dieren en over laten merken wie de baas is. In plaats daarvan vertelde hij ons over een onverbeterlijke lhasa apso die zijn vrouw en hij hadden gehad en hoe ze een hondentrainer in de arm hadden genomen om hem zindelijk te maken en hem te leren niet tegen bezoek op te springen. 'Kleine hondjes,' zei hij, 'kunnen sterke karakters hebben. Ik stel voor dat je een deskundige in de arm neemt en jezelf een hoop ellende bespaart. Het kost wel wat, maar je zult blij zijn dat je het gedaan hebt.'

Dat was iets om tijdens de lange vlucht naar huis over na te denken. Phoebe zou misschien wat moeite hebben met het idee van hulp van buitenaf, maar ik dacht dat Sally misschien wel bereid zou zijn om alles te proberen. Toen ik met mijn koffer op wieltjes naar de stoep van het vliegveld van San Francisco liep stonden mijn vrouw en dochter daar, samen met Como, om me op te halen. Ze hadden de beste dag tot dan toe met de hond gehad; geen ongelukjes, geen gekauw op dekens of handdoeken en een beperkte hoeveelheid zwerftochten 's nachts.

'Zie je wel, pap. Hij begint aan ons te wennen.'

Phoebe, die haar voetbalkleding aanhad, zat op de achterbank met Como op schoot. Hij zag er inderdaad bijna normaal uit, zonder die doordringende blik die Sally en ik allebei zo verontrustend vonden.

'Dat is geweldig, Skidge,' zei ik. 'Hou vol.'

Ze zette de hond tegen het raampje zodat hij naar buiten kon kijken, wat hem niet in het minst leek te interesseren. Zo was hij tijdens het uitlaten ook... ongeïnteresseerd in mensen en in andere honden, ontwijkend zelfs. Ik nam me voor om Sally te vragen of ze dacht dat Como misschien 'socialisatieproblemen' had. Dat was een opmerking die ik in het busje van de Texaanse redacteur opgepikt had.

Er volgde weer een rustige nacht met de hond. Daarmee kwam het aantal op vier nachten achtereen – waarvan ik er drie had gemist – zonder oorlogshandelingen. Zo eigenaardig als hij ook was, dacht ik, Como leek inderdaad zijn draai bij ons gevonden te hebben.

De volgende ochtend belde ik de verpleegkundige van Kaiser, ons medisch centrum, en beschreef mijn uitslag aan haar. Ze stelde me een paar vragen voor ze me doorverbond met mijn eigen dokter. Tot mijn verrassing nam hij op. 'Daar zou ik maar geen gewoonte van maken,' zei dokter Palacios. 'Het komt alleen maar omdat twee patiënten achter elkaar niet zijn komen opdagen. Ik ben mijn administratie aan het bijwerken.' Ik vertelde hem over mijn symptomen en hoe ze zich ontwikkeld hadden.

'Het zou een allergische reactie kunnen zijn,' zei hij. 'Even kijken. Hoe lang hebben jullie de hond nu?'

'Tien dagen. Het lijkt wel tien jaar.'

'Wat bedoel je?'

Ik lichtte hem in over de nacht van de doorgeknaagde bench, de meervoudige ongelukjes en de verscheurde handdoeken en dekens. Ik vertelde hem nog net niet dat Sally en ik het idee hadden dat de hond wel eens een sterke boze geest kon zijn. Dokter Palacios stond misschien al op het punt om te concluderen dat die hele uitslag psychosomatisch was. Als dat al zo was, draaide hij tactvol om die mogelijkheid heen.

'Ik zal een receptje sturen voor hydrocortisoncrème,' zei hij. 'Dat helpt tegen een heleboel. Je kunt het over een uur of wat bij de apotheek ophalen. Bel maar weer als het over een jaar of tien niet over is. Dat is tien dagen in jouw hondentijd.'

Ik lachte sportief en hing op. Terwijl ik mijn e-mails controleerde, douchte en me klaarmaakte om het recept op te halen was Como verdwenen. Ik had nog wat andere dingen te doen en was bijna een uur kwijt aan mijn boodschappen. Ik haalde kleren op van de stomerij, reed een tijdje rond voor ik in de buurt van het postkantoor een parkeerplaats gevonden had en reed langs de supermarkt om iets voor het eten en nog wat dingetjes op mijn lijstje te halen. Er kunnen duizend en één redenen zijn geweest voor wat er daarna gebeurde, waarvan de meeste te maken hadden met Como en mij en de explosieve wisselwerking die we op elkaar hadden. Maar uiteindelijk geef ik de schuld aan de kleren van de stomerij. Als ik niet die in plastic gewikkelde overhemden en twee broeken had gehad die als een gestreepte vlag aan mijn hand wapperden en heen-en-weer zwaaiden terwijl ik de trap opliep, zou de gekkigheid van die dag misschien te voorkomen zijn geweest. Maar ach, gezien Como's ongelooflijke wilskracht en volharding, misschien ook niet.

Ik reed de oprit op en haalde de kofferbak leeg; ik stopte de zalf en fotokopieën in de tas met boodschappen en hield de sleutels van het huis klaar in mijn andere hand. Toen, in een opwelling van gemakzucht, besloot ik om alles in één keer mee naar boven te nemen, en voegde ik er de kledingstukken aan toe. Wat anders een snelle run de trap op zou zijn geweest, werd nu een onhandig gestrompel. Een briesje rukte aan de plastic hoezen. De hangertjes draaiden ongemakkelijk om mijn vingers. Ik probeerde te voorkomen dat de schone broeken over de trap zouden slepen en liet de sleutels bijna vallen. 'Verdomme,' mompelde ik, nu volledig geconcentreerd op het openmaken van de voordeur en het naar binnen krijgen van mijn spullen, waarbij ik helemaal vergat wat er zich aan de andere kant kon bevinden: een hond die zijn vaardigheden als sluwe ontsnappingsartiest van wereldklasse al eens had getoond.

Goochelend met sleutels en pakjes draaide ik aan de deurknop en liet de deur een fractie van een seconde openstaan. Zodra ik dat deed, schoot Como er als een pijl uit de boog vandoor. Het minste spleetje daglicht was alles wat hij nodig had om door de deur te glippen en te ontsnappen. Hij was natuurlijk zodra hij me de oprit op hoorde komen al bij de deur gaan zitten, ineengedoken en klaar om weg te schieten. En toen – wie zal het zeggen? Was de in plastic gehulde gestalte zonder hoofd te veel voor hem geweest? Eén man was al afschrikwekkend genoeg. Maar een griezelige tweede, als hij de kleren in mijn hand tenminste zo zag, kon hij domweg niet verwerken.

Er wordt vaak gezegd dat fysieke rampen – aanrijdingen, valpartijen, op Thanksgiving in een volle kamer een kostbaar porseleinen familie-erfstuk uit je handen laten glippen – in super slow motion gebeuren. En soms is dat waar. Elke milliseconde wordt opgerekt tot een ogenschijnlijke oneindigheid terwijl je machteloos toekijkt hoe de consequenties van je blunder zich in een onopzettelijke, onvermijdelijke, tenenkrommende opeenvolging ontvouwen. En soms werkt het precies andersom, dan lijkt het alsof je opeens in een ouderwetse film terecht bent gekomen, met versnelde, schokkerige beelden. Dat laatste is wat er leek te gebeuren toen Como ervandoor ging.

Ik vervloekte mezelf en hem in één adem, liet de tas met boodschappen vallen, liet de gestoomde kleren los en die vielen voorover op de grond. Ik draaide me met een ruk om om te zien hoe ver Como gekomen was. We bleven minder dan een tel verstijfd staan. Er volgde een verwilderde blik tussen ons; we konden geen van beiden echt geloven dat hij zonder riem buiten op de stoep voor het huis stond, en dat het zo gemakkelijk gegaan was. We hadden het samen voor elkaar gekregen, zijn sluwheid en mijn slordigheid hadden een perfecte combinatie gevormd. En toen was hij weg. Hij had een verrassend hoog tempo terwijl hij met grote sprongen in westelijke richting door Lawton Street rende.

Ik denderde hem achterna de trap af, me ervan bewust dat ik bij elke stap moest proberen zo stil en normaal mogelijk te doen om Como niet banger te maken dan hij al was. Ik voelde me net een eland op spitzen. De voortvluchtige stak Tenth Avenue over en draafde voort. Ik holde achter hem aan, maar verloor met elke stap meer terrein. De vierkante betonnen trottoirplaten strekten zich tussen ons uit. Como leek precies te weten waar hij heen wilde; hij ging in een rechte lijn naar Eleventh Avenue, waar hij met een scherpe bocht naar links Lawton overstak en een steile helling opging. Daar verloor ik hem uit het oog en ik werd overspoeld door een misselijkmakend gevoel van paniek.

Hij was weg. Ik wist het zeker. Ik kon met geen mogelijkheid een vluchtende terriër inhalen, vooral niet een die ik niet kon zien. Ik had alles verprutst, het geluk van mijn dochter te gronde gericht en mijn vrouw en mezelf en de gemeenschap van verantwoordelijke hondenbezitters in het algemeen te schande gemaakt. Dit kwam doordat mijn onderbewuste tot actie was overgegaan: ik wilde van de hond af en nu had ik het gedaan. Phoebe zou dwars door me heen kijken tot in mijn kleine, kwaadaardige ziel. Sally zou, als onaangeklaagde medeplichtige, niets zeggen, onze wederzijdse stilte zo veelzeggend als een bekentenis voor de rechtbank. Ik holde Lawton over en begon de heuvel op te rennen.

Het goede nieuws was dat ik toen ik de bocht omging Como kon zien. Het slechte nieuws was dat hij bijna een straatlengte bij me vandaan was, zijn dikke staart had nu de grootte van een wattenstaafje. Ik had eigenlijk geen schijn van kans. Maar toen deed Como iets wat me een glimpje hoop gaf: hij keek achterom om te zien waar ik was. En het was niet zomaar een blik. Hij bleef achteromkijken terwijl hij verder draafde. Op een gegeven moment botste hij bijna tegen een verkeersbord.

Ik wist dat het riskant was, maar in de overtuiging dat ik toch geen kans had om hem te pakken te krijgen, besloot ik een slim plannetje uit te voeren. Ik bleef staan. En ja hoor, na een paar stappen bleef Como ook staan. Hij draaide zich naar me toe, daarboven op die heuvel, om te zien wat ik ging doen. Zolang ik dat kon volhouden deed ik niets. Ik verroerde geen vin en probeerde er zo nonchalant en onschuldig mogelijk uit te zien, met mijn armen losjes langs mijn lichaam bungelend en een geforceerde grijns op mijn gezicht. Wat begonnen was als een uitgesproken wedloop die ik gedoemd was te verliezen had nu het enigszins meer belovende aanzien van een spelletje gekregen, een vrije vorm van meidenvangertje en tikkertje of Annemaria koekkoek, met Como in de regelgevende rol van Annemaria. Ik had geen idee hoe hij het verder wilde spelen... en hij waarschijnlijk ook niet. Maar bij een spelletje bestaat in elk geval de mogelijkheid, hoe miniem ook, dat je een manier kunt vinden om te winnen.

Ik wachtte nog een poosje en benutte de pauze om op adem te komen voor ik mijn volgende zet deed. Het was weer een riskante. In plaats van dichter naar de hond toe te gaan, draaide ik me om en liep langzaam weg, in de hoop dat ik zijn nieuwsgierigheid zou wekken en ons staspelletje zou kunnen omzetten in een potje Volg-de-leider. Ik ging de hoek om en wachtte even voor ik naar hem keek. Toen ik achteromkeek, was hij tot halverwege de heuvel gedaald. Mijn hoop nam weer een beetje toe.

'Como,' riep ik hem met mijn vrolijkste stem. 'Je hebt gewonnen. Ik geef het op. Zullen we nu naar huis gaan? Ik durf te wedden dat ik daar wel iets lekkers voor je kan vinden.'

Zelfs midden in de crisis had ik daar moeite mee. Hij hoorde niet beloond te worden voor zijn weglopen. Maar karaktertraining was op dat moment de minste van mijn zorgen. Ik moest hem op de een of andere manier aan de haak slaan en binnenhalen. Ik overwoog om terug te gaan naar huis om een paar hapjes als lekker ruikend lokaas te halen, maar ik durfde hem niet uit het oog te verliezen. Op dit punt was mijn beste, mijn enige, optie hem ervan te overtuigen dat ik echt ondubbelzinnig onschadelijk was. En dus liet ik me ter plekke op Eleventh Avenue midden op straat op mijn knieën zakken.

De wanhoopsdans die volgde – mijn smeekbeden en doodstil blijven liggen, Como die gekmakend dichtbij kwam, onze evenwijdige sprints heuvelopwaarts, de hovenierswagen die ratelend Ortega Street overstak en Como voorgoed afschrikte – zou niet goed aflopen. Het had misschien iets langer door kunnen gaan, tot mijn benen en longen het definitief opgaven en ik in elkaar zakte als de kleren van de stomerij thuis. Dit kon met geen mogelijkheid goed aflopen. Tenminste niet zonder een of andere vorm van goddelijke interventie.

'Stap in,' zei iemand. Naast me stond een autoportier open. Ik deed wat me gezegd werd. 'Ik heb het allemaal gezien,' zei de bestuurder tegen me. 'We rijden naar voren en snijden hem af.'

Waar kwam hij vandaan? Waarom had ik hem niet gezien? Het deed er niet toe. Hij was een barmhartige Samaritaan die uit het niets was verschenen, even abrupt en onverwacht als de hovenierswagen. We vlogen over de kruising in de richting van Pacheco. Ik wist niet waar Como op dat moment zat, maar de Samaritaan wel. 'Daar!' siste hij, terwijl hij met zijn ene hand wees en met zijn andere schokkerig aan het stuur draaide. Nu zat ik echt in een aflevering van een oude film of in een of andere parodie op een James Bond-film, compleet met een stuntman als chauffeur. Hij kwam met gierende remmen op een oprit tot stilstand en sprong uit de auto. Como stond op de oprit ernaast, een diepe rechthoek waar hij niet uit kon. Toen ik uitstapte gaf de bestuurder me iets. 'Probeer dit maar,' zei hij.

Het was een half opgegeten mueslireep met chocola, waar de wikkel nog half om zat. De Samaritaan had daar vast van zitten happen toen hij me oppikte. Hij bewaakte nu de ene kant van de oprit en gebaarde naar mij dat ik stukjes van de mueslireep moest afbreken als aas. Ik dacht of plande niet meer. Ik deed gewoon wat bij me opkwam. Ik trok een plakkerige homp mueslireep los en zwaaide ermee naar Como. Ik wist niet of hij in paniek was of uitgeput of rammelde van de honger. Of misschien kon hij, net als ik, geen strategie meer bedenken. Wat de reden ook was, Como kwam naar me toe zoals een of ander goed afgericht circusdier op een bevel reageert. Ik had geen woord tegen hem gezegd. Toen de hond bijna zo dichtbij was dat hij gepakt kon worden, sprong de Samaritaan op de oprit achter hem en stampte met zijn voet. Daarop sprong Como onmiddellijk in mijn armen. Ik propte de homp mueslireep in zijn bek.

Een ogenblik lang kon ik het gewoon niet geloven. Ik hield de hond tegen mijn borst geklemd en voelde zijn bezwete trillende lijfje en zijn voorpootjes met de zachte kussentjes, maar de hele onwerkelijke film van die ochtend draaide maar door mijn hoofd. 'O god, bedankt, bedankt, heel erg bedankt,' raaskalde ik tegen mijn redder. 'Ik zou hem nooit te pakken hebben gekregen. Die hond is gek. Dank u, dank u.'

Hij haalde zijn schouders op, zijn heldenrol als het sterke, zwijgzame type spelend, en gebaarde dat ik weer in de auto moest gaan zitten. 'Waar woont u?' vroeg hij, terwijl hij zijn veiligheidsgordel omgespte. Dat vertelde ik hem, hij keerde de auto en we reden via Como's vluchtroute terug. Ik raaskalde maar door en herinner me dat ik hem geld aanbood of een doos mueslirepen als beloning. Hij wees mijn aanbod af en zette zijn ruitenwissers aan. Zonder dat ik het in de gaten had gehad was het op een gegeven moment gaan motregenen.

De Samaritaan stopte voor ons huis. Ik bedankte hem nog een paar keer, stapte uit en was halverwege de trap toen ik besefte dat ik zijn naam niet had gevraagd. Hij was Aziatisch. Hij droeg een donkerbruine korte broek en een donker T-shirt en had al die tijd niet meer dan een paar woorden gezegd. Het leek alsof hij een tovenaar was. Hij had Como voor ons gered. Hij was weg en ik heb hem nooit meer gezien.

Er wachtte ons een openstaande voordeur. Mijn sleutels hingen nog in het slot, waar ik ze achtergelaten had toen ik achter Como aan rende. Mijn hoofd was te vol – en op de een of andere manier ook te leeg – om op nog meer verrassingen of op gelukkige, goede, slechte of onbeduidende wendingen te reageren. Ik stapte om de kleren en de boodschappentas in de hal heen, liep rechtstreeks met Como naar onze slaapkamer, zette hem op de vloer en trok de deur stevig achter me dicht. Ik bleef lang genoeg in huis om de melk in de koelkast te zetten. Met mijn sleutels in mijn hand liep ik een zomers buitje in. Ik wist niet waar ik heen ging of waarom. Ik wist alleen dat ik weg moest.

9

Een begin van overgave

Puur uit gewoonte reed ik naar ons vaste benzinestation in Irving Street. Daar beginnen mijn ochtenden vaak met de eerste van een serie cafeïne verschaffende cola lights, die ik in de loop van de dag uit de zelfbedieningstap haal. Het personeel is altijd vrolijk, glimlacht, praat met je over koetjes en kalfjes en ik krijg bij een van mijn herhaalde bezoekjes nog wel eens een gratis beker. Deze keer zei niemand iets toen ik binnenstormde, het schuim over de rand liet spuiten en mijn hand in mijn zak stak voor een dollar en wat kleingeld.

'Laat maar, joh,' zei de man achter de kassa toen ik niet gepast kon betalen en hij stak zijn handen op met de handpalmen naar voren. 'Een dollar is prima.' Hij keek over mijn schouder. Er stond niemand achter me. Ik begreep de wenk dat ik me gek gedroeg en liep naar buiten, waar ik aan mijn rietje zoog en naar de verkeersstroom op Nineteenth Avenue keek. Aangezien het geen gek idee had geleken om mezelf bij te tanken, reed ik naar de pomp en deed hetzelfde met de auto; ik liet een tank vollopen die nog driekwart gevuld was. Ik bedacht hoe ver ik kon komen, door via Nineteenth Street het park over te steken naar de Golden Gate, door Marin County en verder naar Sacramento, Red Bluff, Redding en de grens met Oregon. Het korte regenbuitje was afgelopen. Het was een fantastische dag voor een autorit. Ik kon tegen het eind van de middag de staat uit zijn en spoorloos zijn verdwenen.

Bij de gedachte alleen al voelde ik me een beetje schuldig. Er was die ochtend al genoeg weggelopen. Ik stapte in de auto en reed de stad in naar Sally's school. We moesten praten, wij tweeën, en wel onmiddellijk. We moesten bedenken hoe we moesten leven met een hond die niet met mij in hetzelfde huis wilde verblijven.

Sally's collega's keken nog meer geschrokken dan de mensen van het benzinestation. Ik kom bijna nooit bij haar op school tenzij we samen gaan lunchen of naar een film gaan en beide komen niet vaak voor. Dat ik zomaar kwam terwijl Sally voor de klas stond was ongekend. Ik kwam een van haar collega's, Shama, in de hal bij de receptie tegen.

'Wat is er, Steven? Wat is er gebeurd?' vroeg ze me.

Ik wist niet dat ik er zo gestrest uitzag, maar ik denk dat de spanningen van de wedren van die ochtend nog van mijn gezicht te lezen waren. Ik probeerde het tegenover Shama te bagatelliseren. 'Niks. Echt niet, hoor,' zei ik. 'Is Sally er ook?'

Dat leek Shama te alarmeren. 'Ze heeft les. Moet ik haar gaan halen? Is er iets met Phoebe?'

'Nee,' zei ik, 'helemaal niet. Ik wacht wel even.' Ik veinsde belangstelling voor een folder aan het mededelingenbord over burgerzin. Shama draaide zich met een weifelend gezicht om en liep de trap op. Toen het lesuur voorbij was, was Sally eerder beneden dan de meeste van haar leerlingen. Shama had haar vast verteld dat ik er was.

'Ik vertel het je buiten wel,' zei ik omdat ik mijn verhaal niet met een hele menigte wilde delen, ook niet met een met beperkte vaardigheden op het gebied van Engels. Sally zweeg tijdens mijn verhaal over de ontsnapping, achtervolging en herovering. Ik vertelde haar over de lange spurt door Eleventh Avenue en de barmhartige Samaritaan en zijn mueslireep.

'Wat heb je geluk gehad,' zei ze, terwijl ze me in mijn hand kneep. 'Hij had wel overreden kunnen worden.'

Ik knikte. 'Of hij had verder kunnen weglopen en vervolgens

overreden worden,' zei ik. 'Niet dat we er dan ooit achtergekomen zouden zijn. Of misschien hadden ze hem kunnen opsporen via de computerchip.' Ik stelde me voor hoe Steekneus in het asiel een telefoontje kreeg en hoorde dat Como – voor haar nog steeds Gandalf – ergens in Joost mag weten wat voor toestand aangetroffen was. Ik zag haar gezicht voor me, de diepe rimpels in haar voorhoofd en een ironische frons en probeerde het idee te verdringen.

'En waar zit hij nu dan?' wilde Sally weten. Toen ik haar vertelde dat ik Como in onze slaapkamer opgesloten had, keek ze geschrokken. 'Waarom heb je hem daar neergezet?'

'Waar had ik hem dan anders moeten laten? We moeten hem bij de voordeur vandaan houden.'

Daar had ze geen antwoord op, maar ik zag dat ze nog steeds vond dat ik het niet goed aangepakt had. Maar Sally moest aangevoeld hebben dat ik niet in de stemming was voor kritiek achteraf en ging er niet op door. 'Ik ga even mijn spullen halen,' zei ze. 'Ik rijd wel achter je aan naar huis.'

Ik zette mijn auto op de oprit terwijl zij de hare op de plek voor het huis zette. Ik ging als eerste naar binnen en zag papieren door de hal verspreid liggen. Bij het zien van de troep raakte ik in paniek. 'Hij is weer ontsnapt,' schreeuwde ik, vergetend dat ik Como in de slaapkamer opgesloten had, en ik sloeg bijna de deur in Sally's gezicht toen ze achter me binnenstapte.

'Godallemachtig,' zei ze, terwijl ze zich bukte om de post op te rapen, die ondertussen bezorgd was. 'Je bent wel echt van het paadje af, zeg.'

'Jij hebt niet zojuist de hele stad door achter hem aan gehold,' wierp ik tegen. 'Dat was niet echt feestelijk. Zit er iets voor mij bij?' We bleven een tijdje staan om rekeningen, postordercatalogi en folders van schildersbedrijven en Chinese restaurants door te nemen. We waren er geen van beiden erg op gebrand om naar boven te gaan en met Como geconfronteerd te worden. Maar er zat niets anders op, Sally deed de slaapkamerdeur open en riep zijn naam. De hond lag op zijn buik bij haar nachtkastje. Hij kwispelde een paar keer toen hij haar stem hoorde. Ze wilde op hem af lopen, maar bleef ineens staan.

'O,' zei ze zachtjes, alsof ze hem niet wilde laten schrikken. 'Kijk eens.'

Een breed stuk van de vloerbedekking voor de deur zag eruit alsof hij tot op de beschermlaag afgebrand was en op sommige plekken tot op de kale vloer. Overal lagen houtsnippers en stukjes witte verf. Sally duwde de deur dicht om de schade te kunnen opnemen. Como had zo fanatiek mogelijk geprobeerd om zich uit de kamer te bevrijden door waarschijnlijk met zijn nagels aan de vloerbedekking en de deur te krabben en misschien ook met zijn tanden. Het was een indrukwekkend staaltje sloopwerk. Als hij iets meer tijd had gehad, zou hij misschien zijn doel nog wel bereikt hebben ook. Elke vorm van opsluiting, hoe groot de ruimte ook, was voor hem een gevangenis. We hadden in het grootste landhuis in Pacific Heights kunnen wonen of zelfs in een bankkluis in het Financial District; Como zou de dikste gesloten deur of metalen wand aangevallen hebben om eruit te komen. Sally en ik zwegen eerbiedig terwijl we de troep aanschouwden.

'Arm dier,' zei ze ten slotte en hurkte om de zielige huizensloper naar zich toe te lokken. Como sloop een paar passen naar haar toe en wachtte toen tot ze dichter naar hem toe zou komen. Terwijl ik midden in de kamer stond toe te kijken hoe hun ontmoeting verliep begreep ik er helemaal niets meer van. Sally vertrouwde Como op zo'n zachte toon dingen toe dat ik me niet kon voorstellen dat hij haar überhaupt hoorde. Maar ik wist ook dat mijn beoordelingsvermogen en waarschijnlijk ook mijn zintuigen op dat moment niet te vertrouwen waren.

Door alles wat er die ochtend gebeurd was, op straat en nu in onze slaapkamer, was ik uitgeput geraakt. Como en ik waren nu volop in oorlog en hij won met gemak. Het feit dat Sally met de vijand heulde, door zachtjes over de hals van mijn rivaal te aaien en troostende woordjes tegen hem te zeggen zou het erger moeten maken.

Maar terwijl ik daar stond en zag hoe Como op zijn rug rolde om zich over zijn buik te laten aaien, met zijn vier witte pootjes in de lucht, als stille vlaggetjes ten teken van overgave, zag ik ook wat Sally zag en wat nu ik erbij stilstond overduidelijk was: Como was doodsbang. Hij woonde in een totaal nieuw huis met nieuwe mensen, nieuwe geuren, kleden en deuren, waarvan sommige hem insloten en die de angst voor gevangenschap naar boven brachten die, lang voor we hem leerden kennen, in hem postgevat had. Zijn overlevingsmechanisme werd erdoor in werking gesteld.

Ik probeerde me voor te stellen hoe hij in de straten van Santa Clara geleefd had en wat er met hem gebeurd zou kunnen zijn. Had het baasje van zijn moeder geen raad geweten met een nest jonge hondjes? Was hij, met eventuele broertjes en zusjes, weggegeven en daarna vreselijk verwaarloosd? Was hij achtergelaten toen hij nog een pup was en had hij geleerd voor zichzelf op te komen? Of was hij uit de woestenij van Sunnyvale of Cupertino voortgekomen en had hij zijn harde levenslessen in de goot geleerd, in voorstedelijke hofjes en op met rommel bezaaide picknickplaatsen?

Voor zover we wisten had hij in twee verschillende asiels gezeten (misschien waren het er nog wel meer geweest) en was hij minstens één keer geadopteerd en weer teruggebracht door een oudere dame die zijn vulkanische reacties op onbekende situaties niet aankon. Het was onmogelijk te reconstrueren of zelfs maar te bedenken wat er daar, of bij anderen waar hij eventueel gewoond had, gebeurd kon zijn. En we hadden er vooral geen flauw idee van wat hem op een gegeven moment aangedaan was door de een of andere man of meerdere mannen, wat voor onverschilligheid, gemeenheid of uitgesproken lichamelijke mishandeling hij ondergaan had. Dat was waar het om draaide, die vreselijk verwarde knoop binnen in hem. Hoe konden we – hoe kon ik – die ooit ontwarren?

We hadden waarschijnlijk al een slechte start gemaakt door hem mee naar huis te nemen en in een krappe plastic kist op te sluiten met alleen maar wat luchtspleten en amper ruimte om zich om te draaien. Toen liet ik hem in de steek door vier dagen naar Florida te gaan, waarna ik terugkwam en hem vrijliet om hem als een vos te kunnen opjagen en hem in een ommuurde oprit klem te zetten met nog een enge man om me bij het vuile werk te helpen. Als beloning had ik hem onmiddellijk weer in de gevangenis gezet, zij het dan een ruimere, en was er zo snel mogelijk weer vandoor gegaan. Geen wonder dat hij zo woest tekeer was gegaan. Ik kon het hem amper kwalijk nemen.

Sally zat op de vloer en wiegde Como in haar armen, ze kietelde hem en kneedde hem als een rol koekjesdeeg. 'Moet je jou toch eens zien, ouwe mafkees,' plaagde ze hem. 'Wat moeten we toch met jou?' Ze draaide de hond op zijn buik en woelde met haar hand door de brede streep licht karamelkleurige vacht die over zijn ruggengraat liep. Ineens hield ze op. 'Hé. Kom eens kijken.'

Sally duwde het haar opzij en liet me een kaal stukje grijze huid zien, ongeveer ter grootte van een stuiver. De huid, die normaal gesproken verscholen ging onder de vacht, zag er zonder haar pijnlijk en rauw uit.

'Wat denk je dat dat is?' vroeg ik.

Sally was druk bezig Como's haar over zijn hele lijfje tegen de draad in te strijken om te zien of er nog andere, soortgelijke, plekken waren. 'Misschien een infectie,' mompelde ze. 'Een wondje dat niet goed behandeld is. Het zou ook een soort moedervlek kunnen zijn.' Ze zweeg even. 'Of een brandwond.' Haar vingers gleden terug naar het kale plekje. Ze keek naar me op. Haar stem werd krachtiger. 'Zou je zoiets met een autoaansteker kunnen doen? Het is van dezelfde grootte. Dat zou een verklaring kunnen zijn.'

Niet alleen voor de kale plek, bedoelde ze, maar voor de reden waarom Como de hond was die hij was, gebrandmerkt door een of andere terloopse wreedheid, de drang van een of andere vent om een gloeiende spiraal in het vel van een dier te drukken. We zeiden allebei een tijdlang niets.

'Hou hem eens even goed vast,' zei ik en ik ging op mijn knieën naast haar zitten. Como verstijfde een beetje toen ik mijn hand uitstak om hem aan te raken, maar Sally hield hem stevig vast. Ik aaide de warrige bos haar op zijn kop en krabde zachtjes met mijn vingers onder zijn kin en vervolgens achter beide oren. Hij bleef in eerste instantie naar me kijken en stak toen zijn nek uit om mij nog meer te laten krabben. Ik nam aan dat hij misschien niet goed wist wat hij van die dubbele massage moest denken; misschien dacht hij dat Sally drie handen had, een waarmee ze hem vasthield en twee andere die hem streelden. Het deed er niet toe. Hij begon te wennen aan mijn aanraking. En ik begon te wennen aan hoe het voelde om hem aan te raken zonder de bijbedoeling om hem te vangen en mijn wil op te leggen.

Sally werd stijf en moest opstaan. Ze hield de hond in haar armen. We stapten over de verwoestingen voor de deur en gingen naar beneden.

'Ik zal nog wel iets moeten eten,' zei Sally en ze reed naar Gordo voor haar lunch. Como en ik wachtten in aparte vertrekken op haar. Terwijl ik aan de keukentafel de post sorteerde en openmaakte, hield hij de wacht in de woonkamer. Toen Sally de trap opkwam, sprintte ik de keuken uit om ervoor te zorgen dat Como niet in staat was tot een tweede ontsnapping. Ik had me geen zorgen hoeven maken. Ze stak haar sleutel in het slot en kwam naar binnen. Como kwam naar haar toe gelopen om haar te begroeten. Het zag eruit als iets wat ze al jaren deden, een zo natuurlijke gewoonte dat geen van hen erbij stil bleef staan of zich erover verwonderde. Indachtig wat ik die ochtend doorstaan had, was het moeilijk om niet een klein beetje jaloers te worden op de gemakkelijke manier waarop die twee met elkaar omgingen.

Ik zat bij Sally terwijl ze at en wachtte tot ze klaar was om met mijn voorstel te komen. 'Heb ik je al verteld over die man die ik in Florida ontmoet heb?' begon ik. 'Zijn vrouw en hij hadden een of ander gestoord hondje waar ze stapelgek van werden. Toen hebben ze een professionele hondentrainer in de arm genomen en hij zei dat het een verschil van dag en nacht was.' Om het officiëler te laten klinken noemde ik het ras van het Texaanse hondje: 'Het was een lhasa apso.'

'Wat is dat?' vroeg Sally.

'Dat weet ik niet. Zo'n klein ding met lang haar dat in zijn ogen hangt.' Ik vroeg me af of ze aan het tijdrekken was om een reden te bedenken waarom we geen trainer in de arm zouden nemen.

Sally verfrommelde haar plastic tacozakje en gooide het in de pedaalemmer. 'Dat zouden we kunnen doen,' zei ze van bij de gootsteen. 'Ik bedoel, als je denkt dat het helpen kan.'

'Ik weet dat het probleem voornamelijk bij mij zit,' zei ik met een grootmoedig gebaar, 'maar we moeten allemaal met hem leven.'

'Je hebt gelijk,' zei ze. 'Wat kost dat?'

'Het is waarschijnlijk niet goedkoop,' gaf ik toe. 'Ik zal morgen eens rondbellen. Misschien is er iemand die een goede kent.' Ik probeerde een openhartige zelfverzekerdheid uit te stralen, wat een beetje toneel was. Ik hoopte zeker dat het zou helpen, maar ik had er niet echt vertrouwen in dat we baat zouden hebben bij een trainer. Como's wonden, letterlijk en figuurlijk, waren diep.

Ergens die middag, voor Phoebe terugkwam van haar voetbaltraining, stofzuigde Sally de splinters van de deur op en probeerde de toegang tot onze slaapkamer er minder gemolesteerd uit te doen zien. Ik haalde de tape die we gebruikt hadden voor ons korte experiment om het plastic in de eetkamer op zijn plaats te houden. We plakten de tape over de gaten in de vloerbedekking en deden een stap achteruit om ons nieuwe designstuk te bewonderen.

'Mooi, hè?' vroeg Sally.

'Misschien kan de woonredacteur van de krant eens komen kijken om er een stukje over te schrijven,' zei ik. 'Low-tech chic. We zouden een hele strook op de plinten kunnen plakken.'

'En dan is het ook nog eens Como's favoriete kleur,' bracht Sally me in herinnering. 'Hij raakt helemaal opgewonden van blauw. Blauwe tape, zijn blauwe deken.'

'Oké. Misschien moet ik hem die lichtblauwe trui van me aanbieden als vredesoffer. Dan kan hij hem kapotscheuren en zijn we allebei gelukkig.'
'Hé, dat was een kerstcadeautje van Phoebe en mij. We hebben er stad en land voor afgezocht.'
'Welk land?' vroeg ik. 'Truilekkerland?'
Ik neem niet vaak mijn toevlucht tot woordspelingen, maar om de een of andere reden werkte het vreselijk op onze lachspieren. We moeten ernstig behoefte aan lachen hebben gehad want we lachten die avond nog een paar keer om Como's verbouwingswerk. Tenminste, tot we er rond bedtijd overheen liepen en ontnuchterden. Het klamme gevoel van de tape aan onze blote voeten had voor ons allebei iets deprimerends. Nog schokkender was iets wat ons geen van beiden eerder opgevallen was. Ik zag het toen ik op weg was naar de keuken voor een glas ijswater... een hoekstuk van de plint in de hal, door Como afgeknaagd. Dat hij het kleed en de deur mishandeld had terwijl hij in een kamer opgesloten zat was tot daaraan toe. Maar waarom had hij zijn tanden in het houtwerk in de hal gezet, waar hij niet opgesloten zat? Ik vroeg me af wanneer dat was gebeurd en dacht aan de lastige en mogelijk onoplosbare problemen waar we voor gesteld werden. Was Como een soort termiethond, gericht op het systematisch oppeuzelen van het huis? Of was hij gewoon zo onhandelbaar dwangneurotisch dat hij zijn driften op alles botvierde? Hadden wij een hond die zo geknakt was dat het nooit meer goed zou komen?

Ik dacht aan hoe bizar en onvoorspelbaar zijn gedrag kon zijn. Als we hem uitlieten, was Como een levende studie in tegenstellingen. Bij de meeste mannen die we tegenkwamen, of ze nu een hond bij zich hadden of niet, was hij meteen op zijn hoede. Dan liep hij naar de andere kant van de stoep waarbij zijn riem om mijn benen draaide of ik bijna mijn nek over hem brak als hij voor me langs schoot. Soms schrok hij zo erg van iets – de lengte en houding van een man die onze richting uit kwam, de geur van een andere hond, het geluid van een skateboard dat over een stoeprand bonkte – dat de riem blokkeerde terwijl hij wegsprong. Maar heel af en toe voelde hij zich aangetrokken tot een vreemde en ging hij er kwispelend en vrolijk, met gespitste oren, op af.

'Wat een leuk hondje,' zei een tienerjongen op een avond tegen me terwijl Como naar hem toe draafde om kennis te maken. De jongen was net onder een straatlantaarn van zijn skateboard gesprongen toen we voorbijliepen. 'Waar heeft u hem vandaan?'

'Uit Redwood City,' zei ik. 'Hij komt uit het asiel en moet meestal niets van mannen hebben.' Ik had eraan toe kunnen voegen dat hij nog minder van mannen op skateboards moest hebben, die hem, net als bussen en motoren, gemakkelijk aan het schrikken maakten. Como gaf zich enkele minuten tevreden over aan het geaai en vriendelijke gebrom van de jongen. Toen de tiener weer op zijn skateboard stapte en wegreed, had ik durven zweren dat onze hond hem met een weemoedige, verlangende blik in zijn ogen nakeek.

Como kon in ons eigen huis net zo vreemd doen. Hij blafte maar zelden als er een onbekende of visite aanklopte. In plaats daarvan had hij voor elke bezoeker een specifieke reactie. Hij negeerde de postbode, vluchtte weg bij het vrolijke stemgeluid van de koerier van FedEx en bij Phoebes vriendin Jeanne kwam hij aangehold om haar te begroeten. Toen onze vrienden Kenneth en Donna op een avond langskwamen om met ons naar een concert te gaan, trok Como zich terug onder de eetkamertafel en hield niet op met trillen. Dat waren mensen die Como al een paar keer ontmoet had en die hij al kende. Verder wist je vaak niet wat je kon verwachten. Er flakkerde constant iets binnen in die hond, een soort waakvlam die warm kon gloeien, onverwachts kon opvlammen of hem explosief op de vlucht kon doen slaan.

De dag van de grote ontsnapping was lang en slopend geweest, wat pas echt tot ons doordrong toen Sally en ik ons die avond tussen de koele lakens vlijden. Como lag bij Phoebe op de kamer verderop in de gang, het licht was daar uit. Sally en ik lazen een behoorlijke poos, opgelucht dat we ons op ons boek konden richten in plaats van op de hond.

'Nog één pagina,' zei ik toen Sally haar leeslampje uitdeed. Ze wachtte tot ik mijn hoofdstuk uit had en het donker was in de kamer. 'Slaap lekker,' zei ze en ze boog zich voorover om van vlakbij iets in mijn oor te fluisteren, zodat ik het zeker zou horen: 'Negentien.'

Meer hoefde ze niet te zeggen. We hadden minder dan drie weken om te beslissen of Como mocht blijven of weg moest.

Jake, de hondentrainer, werd van harte aanbevolen door vrienden die zeiden dat hij met slechts een paar bezoeken wonderen kon verrichten. Hun eigen hond, een schnauzer, sprong tegen iedereen op die maar binnenkwam voordat Jake het heft in handen nam. 'Ik weet niet eens precies hoe hij het deed,' vertelde onze vriend Tony, 'maar het heeft wel geholpen. Het ging erom Gerhard heel stil bij de deur te laten zitten en hem een paar keer licht op zijn neus te tikken wanneer een van ons aanklopte. Toen moesten we iemand die hij niet kende laten aankloppen en binnenkomen. Het kostte wel tweehonderdvijftig dollar voor drie bezoekjes, maar Gerhard was genezen. Geen gespring meer.'

We lieten Jake op een zaterdagmiddag komen voor een sessie. Ik had hem door de telefoon verteld over Como's verleden met mannen, wat hem niet in het minst geïnteresseerd had. 'Hoor eens,' had hij gezegd, 'honden krijgen een rotnaam omdat ze zo zijn of zus doen. Maar ze denken niet in categorieën of patronen. Ze passen zich gewoon zo goed mogelijk aan hun omgeving aan. Het gaat erom dat ze uit een vicieuze cirkel komen. Soms betekent het dat de omgeving een beetje aangepast moet worden. Soms betekent het dat het gedrag in constructievere banen geleid moet worden. Het gaat erom dat jij en je hond een ruimte vinden waarin jullie naast elkaar kunnen leven, met waardigheid voor jullie allebei. We komen er wel achter.'

Het klonk allemaal verstandig en zinnig, zij het een beetje New

Age-achtig. Een paar dagen later kwam Jake; hij droeg een spijkerbroek en een zwartleren vest over een verschoten T-shirt van de Grateful Dead en hij had lang, bruin haar in een keurige paardenstaart. Hij had een gedrongen postuur en rond gezicht en liep met een vloeiende, geluidloze tred. Hij sprak op dezelfde vlakke, kalmerende toon als door de telefoon. Het viel me op dat hij zijn aandacht niet meteen op Como richtte, die rondjes om hem heen liep voor hij op hem af stapte voor een paar verkennende snufjes. Hij liet de hond zonder enige druk of verwachting aan hem wennen, gunde hem zijn ruimte, zoals hij het uitdrukte. Phoebe en Sally kwamen naar beneden om hem te begroeten. We liepen allemaal tegelijk naar de keuken. Jake ging aan de tafel zitten, sloeg het aanbod van thee af, haalde een versleten leren rugzakje van zijn rug en zette het op zijn schoot.

'En,' vroeg hij, 'wat is het probleem?' Door de manier waarop hij de vraag stelde, was het onduidelijk of hij het tegen Como had of tegen ons. Niemand antwoordde, maar dat leek hem niet te deren. Hij rommelde in zijn leren rugzakje. Como liep naar hem toe en ging tegenover hem zitten.

'Gaaf, zeg,' zei Phoebe. 'Hoe laat u hem dat doen?'

'Ik láát een hond niets doen, hij wil zelf,' antwoordde Jake terwijl hij zijn blik op Como gericht hield. 'We proberen alleen maar een band te smeden.' Hun studentachtige staarwedstrijd ging een tijdje door. Toen bukte Jake zich en Como knabbelde aan iets uit zijn hand.

'Wat was dat?' vroeg Sally.

'Niets. Alleen een stukje gerookte kalkoen. Oké, Como,' vervolgde hij, 'laat eens zien of je zin hebt om te zitten. Kun je zitten? Ga eens zitten.' Como ging zitten en kreeg nog een stukje kalkoen.

'O, dat is het probleem,' zei ik. 'Ik heb hem niet genoeg vleeswaren gevoerd.'

Jake negeerde mijn poging tot humor. 'Zit eens op. Op. Kun je opzitten?' Como stribbelde in eerste instantie tegen, maar hij snapte het al snel toen Jake zijn naar kalkoen ruikende vingers opstak en langs elkaar wreef.

'Wauw,' fluisterde Phoebe om de betovering niet te verbreken. 'Wat kunt u dit goed, zeg.' Como balanceerde op zijn achterpoten, een houding die we nog nooit hadden gezien. Jake buitte het moment uit door hem nog even zo te laten staan. Nadat hij Como weer met vier poten op de grond had laten terugkomen, stak hij hem nog wat lekkers toe.

'Het zijn leuke kunstjes,' zei Sally, 'en we zullen er ongetwijfeld plezier aan beleven, maar daar gaat het bij ons niet om. Het lijkt Como veel moeite te kosten om aan Steven te wennen.' Ze vertelde hoe het zat met de ontsnapping door de voordeur en bracht een schadeverslag van onze slaapkamer uit. Jake veranderde van houding en richtte zijn therapeutische aandacht nu duidelijk op ons.

'Kunnen jullie drieën het goed met elkaar vinden?' vroeg hij, op Sally, Phoebe en mij doelend. 'Eventuele wrijvingen die Como zou kunnen aanvoelen? Honden zijn daar heel gevoelig voor.' Phoebe gniffelde een beetje, maar schudde haar hoofd toen Jake zijn wenkbrauwen naar haar optrok. Joost mocht weten wat voor verhalen ze over een slecht functionerend gezinsleven zou kunnen opdissen.

'Op dit moment is Como de bron van onze wrijvingen,' zei ik en ik voelde onmiddellijk Phoebes ogen op me gericht. 'Ik bedoel, we zijn blij met hem en zo. We moeten alleen wat strategieën zien te bedenken om met hem om te gaan. Het valt niet mee als je je de hele tijd zorgen loopt te maken dat hij weg zal lopen. Of dat hij als we hem opsluiten het huis opeet.'

Jake knikte en kwam met wat algemeen advies, dat niet veel verschilde van wat we in de hondenboeken gelezen hadden. We moesten geduld hebben. We moesten duidelijk en consequent zijn. We moesten dingen herhalen en proberen als een hond te denken. 'Het is voor hen echt heel simpel,' zei hij. 'Wij zijn degenen die het ingewikkeld maken.'

Terwijl ik naar zijn gladde praatjes luisterde, vroeg ik me af hoe het met zijn eigen hond ging en vroeg hem wat voor ras hij had.

'Ik heb geen hond,' zei hij. 'Ik woon in een flat in de Haight en de huisbaas staat geen huisdieren toe.' De verbazing moest van mijn gezicht af te lezen zijn. Was dat niet net zoiets als een zweminstructeur die nooit in het water kwam? Jake had een kant-en-klaar antwoord voor me: 'Het is zo veel beter. Trainers die een eigen hond hebben gaan al snel projecteren. Ik kan volkomen objectief zijn.' Ik was me er maar half en half van bewust, maar de hele tijd dat hij met ons praatte, voerde Jake Como met zijn linkerhand stukjes kalkoen.

Ik wilde onze eigentijdse hippie net bedanken voor zijn tijd toen hij met een laatste inzicht kwam. 'Como blaft niet veel,' zei hij en hij staarde in de ronde, bruine ogen van onze terriër. 'En ik heb ook niets gehoord over bijten of uitvallen of zoiets. Het is een goedaardige ziel, dit ventje.'

De gedachte bleef een ogenblik in de keuken hangen. Jake probeerde niet nog meer wijsheden of advies te spuien. En geen van ons sprak hem tegen. Hij had gelijk en dat wisten we. Ondanks alle ellende die hij ons in de twee weken dat we hem hadden had bezorgd, was Como allesbehalve agressief of vijandig. In tegenstelling tot Gengy of Beau, de neurotische en soms gewelddadige honden waarmee Sally en ik opgegroeid waren, had Como ergens vanbinnen een lieve, rustige, tedere aard. De vraag was of we hem lang genoeg konden houden om die tot bloei te laten komen.

Phoebe tilde Como op en we liepen samen met Jake naar de voordeur. Ik schreef een cheque voor vijfentachtig dollar voor hem uit en deed de deur open. Het was overduidelijk dat we hem niet terug zouden laten komen voor nog een sessie; we hadden alles uit hem gehaald wat erin zat. Maar Sally zei dat we zijn nummer hadden en hem op de hoogte zouden houden.

Onze hond had ook genoeg van de met gerookte kalkoen doorspekte ontmoeting. Twintig minuten nadat Jake weggegaan was, liep Como de werkkamer binnen en gaf over onder het pianokrukje.

Sally lag al in bed toen ik die avond bovenkwam, nadat ik naar de hoogtepunten van een wedstrijd van de Giants op televisie had gekeken. Ik dacht dat ze al sliep en probeerde zo stilletjes mogelijk in bed te stappen. Het was afgekoeld door een dichte zomermist die de straatgeluiden dempte.

'Ik kan het gewoon niet geloven,' zei Sally na een paar minuten.

'O. Heb ik je wakker gemaakt?'

'Nee. Ik kan niet slapen.'

'Wat kun je niet geloven?' vroeg ik.

Opnieuw een stilte. 'Dit is nu precies waar ik bang voor was,' zei ze. 'Ik ben verliefd aan het worden op dat onmogelijke hondje. Nu moet ik me er druk om maken. Ik maak me er al drukker om dan ik ooit heb gewild.'

Een misthoorn stuurde zijn schorre jammerklacht de nacht in. Eenmaal. Tweemaal. Dat was het laatste geluid dat we hoorden voor we in slaap vielen.

10

Basistraining

Het mooie van het aanmelden van een probleemhond voor een opvoedingscursus voor volwassen honden is dat je vrijwel zeker niet de enige in het klasje zult zijn die een probleemhond heeft. Dat hield ik mezelf tenminste voor, in de trant van gedeelde smart is halve smart, toen we op zondagavond door het Mission District reden op weg naar Como's eerste les bij de dierenbescherming van San Francisco. De uit tien lessen bestaande basiscursus werd niet echt aangekondigd als een heropvoedingscursus voor slecht opgevoede honden en hun onbeholpen bezitters. Maar je kon bijna niet anders dan dat tussen de regels door lezen. Een cursus op beginnersniveau voor niet-puppy's houdt vast in dat er iets misgegaan is bij de pogingen van de baasjes om hun hond op hun eigen manier op te voeden.

Sally, Phoebe en ik hadden alle drie onze eigen reden om zo'n cursus een goed idee te vinden. Sally haalde, onder andere, het feit van de gerookte kalkoen aan. Nadat ze Como's aandenken aan Jakes eerste en enige huisbezoek had opgeruimd, verklaarde ze dat ze faliekant tegen verdere pogingen tot een op voedsel gebaseerde opvoeding was. 'Ik betwijfel ten zeerste of de dierenbescherming met lekkere hapjes komt,' zei ze. 'Laten we er maar eens wat deskundigen op loslaten.' Phoebe, liefhebster van alles wat met hond te maken had, genoot van het vooruitzicht om de eerstvolgende tien weken omringd te worden door een zaaltje vol honden. Ze wilde ook graag opscheppen met Como en zien hoe hij met kop en schouders boven de concurrentie uitstak.

Mijn eigen motivatie was beslist minder eerlijk. Terwijl ik echt wel hoopte dat de cursus Como in zijn gedrag zou bijsturen en mijn nog steeds moeizame relatie met hem zou verbeteren, hoopte ik ergens ook dat het op een ramp zou uitlopen. Als Como echt niets van de cursus zou opsteken, niet enkele basisbevelen kon leren en niet kon leren omgaan met mensen en andere honden, dan zou dat misschien de lakmoesproef zijn. Dan zou hij ook niet in staat zijn om bij ons een normaal, min of meer gesocialiseerd leven te leiden. Wat het dertig-dagenbeleid betrof, hadden we nog tien dagen om hem naar het asiel terug te brengen.

Het begon in enkele opzichten wel iets beter te gaan tussen Como en mij. Afgezien van een paar keer dat het bijna misging omdat ik niet oplette, was de hond niet weer naar buiten geglipt als ik het huis binnenkwam of uitging. Als we weggingen sloten we hem meestal in de slaapkamer op, zonder dat hij verdere schade toebracht. Misschien vond hij het net zo vervelend als wij om op dat stuk blauwe tape dat bij de deur lag te stappen en had hij besloten het domweg te mijden. Of misschien had hij alles bereikt wat hij kon en liet hij zijn aanval op het kleed en de deur voor wat het was. Zelfs mijn huid was tot bedaren gekomen. Door de hydrocortisoncrème was mijn uitslag verdwenen. En zelfs als dat niet gebeurd was, dan had Sally vrijwel zeker haar strategie – om met het excuus van mijn huid van de hond af te komen – laten varen. Ze was voor Como gevallen en het zat er niet in dat ze zich weer zou terugtrekken. Wanneer het neerkwam op vrede sluiten met de hond, stond ik er in toenemende mate alleen voor.

De bescheiden succesjes die Como en ik geboekt hadden, moesten afgezet worden tegen onze voortdurende, onopgeloste problemen. De tactiek van de hond om me te mijden, dan wel openlijk af te wijzen, was gebleven. Over het algemeen was het niet echt een punt. Als ik me op de ene verdieping van het huis bevond, bleef Como op de andere... of op zijn minst in een ander vertrek.

Terwijl hij Sally en Phoebe bij de deur warm begroette, negeerde hij mij. Zelfs als het mijn beurt was om zijn etensbak te vullen, had hij de neiging om te blijven wachten tot ik de keuken uit was voor hij eropaf liep. Het voederen door de vrouwen, daarentegen, was een uitbundig sociaal gebeuren, waarbij Como blij binnenstormde om zijn meest recente maaltijd met mijn vrouw of dochter te vieren.

Voor mij was het vaak alsof ik met een denkbeeldige hond samenleefde, een hond bij wie je het gevoel had dat hij er was, maar zonder dat je hem zag. Het werd een probleem wanneer hij uitgelaten moest worden als Sally en Phoebe er niet waren. Daarvoor bleef het maar nodig dat ik me zo bewegingloos en passief mogelijk opstelde. Hij vond het nog steeds het prettigst wanneer ik languit op bed lag of op de wc zat.

Op bed kon ik tenminste een beetje uitrusten of wat lezen terwijl ik wachtte tot hij me aarzelend benaderde. Er verstreken soms wel twintig minuten of nog meer voor ik hem aan de riem kon krijgen. Als het bed geen resultaat opleverde en ik mijn toevlucht tot de wc moest nemen, kwamen er nog verfijndere tactieken aan te pas. Als ik het waagde om een boek of tijdschrift mee te nemen, wilde Como helemaal niets met me te maken hebben. Ik hoefde niet per se mijn broek te laten zakken, al leek dat teken van extra hulpeloosheid de wachttijd te bekorten. Ten slotte stak hij zijn witte bakkebaarden om de deur en gluurde vanuit de gang naar me voor hij langzaam zo dichtbij kwam dat ik hem kon aanlijnen.

Er waren dagen dat niets hielp. Dan kon ik wel een uur op bed liggen dutten of evenveel tijd op de wc doorbrengen zonder dat ik hem zo dichtbij kon lokken dat ik hem aan de riem kon krijgen. Gefrustreerd door zijn onlogische verandering van zijn eigen regels, probeerde ik hem wel eens op te sporen en met geweld te overmeesteren. Bij de zeldzame gelegenheden dat ik hem te pakken kon krijgen – meestal was ik niet opgewassen tegen zijn terriërlenigheid – voelde ik me er achteraf rot over. Ik had Como dan misschien wel zo ver gekregen dat hij uitgelaten werd, maar ik had hem waarschijnlijk nog meer tegen me in het harnas gejaagd. In zijn ogen, zoals ik dacht dat hij mij zag, was ik nog steeds een ander mannetje, dat de baas over hem probeerde te spelen.

Als ik hem zijn wandelingetje rond het middaguur liet overslaan had dat vooral gevolgen voor de dagen waarop ik 's middags ergens moest zijn, Sally na schooltijd een vergadering had en Phoebe voetbaltraining of een wedstrijd. Bij die gelegenheden waren zijn 'ongelukjes' helemaal geen echte ongelukjes, maar het logische gevolg van mijn onvermogen om de simpele taak van hond uitlaten uit te voeren. Como en ik waren misschien geschiktere kandidaten voor relatietherapie dan voor een cursus van de dierenbescherming, maar ik was bereid het een kans te geven en te zien waar het toe leidde. We konden duidelijk allebei wel een basistraining gebruiken.

Die eerste les die we met zijn allen met Como bijwoonden, was eigenlijk de tweede les van de cursus. De week ervoor hadden we te horen gekregen dat we zonder onze hond moesten komen. De instructeur, een lompe vrouw van in de veertig met kort haar en vierkante schouders die Sarah heette, gebruikte dat introductie-uur om duidelijk te maken dat wij, en niet onze honden, de leerlingen waren. 'De meeste problemen die mensen met hun dieren hebben, hebben niets met de dieren te maken. Het gaat om u,' zei ze en ze liet haar blik van het ene gezicht naar het andere gaan. 'We kunnen wel tien maanden in plaats van tien weken in deze ruimte doorbrengen zonder dat ik uitgepraat raak over alle dingen die mensen doen om een puinhoop van hun hond te maken.'

Vervolgens riep Sarah haar eigen hond bij zich, een gespierde labrador met een dikke, donkerbruine vacht. Het gedrag van de labrador was zo tot op de kleinste beweging op militaire wijze geperfectioneerd, dat het niet relevant leek of het dier iets liefdevols en persoonlijks als een naam had. 'De best opgevoede hond ter wereld,' fluisterde ik tegen Phoebe toen we hem zagen reageren op een reeks afgemeten bevelen om te zitten, te blijven, te liggen, weer te gaan zitten, nog meer te blijven, te halen, een rondje te lopen om een stel oranje pylonen die vijftien meter uit elkaar geplaatst waren en tot slot om soepeltjes van links naar rechts tussen Sarahs benen door te lopen telkens als ze een stap zette. 'Nou, misschien krijgen we uw hond niet meteen zo ver,' zei ze op wat ik een lichtelijk neerbuigende toon vond, 'maar er is geen enkele reden waarom ze dit soort dingen niet onder de knie zouden kunnen krijgen. Het hangt helemaal van u af.'

Ik liet mijn blik door het zaaltje gaan om te kijken of andere mensen met hun ogen rolden (wat ik, denkend aan Como, probeerde niet te doen) of zelfs maar een hint van twijfel lieten doorschemeren. Ieder ander, onder wie Phoebe, leek te zeer onder de indruk om zich te verroeren. Sarah legde er de nadruk op om de daaropvolgende week met de juiste serieuze houding met onze nu nog afwezige hond naar de les te komen. We kregen ook te horen dat we een voorraad hapjes moesten meenemen – hotdogs, kaasblokjes of salami. 'Iets wat uw hond echt heel lekker vindt,' zei onze lerares zakelijk voor ze ons de avond in stuurde.

Daar ging dan het hapjesvrije programma dat Sally zich voorgesteld had. Ik vroeg haar op de terugweg of ze dacht dat alle hondentrainers zich bedienden van eersteklas vlees en zuivelproducten om hun doel te bereiken. 'Daar ziet het wel naar uit, hè?' gaf ze toe.

De meeste deelnemers van de cursus kwamen de daaropvolgende week met hun hond opdagen. Maar niet iedereen kwam terug. Er waren er blijkbaar een paar die zich zo hadden laten intimideren door Sarahs superhond dat ze zich teruggetrokken hadden. De sfeer was beduidend anders met al die rusteloze, blaffende, hijgende honden in de kring. De hondengroep besloeg een heel scala, van een uitgelaten bordercollie tot een ontzag inboezemende bastaardherder en een mooie, bruinwitte King Charles spaniël die dezelfde peinzende uitdrukking op zijn gezicht had als zijn vrouwtje, die in haar eentje was. Como nam een veilige positie in onder Phoebes stoel.

Sarah riep de klas tot de orde en begon met ons te vragen onszelf en onze hond voor te stellen. Sommige van de dieren spitsten hun oren bij het horen van hun eigen naam en trokken opgewonden aan hun riem. Como vertrok geen spier toen wij aan de beurt kwamen en Phoebe het woord voor ons voerde. 'Kijk eens. Wat een schatje,' hoorde ik iemand vlakbij zeggen en ik werd weer overvallen door die irrationele trots die ik ook voelde toen Phoebe een baby was en iemand zich over haar kinderwagen boog en zich lovend over haar uiterlijk uitliet. Honden worden, net als kinderen, het embleem voor wie we zijn in deze wereld. We kunnen er niets aan doen.

Toen het voorstellen afgelopen was, ging Sarah de kring rond om de honden individueel te begroeten en elk groepje eigenaren een metalen klikker te geven. Ze had die trainingsmethode de week ervoor uitgelegd. Het idee was om het gedrag te ontlokken dat je wilde zien en de hond dan onmiddellijk te belonen met een lekkernij en tegelijkertijd een klik. Al heel gauw, beloofde ze, zouden onze honden leren om het geluid met iets positiefs te associëren; vervolgens zou de metalige klik op zichzelf al voldoende zijn om het gewenste gedrag te creëren; zit, blijf, achter, kom. 'U hebt vorige week mijn hond gezien,' snoefde ze. 'Hij is volledig op de klikker getraind.'

Ik begreep niet goed waarom een hond genoegen zou nemen met een klik in plaats van een brok Italiaanse salami, maar ik was bereid om Sarah het voordeel van de twijfel te geven. Haar labrador was tenslotte een scherp afgestelde gehoorzaamheidsmachine. Wat de rest betrof, die maakten in de praktijk een behoorlijk chaotische start. Verspreid door het hele zaaltje zaten we met onze bakjes met lekkernijen en klikkers en probeerden onze honden een ingewikkeld beloningssysteem aan te leren met een stereofonisch geratel van andere klikkers om ons heen. Het was alsof je je probeerde te concentreren in een lokaal vol enorme krekels. Como bleef verward en angstig kijken. Geen schijn van kans dat we hem zouden kunnen laten zitten of blijven. De meeste andere honden leken het er niet veel beter vanaf te brengen.

'Oké, genoeg zo. Stop. Stop!' schreeuwde Sarah. Ze instrueerde ons om terug te gaan naar onze plaats in de kring. We deden wat ze ons opdroeg. 'Laten we dit eens eenvoudiger zien te maken,' zei ze, alsof we de zaak ingewikkelder hadden gemaakt door onze honden mee te nemen naar de les en nu de stappen samen probeerden te volgen. Sarah vroeg een stel dat gekleed was in identieke pakken van de San Francisco 49'ers om met hun boxer naar het midden van de kring te komen. Daar begon de hond onder haar zorgvuldige begeleiding, uiterst precieze klikken en een hoop hondenkoekjes, die de boxer naar binnen bleef schrokken, op bevel met zijn staart op de vloer te bonken. Sarah keek naar ons met een mengeling van triomf en teleurstelling. Waarom, leek ze te vragen, konden wij deze eenvoudige oefening niet onder de knie krijgen? 'Ziet u wel hoe eenvoudig het is,' zei ze en ze liet het klinken alsof het een vanzelfsprekendheid was in plaats van een vraag. Ze riep een andere hond op voor een demonstratie.

Como kwam die avond niet aan de beurt, wat waarschijnlijk ook maar goed was. De uitdrukking op zijn snuit was er een geweest van voortdurende verbazing, grenzend aan paniek. Ik kon me niet voorstellen dat hij in de schijnwerpers iets zou presteren. 'Hij kijkt alsof hij zojuist getuige is geweest van een misdrijf,' fluisterde ik tegen Sally, 'en niet wil getuigen.' Phoebe wierp me een zure blik toe. Como's gedrag had haar bepaald niet ontmoedigd, zoals ze ons op de terugweg in de auto vertelde.

'Hij neemt het eerst in zich op,' zei ze. 'Jullie zullen het zien. De volgende keer snapt hij het wel.' Ik bewonderde haar geduld en haar vertrouwen in de hond die ze uitgekozen had. Ik besefte ook voor het eerst iets anders: ze leken veel op elkaar, Como en zij. Misschien was dat überhaupt wat haar in hem aangetrokken had en haar zo zeker van hem had gemaakt.

Als jong kind en zelfs nu nog, op haar twaalfde, was Phoebe voorzichtig, uiterst waakzaam en woog ze zorgvuldig alle mogelijkheden en consequenties van een situatie af voor ze voldoende vertrouwen had om zich erin te wagen. We hadden ons in het begin zorgen gemaakt dat ze hopeloos verlegen zou worden, een verschrikte muurbloem die pas van een glijbaan zou gaan of zou meedoen met touwtjespringen, die pas schaatsen onder zou binden of haar mond open zou doen op school als ze zich voldoende verzekerd wist van de gevolgen. En wie kan ooit van tevoren weten hoe de dingen zullen uitpakken? Je komt er pas achter als je risico's neemt en je sterke punten en beperkingen ontdekt. Maar zoals Sally en ik in de loop der jaren ontdekt hadden, was Phoebe niet echt zo bang of verlegen dat ze achter een of ander verdedigingsschild leefde. Ze was zelfs behoorlijk intens betrokken bij de wereld om haar heen, op haar eigen fijn afgestemde manier. Ze zag dingen, voelde dingen en verbeeldde zich dingen die buiten het bereik van onze eigen volwassen radar vielen. De leraren die haar echt kenden, begrepen dat van Phoebe. Evenals haar beste vriendin, Jeanne, van nature een gezelligheidsdier en een fysiek impulsief meisje, dat zich vaak neerlegde bij Phoebes stille, koppige drang om hun spelletjes en activiteiten te organiseren. Het was heel goed mogelijk dat Como net zo in elkaar stak als Phoebe.

'Verwacht jij eigenlijk dat dit iets wordt?' vroeg ik Sally nadat ik die avond mijn bedleeslampje uitgedaan had. Ze was bijna in slaap en moest zich weer uit het zwarte gat omhoog werken.

'Je weet toch wel,' zei ze met slaperige afgemetenheid, 'dat mijn wekker om zes uur afgaat, hè?'

'Sorry, dat weet ik. Ik hoop alleen dat we Phoebe niet voor de gek houden. Ik bedoel, dat ze al haar hoop op deze cursus vestigt terwijl Como er niets van bakt.'

'Nou,' zei Sally, 'het is eerder zo dat Como en zij ons voor de gek houden. Ik denk dat ze ons mijlenver voor zijn.'

Ze had vast gelijk, ook al was ik nog niet bereid dat te accepteren. 'Heb jij geen zin om Sarah een dreun te geven?' vroeg ik. 'Ze doet zo superieur.'

'Ik denk dat ze goed is in wat ze doet,' zei Sally neutraal. 'Phoebe vindt haar goed. Welterusten.'

Blijkbaar deelde niet iedereen Phoebes mening over Sarah. Bij de volgende les waren er nog maar zeven honden, wat de zaak eerlijk gezegd wat overzichtelijker maakte. We zaten in een kleinere kring en Sarah nam een vriendelijkere, persoonlijkere houding aan. Ze vroeg ons allemaal om haar bij te praten. Met de boxer en zijn baasje en vrouwtje ging het goed. De bordercollie was dol op de klikker, maar zijn behoefte aan lange, stevige wandelingen bleek een probleem. Toen was het de beurt van de alleenstaande vrouw om ons over haar King Charles spaniël te vertellen.

Ze begon met een diepe zucht. Haar hond, zo bleek, blafte onophoudelijk als de televisie aanstond. De buren klaagden over het lawaai. Ze was bang dat ze uit haar flat gezet zou worden. Het ging maar door, al dat geblaf. De hond was op geen enkele manier stil te krijgen. We bogen ons allemaal voorover, als meelevende leden van een twaalf-stappengroep. We wilden haar pijn delen. 'Het punt is,' zei ze, 'dat ik alleen woon. Als ik thuiskom van mijn werk is de tv mijn gezelschap. Dit is echt heel, heel moeilijk.'

Sarah werd een ander mens. Al dat barse, zakelijke gedoe verdween toen ze de vrouw en haar hond uitnodigde om naar voren te komen. 'Het komt wel goed,' zei Sarah en ze nam zachtjes de riem over. 'We komen er wel achter.' Ze had het idee om de hond langzaam aan de tv te laten wennen, door een combinatie van gedwongen stiltes en redelijke 'time-outs' om te blaffen toe te passen. Met zijn drieën – Sarah, de hond en haar vrouwtje – speelden ze een scenario na dat inhield dat de televisie eerst met het geluid uit aangezet werd en dat vervolgens het volume langzaam opgevoerd werd.

'Kijk maar eens of ze het vijf minuten volhoudt,' coachte Sarah, 'beloon haar daarvoor en zet de televisie uit. Probeer het een half uur later nog eens. De daaropvolgende dagen kun je de tijd opvoeren.' Het viel me op dat de klikker in het verhaal niet voorkwam. De vrouw keek tegelijkertijd dankbaar, hoopvol en oneindig opgelucht toen ze weer gingen zitten. Ik zag haar een traan van geluk wegpinken terwijl ze zich vooroverboog om de kleine, glanzende nek van haar hond te aaien.

Die therapeutische wisselwerking moet een inspiratie voor me zijn geweest. Toen het onze beurt was, stortte ik mijn hart uit over alle problemen die ik met Como had. Ik vertelde over de keer dat hij weggelopen was en over dat hij me in huis ontliep en dat als ik hem uit moest laten hij me dwong op het bed (ik vertelde niet over de wc) te wachten. Het baasje van de bordercollie, een man van in de twintig met een paarse streep in zijn haar en een zilveren knopje in zijn oor, onderdrukte een glimlach.

Sarah was iets harder tegen mij dan ze met het vrouwtje van de hond met de tv-fobie was geweest. 'Je moet hem uit je hand laten eten,' zei ze tegen me. 'Je moet hem veel lekkere hapjes geven, goed spul, het lekkerste wat je maar kunt bedenken.' Ik moest dat in huis doen, van 's ochtends vroeg tot 's avonds laat, en buiten wanneer ik hem achter liet lopen of op een hoek hem beval te gaan zitten – waar en wanneer dan ook. Ik moest, met andere woorden, onze eigen inwonende Jake worden en Como zo snel mogelijk volproppen met vlees en kaas. Ik keek naar Sally, die zich voor we aan de cursus begonnen mordicus tegen een opvoeding gebaseerd op hapjes had verklaard. We haalden allebei onze schouders op. Het leek wel alsof er steeds als we een grens gesteld hadden voor de hond, er iets of iemand opdoemde die daar een streep door haalde.

Met het drama van de tv-hond en Sarahs lijst met marsorders voor mij was het een uitputtende les geweest. Zelfs Phoebe die honden leefde, ademde en droomde, zag er een beetje versuft uit, toen ze opstond om haar sweatshirt aan te trekken. Ik besloot mijn goede wil en vertrouwen te tonen door zelf met Como naar de auto te lopen. Sarah wachtte me bij de deur op.

'Terriërs zijn lastig,' vertrouwde ze me toe. 'Ze hebben een eigen willetje. Dat schijnt je bekend voor te komen. Maar als ze eenmaal bijdraaien, dan zijn het de liefste, trouwste en liefdevolste honden ter wereld. Afgezien van labradors natuurlijk,' voegde ze er met een glimlach aan toe en ze gaf me een flinke stomp op mijn arm. Ze was een eigenaardige, stekelige vrouw met een duidelijk bazige inslag. Maar ik was gesteld geraakt op Sarah en zag wel in waarom ze goed was in wat ze deed. De manier waarop ze onomwonden zei waar het op stond en om niets met een, met kwijl besmeurde, mantel der liefde te bedekken kon mensen tegen haar in het harnas jagen. Maar honden leefden duidelijk op onder haar mengeling van duidelijkheid en liefde. Ik wist dat ik nooit als Sarah zou worden, maar ik hoopte dat ik in de weken die voor ons lagen misschien iets zou leren. Voorlopig besloot ik haar hapjesprogramma voor Como en mij te volgen, ook al kon dat nog meer verrassingen onder de pianokruk betekenen.

Later die week, toen ik op een ochtend aan een column aan het werken was die maar niet wilde opschieten en mijn deadline almaar dichterbij kwam, haalde Como een ongeëvenaarde stunt uit. Hij kwam mijn werkkamer binnengeslenterd zonder hapjes als lokaas of een andere duidelijke motivatie. Omdat ik met mijn rug naar de deur naar een halfleeg computerscherm zat te staren, zag ik niet dat hij binnenkwam, onder mijn stoel glipte en ging liggen. Pas toen ik me omdraaide om wat uitdraaien uit de printer te halen, zag ik zijn staart, uitgestrekt als een zeldzame verenschat, op de vloer naast mijn bureaustoel.

Ik had in eerste instantie mijn twijfels en nam aan dat Como's nabijheid het gevolg was van een of andere, voor mij niet-waarneembare voedselgeur die hij opgevangen had. Maar ik was ook verbijsterd, blij en ja, domweg gevleid om de niet-uitgelokte audiëntie die hij me leek te verlenen. Dit was een belangrijk moment en ik wilde het niet verknallen. Mijn zus, die al heel haar leven lerares en hoogleraar in de onderwijskunde is, heeft me een keer verteld dat kinderen vaak het best reageren als ze niet onder druk worden gezet, ja zelfs niet al te veel aandacht krijgen; als ze zich vrij en op hun gemak voelen om op hun eigen voorwaarden naar voren te treden. Daar moest ik aan denken toen ik in mijn stoel zat en mijn best deed om de uitnodigende rust die Como mogelijk gevoeld had niet te verstoren. Ik zette mijn voeten net zo neer als daarvoor. Ik ging niet verzitten. Ik legde zo voorzichtig mogelijk mijn handen weer op het toetsenbord en probeerde zachtjes een paar woorden te typen. Ik probeerde alles zo vloeiend mogelijk te laten doorgaan, alsof ik Como's vreemde openingszet tot iets meer substantieels en volkomen normaals wilde maken. Ik bleef tikken. De hond verroerde zich niet. Het lukte me zelfs om wat vooruitgang te boeken met dat dwarsliggende artikel waar ik mee bezig was.

Ten slotte, na een delicaat evenwicht van een minuut of tien, besloot ik alles op het spel te zetten door mijn hand te laten zakken en hem aan te raken, zijn aanwezigheid in de kamer te erkennen en te verwelkomen. 'Als ze eenmaal bijdraaien...' hoorde ik Sarah zeggen in haar terriërpreek. Langzaam, zonder dat ik opzij durfde te leunen en te kijken, strekte ik mijn rechterhand en tastte onder de stoel. Mijn vingers schampten Como's koele, natte neus. We bleven een tijdje in die houding zitten tot ik hem onder de kin begon te krabben. Hij stond het toe. Hij sprong niet op. Ik maakte een kom van mijn hand om hem achter zijn oren te krabbelen. We maakten allebei geen enkel geluid. Ik ging door met krabbelen tot mijn arm pijn begon te doen. Maar ik ging door.

Het kan met geen mogelijkheid bestaan dat Como wist wat de kalender aangaf. Maar het is een feit dat zijn bezoek aan mijn kantoor plaatsvond twee dagen voor onze dertig-dagenafspraak met het asiel afliep. Zijn timing had, net als veel andere dingen bij hem, iets griezeligs. Vier weken nadat hij de scharnieren van zijn plastic bench doorgeknaagd had om als een inbreker door het huis te kunnen dwalen en elk idee dat we hadden om hem in zijn vrijheid te beperken dwarsboomde, had onze labiele, ouderloze terriër zijn eigen thuis gevonden.

Toen Sally die middag thuiskwam, liep ik haar in de keuken tegemoet en vertelde haar dat ik me gewonnen had gegeven. 'Ik denk dat we hem maar moeten houden, als je het goedvindt.'

Eindelijk was zij eens degene die niet wist of ze me wel goed verstaan had. Ik knikte haar toe toen ze vragend haar wenkbrauwen optrok. 'O, Steven,' zei ze daarop en ze grinnikte terwijl ze de hond van de grond tilde. 'Je komt er altijd als laatste achter. Er was geen haar op ons hoofd die erover dacht om hem terug te brengen.' Como keek me vanaf zijn veilige plekje in haar armen sereen aan toen ik me omdraaide en terugliep naar mijn bureau.

Op de zondagavonden van de daaropvolgende zeven weken liet Como zich een paar maal aarzelend in het middelpunt van de kring zien. Op één gedenkwaardige regenachtige avond stond Phoebe te stralen terwijl Sarah haar en haar hond complimenteerde met het feit dat ze hem een paar basiscommando's zo goed had bijgebracht. Sally en ik vergezelden Phoebe en Como om beurten naar de cursus. Ik zag onze dochter en haar hond graag samenwerken en ik had belangstelling voor Como's vooruitgang, hoe grillig die ook was. Hij leerde enkele dingen, al groeide hij nooit over zijn algemene onbehagen met zijn onvoorspelbare klasgenoten en hun bezitters heen.

Er was nog iets wat me naar de cursus dreef. Ik wilde weten hoe het de vrouw en haar King Charles spaniël verging. Dat was wisselend. Op sommige avonden kon de tv aan blijven en zat de hond tevreden bij haar op schoot, meldde ze. Maar andere keren, halverwege een of andere film die haar haar lange dag op het werk of een of andere man die nooit terugbelde zoals hij beloofd had (oké, dat stukje heb ik verzonnen) deed vergeten, begon de hond weer. Ze stond dan met stijve pootjes midden in de kamer te blaffen en janken tot de vrouw niet anders kon dan de tv uitzetten, haar voor de laatste keer die dag uitlaten en naar bed gaan.

Ik vereenzelvigde me met deze hondenbezitster en haar worsteling met een lastige, irritante, eigenzinnig aantrekkelijke hond die haar meer leek te dwarsbomen naarmate zij harder haar best deed. Het leek wel alsof de hond niets wat ze deed goedvond, zodat ze steeds iets anders wilde proberen en daarna weer iets anders. Het was de weerstand van de hond die haar zo vitaal maakte en bereid de uitdaging aan te gaan. Ze waren met elkaar verstrengeld, die twee, de vrouw die 's avonds met haar lieve, zachte huisdier voor de tv wilde ontspannen en de hond die daar gewoon niet tegen kon. Iedereen kon van een lieve hond houden. Maar de lastpakken, de moeilijke, gekwetste en uiterst opgefokte honden stelden je op de proef hoe ver je bereid was te gaan, hoeveel je van jezelf kon opgeven, zij maakten duidelijk hoeveel het betekende om je te binden aan een wezen met tekortkomingen.

Sarah bleef elke week met nieuwe ideeën voor de spaniël met tv-angst komen. Het vrouwtje en zij probeerden het met het weg houden van eten. Ze probeerden de hond buiten de flat te zetten, met de riem om de deurknop, terwijl de tv binnen aan stond. Ze probeerden het toestel op een andere plek te zetten en het scherm naar de muur te draaien. Ze probeerden alles. Het was een verhaal zonder einde, een niet-aflatend proces zonder zicht op een duidelijk resultaat, toen de cursus van tien weken afgelopen was.

'Ik heb mijn hele leven honden gehad en ik werk al tweeëntwintig jaar beroepsmatig met ze,' zei Sarah aan het eind van de op een na laatste les. 'Je denkt dat je een hoop van ze weet en dan gebeurt er iets wat je weer een lesje in nederigheid leert. Maar dat is juist zo geweldig. Je kunt nooit helemaal precies weten wat er in een hondenkop omgaat. Je weet domweg nooit precies wat je kunt verwachten.'

11

Een sociaal leven

Como had elke les van de cursus van de dierenbescherming bijgewoond en ontving een diploma waarmee hij gefeliciteerd werd met het succesvol afronden van de basistraining. Hoewel hij niet cum laude afgestudeerd was – zijn diploma werd vergezeld van de suggestie om hem in te schrijven voor een vervolgcursus die Manieren in de Echte Wereld heette – had hij wel een paar nuttige vaardigheden aangeleerd. Zijn meest indrukwekkende prestatie was dat hij geleerd had om op bevel op zijn plaats te blijven. Vooral Phoebe bleek er goed in te zijn om hem ter plekke stokstijf te doen stilstaan. Ze beleefde haar meest trotse moment bij de cursus toen ze hem aan de ene kant van het troosteloze betonnen zaaltje neerzette en naar de andere kant liep terwijl Como gehoorzaam wachtte op zijn bevel: 'Kom.'

Ik sloeg die demonstratie gade met een mengeling van bewondering en nerveuze afwachting. Ik was trots op Phoebe, die zich vrijwillig aangeboden had om Como voor de hele klas zijn vorderingen te laten zien en blij dat ze het er allebei zo goed vanaf brachten. Maar het gaf me ook een ongemakkelijk gevoel om Como zonder riem in zo'n grote open ruimte te zien. Ik bleef de twee deuren in het zaaltje in de gaten houden, die inderdaad opengingen, en tamelijk vaak ook, als er mensen en honden naar binnen kwamen en naar buiten gingen. Hij hoefde maar van één klein dingetje te schrikken, tobde ik, en Como was er als een bliksemschicht vandoor. Ik moest er niet aan denken hoe ik in het donker door de onbekende straten van het Mission District achter hem aan zou rennen.

Blij als we allemaal waren met het feit dat hij de cursus ongeschonden doorstaan had, zat zijn triomf van het in zijn eentje stilzitten me ook een beetje dwars. 'Het was hem ten voeten uit,' zei ik tegen Sally na zijn grootse demonstratie van blijven zitten tot hij geroepen werd. 'Como de einzelgänger. Besef je wel dat hij nauwelijks iets te maken heeft gehad met de andere honden van het klasje? Zelfs die knettergekke King Charles spaniël bemoeide zich een beetje met de andere. En die boxer is met iedereen bevriend. Behalve met Como.'

'Nou en,' zei ze, 'maak je je zorgen om zijn sociale leven?'

'Ja,' gaf ik toe. 'Hij moet met andere honden kunnen omgaan.'

Sally bracht me Lizzy's bezoekjes in herinnering en wuifde mijn opmerking weg. Lizzy was het wervelend energieke toypoedeltje van Phoebes vriendin Marlena en haar ouders, Margene en Hans. Lizzy, die klein genoeg was om in een klein handtasje te passen, ging overal met haar gezin mee naartoe. Als ze kwamen eten of langskwamen na een voetbalwedstrijd, werd Lizzy op de grond gezet waarna ze Como onmiddellijk betrok bij een spurt door het huis. Het was een ongelooflijk schouwspel, iets wat een geïnspireerde choreograaf of variétébaas zou kunnen bedenken.

Zij aan zij legden de twee honden hollend het hele circuit van de begane grond af, maakten een lus om het kookeiland in de keuken, sprongen over de ruimte tussen de kleden van de eetkamer en de woonkamer en stoven naar boven. Het was niet zozeer een achtervolging als wel een demonstratie van simultane atletiek, die des te meer opviel door het contrast tussen Lizzy's zwarte krulletjes en Como's warrige, roomkleurige vacht. Ze sprongen samen en gingen zij aan zij bochten om, namen de haarspeldbocht onderaan de trap en kwamen weer van hun sprint terug alsof ze aan elkaar vastgeklonken zaten. Tot slot ploften ze hijgend neer bij de open haard, waar ze het plezier van hun publiek met tevreden nonchalance tegemoet traden.

Voor Lizzy was dit de normaalste zaak van de wereld. Ze was een regelmatig bezoekster van parken en andere open ruimtes, waar ze enthousiast speelde met honden die vijf keer zo groot waren als zij en eventuele vijandigheid of onverschilligheid negeerde door een ander speelkameraadje te zoeken. Como was ronduit een sukkel met andere honden. Degene die hem niet onmiddellijk doodsangst inboezemden en ontwijkgedrag bij hem opriepen, werden door hem volledig afgewezen of amper opgemerkt. Het was gênant om een hondenbezitter die we kenden, of een onbekende die zijn of haar hond aan het uitlaten was, tegen te komen en Como zijn act als sociale paria te zien opvoeren. 'Nou, het is in ieder geval wel een schatje,' zeiden de mensen, alsof dat de afstandelijke houding van mijn hond goedmaakte. Ik begon te denken dat Como inderdaad een geschikte kandidaat was voor de cursus van de dierenbescherming Manieren in de Echte Wereld. Hij was een lomperik in hondenvorm.

Een deel van dit probleem kwam door ons vaste voornemen om Como nooit los te laten. Dat betekende dat parken en afgebakende hondenveldjes taboe waren. We konden gewoon geen risico nemen met deze meesterontsnapper. Het is algemeen bekend dat honden het best met andere honden overweg kunnen als ze vrij zijn om elkaar te verkennen zonder te veel bemoeizucht van hun bezitters. Aangelijnde honden die elkaar tegenkomen worden ervan weerhouden, letterlijk en figuurlijk, om hun ware zelf te laten zien. En dan is er natuurlijk nog het probleem van de verstrengelde riemen. Als Como's riem in de war raakte met die van een ander, nam hij al snel zijn toevlucht tot een woest rukken en trekken dat het alleen maar erger maakte.

Wanneer ik over zijn gedrag buitenshuis mopperde, keken Sally en Phoebe onthutst en vertelden over hun eigen gezellige en nuttige wandelingen. Ze waren bevriend geraakt met andere honden en hun bezitters in de buurt en zeiden dat dat ook voor Como gold. Had ik die bassetpuppy met die lange oren ontmoet? vroegen ze me. Of die zuiver witte, waarschijnlijk Nicky een samojeed? Como mocht hen allebei heel graag, kreeg ik te horen. Hetzelfde gold voor Molly, de enorme, maar vriendelijke sintbernard op de hoek bij school. En hoe zat het met Max en Willie, de stokoude blonde labradors van die aardige vrouw in Twelfth Avenue?

Sally, die Como 's ochtends vroeg uitliet, slaagde er zelfs in om de gebruikelijke afkeer van onze hond voor mannen te doorbreken. Bij gebrek aan een gemeenschappelijke taal was ze een glimlachvriendschap aangegaan met een oude Russische man, die om halfzeven door onze straat sjokte met wat ze beschreef als een korthandige, halfgrote zwarte hond van een onbekend ras als gezelschap. De man had altijd hondensnoepjes in zijn zakken en had Como's hart gestolen door die vrijelijk aan hem uit te delen. 'Je zou het moeten zien,' zei Sally. 'Como ziet hem al van twee straten afstand en begint dan als een gek te trekken en te kwispelen. Hij vindt de hond van de oude man ook leuk.'

'Het klinkt fantastisch,' zei ik. 'Maar ik denk niet dat ik om half zeven opsta om het te zien. En trouwens, is dat niet gewoon omkoping? Weten we wat die oude man hem geeft?' Ik was misschien wel wat overgevoelig op dat gebied. Mijn eigen opdracht om Como uit mijn hand te laten eten, zoals voorgeschreven door Sarah, was niet bepaald een daverend succes geworden. De keren dat ik eraan dacht om het te doen, kwam Como op me afgerend om datgene wat ik aanbood uit mijn hand te grissen, door te slikken en weg te lopen. Als het er al voor zorgde dat hij meer om me ging geven of me zelfs maar tolereerde, dan was het bewijs niet bepaald overtuigend.

Ik probeerde open te staan en optimistisch te blijven over mijn relatie met wat nu onze definitie van een gezinshond was. Ik zocht naar tekenen van vooruitgang en aanmoediging waar ik maar kon. Eén positieve ontwikkeling was dat het proces van Como aanlijnen enigszins gemakkelijker ging. Ik hoefde niet altijd meer naar bed of naar de wc te gaan om hem te vangen. Maar als we eenmaal uitgingen, deed een ander soort raadsel zich voor.

Afhankelijk van zijn uiterst onvoorspelbare stemming wilde Como soms de paar straten door lopen om zijn behoefte te doen onder een pijnboom op het braakliggende terrein bij Twelfth Avenue om daarna terug naar huis te gaan. Maar het was net zo goed mogelijk dat hij zijn wandelingetje beschouwde als een mooie gelegenheid om op zijn gemak te flaneren. Op die dagen bleef hij staan om aan elke boomstam, struik of elektriciteitspaal, die hij maar tegenkwam en aan elk papiertje en stukje hard geworden kauwgom te snuffelen. Ik weet niet of al die boeiende geuren zijn verborgen gezelligheidskant naar boven haalden, maar zijn nieuwsgierigheid strekte zich dan ook uit tot voorbijlopende vreemden. De hond, die er bij mij geen misverstand over liet bestaan dat hij behoefte aan afzondering had, werd ineens de vriendelijkste, meest spontane figuur van de buurt. Vrouwen, kinderen, een tienermeisje dat in haar mobiele telefoon kletste, twee jongens diep in gesprek over een of andere rapper, zelfs normaal gesproken dreigend ogende mannen die met hun vuisten diep in hun zakken door Lawton Street liepen of die zich haastten om een bus te halen, hadden zijn belangstelling. Hij zwenkte dan over de stoep hun richting uit, hoopvol kwispelend, zijn oren gespitst en ronddraaiend om maar vriendelijke woordjes op te vangen.

Veel mensen liep gewoon voorbij zonder Como's toenaderingspogingen op te merken of erop in te gaan. Anderen stopten om hem te begroeten en bukten zich om hem aan hun hand te laten snuffelen. Moeders vroegen eerst of hun kleine kinderen hem mochten aaien. 'O, hij bijt niet, hoor,' zei ik. 'Hij is heel lief.' Dan keek ik toe met een flauwe, geforceerde glimlach op mijn gezicht geplakt, terwijl Como vriendschap sloot met iemand die hij nooit eerder gezien had. Ik wist dat het kinderachtig en kleinzielig van me was, maar toch kon ik het niet goed hebben. Hoe kwam het toch dat hij de voorbijlopende menigte op straat, waaronder niet alleen vrouwen maar ook enkele mannen, beter behandelde dan mij? Was het echt zo – want zo leek het – dat hij met om het even wie liever naar huis ging dan met mij? Geen enkel mens wordt ooit erger vernederd, dacht ik zwelgend in zelfmedelijden, dan in zijn eigen huis. Como maakte een verzuurde driestuiversfilosoof van me.

Een stelletje dat bleef staan voor een langer gesprek wilde weten wat voor ras het was, wat we hem te eten gaven en hoeveel keer per dag hij uitgelaten moest worden. Ze dachten erover om een hond te nemen en wilden er zoveel mogelijk over te weten komen.

'Ik zou het niet doen,' flapte ik eruit. De vrouw keek een beetje geschrokken, keek naar Como en deed een stap achteruit. Ik zag gewoon dat ze zich afvroeg wat voor gek ik eigenlijk was.

'Wat bedoelt u?' vroeg haar partner, die er het zijne van wilde weten.

'O, laat mij maar kletsen,' zei ik, nadat ik besloten had verder niet uit te weiden. Como was een leuk en blijkbaar hartveroverend hondje. Daarom waren ze gestopt om te praten. Dat was alles. Wat had het voor nut om een donkere schaduw over hun zonnige leven te werpen? 'Het gaat vast heel goed,' zei ik. 'Jullie vinden vast een geweldige hond en jullie zullen het fantastisch vinden. Jullie krijgen een geweldig leven. Honden zijn fantastisch.' Daarop pakte de man zijn vriendin bij de hand en wilde haar meetrekken. Ze hadden meer – en ook minder – van me gekregen dan ze gehoopt hadden. Ik gedroeg me echt als een idioot.

Wanneer we tijdens onze wandelingen andere honden tegenkwamen, spreidde Como net zo'n onvoorspelbaar scala aan reacties tentoon. Soms sloop hij langs en achtte hen geen blik waardig. Andere keren kromp hij ineen, met zijn staart onderdanig tussen zijn poten en gebruikte hij mij als schild. Wanneer hij toch besloot om het initiatief tot een ontmoeting te nemen of zich er neus aan neus of neus aan staart aan te onderwerpen, was ik altijd een beetje nerveus over het gevolg.

Volgens deskundigen zend je dan precies de verkeerde boodschap uit. Omdat honden zo enorm gevoelig zijn, merken ze je nervositeit op en de gespannenheid van je lichaam, ze voelen de druk aan het eind van de riem, en horen de minste krampachtigheid in je stem. Dat wist ik allemaal, maar ik kon niet voorkomen dat ik mijn onzekerheid uitstraalde. Ik wist nooit of Como in paniek zou raken en de twee riemen hopeloos in de war zou maken, of met zijn schaapachtige gedrag agressie zou opwekken of een van zijn zeldzame grauwen zou geven en zou wegduiken. Daarom was ik geneigd om hem op een afstand van andere honden te houden, ook al betekende dat dat ik halverwege de straat moest oversteken en net deed of dat niets met een naderende hond te maken had. Op die momenten verkeerde Como in opperste staat van paraatheid. Terwijl hij met mij de ene kant uit draaide, keek hij steeds achterom om de andere hond in de gaten te houden... en botste frontaal tegen een stoeprand of de poot van een brievenbus. Op een keer knalde hij zo hard tegen de wieldop van een Toyota dat die door Como's penningen galmde als een klankbekken. In een ander leven zou hij een ster van de stomme film kunnen zijn geweest, een succesvolle aangever voor Charlie Chaplin, Buster Keaton of Harold Lloyd.

Over het algemeen had ik liever dat hij thuis optrad. Naast Lizzy – die waarschijnlijk zijn beste en misschien wel enige ware hondenvriendin was – scheen Como de bezoekjes van Jessie en Riley te waarderen, de moeder en zoon Welsh springer spaniëls die naast ons woonden. Die twee honden brachten een hoop uitgelaten energie mee wanneer ze, net als vroeger, voor we Como hadden, bij de trap achter verschenen. Ze leken in onze ogen nu enorm, vergeleken met onze kleine, compacte terriër, maar ze gebruikten hun omvang niet om hem te intimideren. Ze begroetten Como met kwispelende staart en wriemelende neus en gingen meteen het huis in, op zoek naar eten of avontuur. Como liep achter hen aan als een enigszins met ontzag vervuld jonger neefje, nieuwsgierig naar wat voor stoute dingen Riley en Jessie voor hem in petto hadden. We hoorden wel eens wat geschuifel boven

en soms viel er iets om, gevolgd door het geluid van een troep honden die wegvluchtte van de plaats van de misdaad.
'Wat is er gebeurd, Phoebe?' riep een van ons dan. 'Alles goed daarboven?'
'Ja, hoor. Niets aan de hand.'
Er was nooit iets aan de hand. In Phoebes ogen waren honden onschuldige wezens. Ze brachten alleen maar vreugde en blijdschap in de wereld. In het geval van Riley, die ik had leren onderscheiden van zijn elegantere moeder, was ik geneigd het ermee eens te zijn. Zijn domme, lompe manieren hadden iets wat ik onweerstaanbaar vond. Het leek me zo simpel om een hond te hebben als hij. Het enige wat je ervoor leek te hoeven doen was genoeg eten en drinken voor hem neerzetten en hem een paar keer per dag uitlaten. In ruil daarvoor kreeg je de liefde en toewijding van een dier dat zich volkomen door zijn eetlust liet regeren. Como, daarentegen, was een onbevattelijk psychologisch raadsel, een verbijsterende puzzel van fobieën, opwellingen, onverwachte buien, periodes van gezelligheid en een overdreven drang om te ontkomen aan willekeurig wat voor begrenzingen of beperkingen hem werden gesteld.

Op een ochtend, toen de buurhonden bij ons waren, kwam Phoebe vanuit haar kamer naar beneden en zag me in de woonkamer met Riley stoeien. De hond was zo groot en stevig dat ik mijn beide armen om zijn nek kon slaan, hem heen en weer kon zwaaien en zijn poten onder hem vandaan kon slaan totdat hij met een bevredigende plof op de vloer terechtkwam. Riley kon er niet genoeg van krijgen en sprong altijd meteen weer op voor meer. Phoebe keek het een tijdje vanuit de deuropening aan.

'Papa, hou je meer van Riley dan van Como?' vroeg ze.

Ik liet Riley los en stond op. 'Nee, natuurlijk niet, schat,' zei ik. 'Waarom denk je dat?'

'Nou, je vindt het leuker om met hem te spelen.'

'Como houdt niet zo van stoeien,' zei ik. 'Trouwens, ik ben gewoon maar een beetje aan het dollen met die grote lummel.' Riley keek verwachtingsvol naar me op, met een zilveren sliert kwijl uit zijn bek. Ik dacht erover om van onderwerp te veranderen, maar kwam tot de conclusie dat dit een van die momenten was die een ouder niet voorbij moet laten gaan. 'Ga eens even zitten, Skidge,' zei ik. Ze ging met een nietszeggende uitdrukking op haar gezicht op de armleuning van de bank zitten. Riley ging op het kleed liggen om ook te luisteren.

Zonder er al te veel de nadruk op te leggen, vertelde ik Phoebe dat het voor mij niet altijd meeviel dat Como zich op een afstand hield. Ik herinnerde haar eraan wat de mensen in het asiel hadden gezegd over een man of meerdere mannen die onze hond in het verleden slecht behandeld hadden en hem misschien zelfs pijn hadden gedaan. 'Maar dat wil niet zeggen dat ik niet van hem hou en wil dat hij van mij houdt. Ik weet dat hij van jou en mama houdt. Bij mij gaat het misschien wat langzamer. Maar hé, we hebben al een hoop vooruitgang geboekt. Hij gaat nu zelfs met me wandelen.'

Phoebe bleef heel stil zitten voor ze iets zei. 'Ik hoop dat je echt je best doet,' zei ze. 'Ik ga maar eens kijken wat Como en Jessie uitspoken. Ze zouden mijn Beanie Baby's wel eens te pakken kunnen hebben.'

Onze dochter was niet langer het zorgeloze kind dat dol was op honden en groot wilde worden zodat ze dierenarts kon worden en haar hele leven kon wijden aan de verzorging van schattige puppy's. Ze had andere interesses: lezen, pianospelen, voetbal. Ze deed het goed op school, maar hield ook van winkelen en met haar vriendinnen bellen, e-mailen of msn'en. Wanneer ze naar een van haar brugklasavonden ging, met speldjes in haar achterover gekamde haar en met roze lipgloss op haar lippen, leek ze zo haar tienertijd in en zelfs door te schieten. Terwijl ze die dag naar boven liep om bij de honden te kijken was ik me bewust van haar spurt voorwaarts. Ze had me op mijn nummer gezet, duidelijk en onomwonden en zonder narrig of brutaal te zijn. En ze had volkomen gelijk.

Als Como en ik gemeenschappelijke grond wilden vinden, dan zou dat niet gebeuren doordat ik hem blindelings mijn wil oplegde en de baas over hem speelde. Zo'n hond was hij niet en ik was niet zo'n baas. We zaten aan elkaar vast, Como en ik, zijn verleden en het mijne waren verstrengeld, en we moesten er samen zien uit te komen. Ik moest hem halverwege tegemoet komen en hij zou hetzelfde moeten doen bij mij.

Langzamerhand begon de situatie in de weken en maanden die erop volgden te verbeteren, niet alleen tussen Como en mij, maar voor ons allemaal omdat we wenden aan een leven met een lastige hond. Como en ik bleven onze levens leiden in parallelle werelden en aparte kamers, gelukkig zonder onaangename voorvallen, terwijl Sally en Phoebe zich steeds meer aan hem hechtten. Onze terriër, meegaand en zachtaardig als hij zich op zijn gemak voelde, vond het heerlijk om door hen geknuffeld, opgetild en vastgehouden te worden, zelfs om als een baby op zijn rug in Phoebes armen gewiegd te worden. Een van zijn leukste acts was dat als hij zo door het huis gedragen werd, hij op zijn naam reageerde door zijn kop achterover van Phoebes arm af te laten hangen en zo naar Sally of mij te kijken. Hij leek net een klein kind dat het prachtig vindt om de wereld op zijn kop te zien.

Wat het eten en uitlaten betrof, hadden we een routine vastgesteld die onze gevoelige hond meer zekerheid gaf. Hij sliep 's nachts bij Phoebe op bed – dat van Sally en mij was verboden terrein – en wist wie verantwoordelijk was voor de verschillende aspecten van zijn verzorging. Zodra Sally's wekker 's ochtends afging, sprong hij van Phoebes bed, liet zijn penningen eens flink rammelen en stapte onze kamer in, omdat hij wist dat Sally hem eten zou geven en zou uitlaten. Het wandelingetje tussen de middag als ik thuis werkte was mijn verantwoordelijkheid; Sally deed het als ik er niet was. Phoebe liet de hond uit zodra ze 's middags uit school kwam. Hij at zijn avondeten een uur of wat voor wij gingen eten. Ik nam de laatste wandeling 's avonds laat voor mijn rekening.

We hadden tochtjes buiten de stad steeds uitgesteld, en besloten nu eindelijk een weekend weg te gaan om familie en vrienden in Seattle op te zoeken. Sally had Como voorgesteld aan Marianna, een professionele hondenpensionhoudster die ze op haar leesclub van het Sunset-filiaal van de openbare bibliotheek had ontmoet. Marianna, klein, zonnig en duidelijk met gevoel voor honden, was meteen dol op Como en hij op haar. Haar eigen hond, een Australische herder die Uncle Indy heette, was een rustige, verdraagzame en vaderlijke verschijning. Geen enkel terriërtje kon de hond van de vrouw die van haar gezellige huisje vlak bij Ocean Beach een aangenaam hondenpension had gemaakt, van slag brengen. Ons weekend in Seattle was heerlijk, ook al regende het gedurende het grootste deel van de tijd dat wij er waren.

Toen we weer thuis waren, kregen we te horen dat Como zich op een gegeven moment losgerukt had, de drukke Lincoln Boulevard over gevlogen was en verdwenen was in het dicht beboste deel van het Golden Gate Park. Marianna bleef opvallend goedgemutst en vertelde hoe ze Como achterna was gegaan met een bakje gerookte zalm in haar hand en hoe ze erin geslaagd was hem op te sporen en weer aan te lijnen. Ik had hem nog niet met gerookte walvis kunnen vangen. De hemel zij dank voor hondendeskundigen, dacht ik terwijl ik een cheque uitschreef voor Marianna's diensten, plus twaalf dollar aan schoonmaakkosten voor het kleed waarop hij had geplast. Kennelijk waren ontsnappingen niet ongebruikelijk in de hondenpensionbusiness, want Marianna zei tegen ons dat ze het heel leuk had gevonden om op Como te passen en dat ze hoopte dat hij snel weer een keer terug zou komen.

Tegen de zomer van 2004 waren Sally en ik toe aan eens wat tijd voor onszelf. Ik had lopen lobbyen voor een man/vrouw-weekend in Napa of Sonoma, waarbij ik me heerlijke dinertjes voorstelde, een flinke hoeveelheid wijn en een paar badstofbadjassen om na het zwemmen terug naar de kamer te lopen.

Sally kwam met het voorstel van een hondvriendelijke herberg in de Carmel Valley die haar vriendin Denise aanbevolen had.

'Nemen we Como mee?' vroeg ik, zonder mijn teleurstelling te verbergen.

'Marianna zit al vol,' zei ze verdedigend. 'En bovendien denk ik dat het leuk wordt. We kunnen einden met hem gaan wandelen. Hij moet aan nieuwe plekken gaan wennen. En volgens Denise serveren ze een heerlijk ontbijt.'

'Zei je nu echt zojuist dat we erheen gaan voor het ontbijt?' De wijn-en-badjassenweekend-idylle smolt weg als sneeuw voor de zon en werd vervangen door een visioen van sinaasappelsap en levenskwaliteitsverbetering voor Como. Sally moet me hebben zien inzakken. Ze sloot vrede door me een kus te geven die beloofde dat we tijdens ons uitstapje intense aandacht aan elkaar zouden besteden en niet aan de hond.

We gingen op vrijdagochtend weg, kwamen bij San Jose in een file terecht en kwamen in de herberg aan toen alle restaurants in de buurt al gesloten waren. Como werd wel tegemoetgekomen in zijn dineerbehoeften met een verwelkomende schaal kluifjes in de foyer en water en etensbakjes op de kamer. Na een korte moppersessie over het feit dat we hongerig naar bed moesten, zette ik de gashaard aan, haalde mijn eigen ochtendjas tevoorschijn en begon aan eieren en toast te denken. Sally zette de haard laag, maakte zich klaar om naar bed te gaan en toen ze naast me kwam liggen stelde ze voor dat ik mijn ochtendjas zou uittrekken. We sliepen vast, zonder door de hond gestoord te worden, en zo lang dat we het ontbijt bijna misten.

Zaterdagmiddag reden we naar het begin van een wandelroute en baanden ons een weg naar een bergkam boven de vallei. Het pad liep door een vlakke weide, over de bedding van een beekje en slingerde omhoog door koelere, met zonlicht bespikkelde bossen. Daar liet Sally Como's riem los en liet die achter hem aan slepen. De hond rende voor ons uit over het pad.

'Wat doe je?' vroeg ik terwijl ik me vooruit haastte om mijn voet op de riem te zetten. Como's kop kwam met een ruk omhoog vanaf het bergje bladeren waaraan hij had staan snuffelen.

'Laat hem maar,' zei Sally. 'Hij blijft bij ons. Vertrouw me nou maar.'

'Het is niet dat ik jou niet vertrouw,' zei ik, 'ik vertrouw hém niet.' Maar op de een of andere manier klonk ik niet erg overtuigend. We hadden een heerlijk, rustig weekend. De vallei spreidde zich onder ons uit. Toen we boven op de bergkam kwamen liet een licht briesje een rimpeling door het droge gras aan onze voeten gaan. Een havik trok een wijde, lome cirkel boven ons hoofd.

En Sally had gelijk. Como kon wel eens vijftig meter voor ons uit lopen, zo nu en dan om wat bochten in het pad verdwijnen, maar hij dwaalde nooit verder af en liep dikwijls met ons mee. Sally en ik kletsten over de boeken die we aan het lezen waren, bespraken onze dinerkeuzes en vroegen ons af wat Phoebe aan het doen was. Een tijdlang dacht ik helemaal niet aan Como.

'Zo is het dus om een normale hond te hebben,' zei ik.

'Wat bedoel je?'

'Dat je niet elke minuut op je hoede hoeft te zijn. Dat je ervan uit kunt gaan dat hij er gewoon is.'

'Zoals je bij mij doet?' plaagde Sally terwijl ze haar arm om mijn middel sloeg.

Alsof hij ons gehoord had, stond Como beleefd op ons te wachten toen we de volgende bocht om kwamen. Toen we bij het parkeerterrein van de wandelroute kwamen, raapten we zijn riem weer op. Eenmaal terug bij de herberg liet Sally de riem weer los waarna we een paar dingen uit de kofferbak haalden. Tevreden moe na de wandeling waren we in een zorgeloos weekendje-weg-ritme vervallen.

'Waar is Como?' vroeg ik toen ik de kofferbak leeggehaald had en de kamer binnen wilde stappen.

'Ik dacht dat hij bij jou was.' Soms had een stoornis in onze communicatie helemaal niets te maken met de vraag of ik haar verstaan, of verkeerd verstaan, had.

Mijn maag draaide om toen ik langs Sally keek en de hond van het parkeerterrein af zag gaan en de straat zag oversteken, met zijn riem nog achter zich aan slepend. We begonnen allebei instinctief te rennen. Sally riep me terug omdat ze de paniek van de hond aanvoelde en wist dat het alleen maar erger zou worden als ik achter hem aan zou gaan. 'Stop!' riep ze. 'Laat mij maar.' Ik liep naar de straat en keek haar na terwijl ze Como door een speeltuin achternaging en in een woonwijk verdween. Twintig minuten later kwamen ze samen het parkeerterrein op. Ze zei niets over wat er gebeurd was en dat hoefde ook niet. Onze fantasie over een goed aangepaste hond was ten einde. De rest van het weekend hielden we hem aan de lijn.

Een maand of wat later maakten we die al te bekende actie weer mee toen Sally op een avond rond etenstijd thuiskwam van het boodschappen doen. Ik hoorde haar van boven, waar ik me aan het omkleden was voor het theater. Toen ik naar beneden kwam, schoot Como bij me vandaan en ging op weg naar de voordeur die Sally open had laten staan om de boodschappen binnen te zetten.

'Hé! Kijk uit!' probeerde ik haar te waarschuwen. Te laat. Como was de deur al uit en stond op de stoep voor het huis. Dit was een herhaling van een scène waar ik beslist geen rol in wilde spelen, of die ik zelfs maar wilde zien. Het was misschien wel haar fout om de deur open te laten, maar het was maar goed dat Sally er was. Met wat lieve woordjes en een paar stukjes chips die ze uit een van de tassen in de kofferbak had gegrist, zag ze kans om Como bij de stoeprand bij zijn halsband te pakken.

'Wacht,' snauwde ik toen ze hem naar binnen droeg. 'Wáág het niet om hem neer te zetten voor ik terug ben.' Ik was net een sergeant die de troepen bevelen gaf. Ik ging de rest van de boodschappen halen, marcheerde terug naar boven, deed de deur achter me dicht en draaide hem op slot.

'Alles veilig om hem te laten gaan, sergeant?' vroeg Sally met een uitgestreken gezicht.

'Leuk, hoor. Dat had weer op een ramp kunnen uitlopen.'

Zodra ze hem neergezet had, vloog Como de woonkamer door en verstopte zich onder de keukentafel. Ik ging hem achterna om te zien wat er met hem aan de hand was. Had hij een takje tussen zijn tenen gekregen tijdens zijn kortstondige vlucht? Beleefde hij een andere achtervolgingsscène opnieuw? Wat het ook was, hij wilde in ieder geval niet dat ik erachter kwam. Zodra ik om het kookeiland heen in de richting van de tafel liep, rende hij in de tegengestelde richting en verdween naar boven.

'O, geweldig, hoor,' zei ik, en ik liet me op het bankje bij de keukentafel ploffen. 'We kunnen weer van voren af aan beginnen.' Sally zette de laatste boodschappen weg en trok een stoel onder de tafel vandaan. Ze wierp me een meelevende blik toe en sprak me niet tegen. We zaten een tijdje zwijgend bij elkaar. Vervolgens wilde ze haar stoel naar achteren schuiven om aan de stapel repetities te beginnen die ze nog moest nakijken.

'Zijn die nieuw?' vroeg ze, terwijl ze naar de vloer keek.

'Wat?'

'Je schoenen,' zei ze. 'Heb je die al eerder aangehad?'

'Nee. Hoezo?' We keken allebei naar de glimmende zwarte schoenen die ik een paar maanden eerder gekocht had en tot aan die avond helemaal vergeten was.

'Dat zou het wel eens kunnen zijn,' zei Sally. 'Hij is misschien bang voor de schoenen. Ze doen hem vast aan iets denken.'

Na bijna een jaar met Como samengeleefd te hebben, aarzelde ik niet om haar theorie op de proef te stellen. Ik trok mijn schoenen uit en ging de hond achterna. Ik vond hem in Phoebes kamer, waar hij in een waakzame houding op het voeteneinde van het bed zat. Hij zag me op mijn kousenvoeten aankomen en bleef zitten. Ik ging naast hem liggen en legde mijn hand op zijn flank.

'Como, je bent volkomen gestoord,' zei ik, en ik rolde hem op zijn rug om hem over zijn buik te aaien. 'Die schoenen kostten honderdveertig dollar en dankzij jou heb ik ze vijf hele minuten mogen dragen. Misschien kan ik ze nog terugbrengen naar de winkel. Maar waarschijnlijk niet. Het is te lang geleden.'

Como vindt het heerlijk om op zijn buik gekrabbeld te worden, maar om de een of andere reden krijgt hij soms een niesbui als hij op zijn rug ligt. Hij nieste een paar keer flink, draaide zich om en sprong van het bed. Ik bleef even liggen terwijl ik de chaos van kleren, boeken en papieren her en der in Phoebes kamer in me opnam en treurde om de honderdveertig dollar, wat weggegooid geld bleek te zijn. Ik had het toen met geen mogelijkheid kunnen weten, maar al gauw bleek dat het bedrag dat Como me zojuist gekost had maar een schijntje was.

12

De voortvluchtige

Het gebonk en ritmische gedreun begon die ochtend even na achten. Wanneer het slagwerk het even liet afweten, namen ergere dingen het over; het door merg en been gaande gejank van een motor, een diep, doordringend gedreun, een scheurend geluid van betegeling en pleisterwerk dat van de muur getrokken werd en het gebonk van iets zwaars dat op de vloer terechtkwam. Mannengescherts doorspekt met vloeken drong tussen stortbuien van rinkelend glas door. Een gettoblaster zorgde voor de doorlopende verbale soundtrack van strijdlustige radiodiscussies.

Het was 11 januari 2005, op de kop af zestien maanden nadat we Como in huis hadden genomen. De hond en ik zaten in mijn werkkamer opgesloten met de deur stevig dicht. Verderop in de gang was een groepje van vier bezig onze badkamer te slopen en het puin naar de straat te versjouwen. We hadden gehoopt dit renovatieproject een jaar eerder uit te laten voeren, maar hadden het uitgesteld vanwege Como's langdurige gewenningsperiode. Sally, Phoebe en ik waren het er alle drie over eens dat er voldoende tijd verstreken was en dat we er veilig aan konden beginnen, vooropgesteld dat we de juiste voorzorgsmaatregelen namen om Como's veiligheid te garanderen. Dat was allemaal besproken met de aannemer en zijn mensen, een sympathiek maar buitengewoon luidruchtig stel.

'We moeten ervoor zorgen dat de hond in huis blijft,' zei ik tegen Manny, de potige voorman. 'Dat is het enige wat ertoe doet. Hij zal niet bij jullie in de buurt komen en we kunnen hem aan als hij in paniek raakt. Maar we móéten ervoor zorgen dat hij niet weg kan.'

Manny, met rood haar en een rood gezicht, sloeg zijn enorme armen, elk ongeveer zo groot als Como, over elkaar en probeerde bezorgd te kijken. Dat was de middag voor het werk zou gaan beginnen. 'Geen probleem,' zei hij, amper zijn ongeduld verbloemend over zoiets onnozels. Manny gaf me een rondleiding door het huis en liet me zien waar de barrières opgesteld zouden worden; een in de gang vlak bij de werkkamer en nog een in de deuropening van de eetkamer. 'Deze blijft dicht,' zei hij en hij stak zijn hand naar de muur uit om de schuifdeur van de woonkamer dicht te trekken. Die hadden we in de loop der jaren zo weinig gebruikt dat ik vergeten was dat hij er zat. Ik keurde het plan goed en zei tegen hem dat ik hen de volgende ochtend vroeg zou zien.

Manny en co. hielden zich aan hun woord. Grote, met verf besmeurde bouwplaten, hoog genoeg om Como tegen te houden en dik genoeg om te voorkomen dat hij zich erdoorheen zou graven, werden zoals afgesproken geïnstalleerd. De schuifdeur werd dichtgetrokken. Maar Como en ik namen geen enkel risico. Nadat ik hem meegenomen had om hem kennis te laten maken met de werklui, trokken we ons terug in de werkkamer. Como kon beter tegen het lawaai en de onrust dan ik gedacht had. Hij hield enkele ogenblikken met die grote schrikogen van hem de wacht bij de deur, ging toen onder Sally's bureau liggen, draaide zich een paar keer om en rolde zich op tot een balletje op een van de zachte witte hondenbedjes die we door het hele huis voor hem hadden liggen. Met een diepe zucht deed hij net of hij sliep. Nadat ik een paar minuten mijn e-mail had gecheckt en zo nu en dan naar hem gekeken had, pakte ik de telefoon voor een afgesproken interview met een toneelregisseur aan de Oostkust.

Het interview ging langer door en bleek meer op te leveren dan ik had verwacht. Terwijl ik met de regisseur aan de lijn zat te lachen, vergat ik de chaos in de badkamer en de hond onder het bureau, die net deed of hij sliep. Ik had kunnen weten dat Como de commotie in huis niet zo luchtig opvatte als het leek. Ik had kunnen weten dat vier vreemde mannen die door het huis denderden en een hele badkamer sloopten, op zijn zenuwen zouden werken. Ik had de deur van de werkkamer achter me moeten dichttrekken toen ik na het interview naar de keuken liep om thee te zetten. Ik had het kunnen weten, ik had het kunnen weten, zoals ik tegen het eind van de dag wel honderd keer tegen mezelf had gezegd. Ik kende Como. Ik had het kunnen weten.

Wat ik niet wist, terwijl ik stond te wachten tot het water kookte en naar de herrie luisterde, was dat Como uit de werkkamer was geslopen en stilletjes het huis aan het verkennen was. Ik wist ook niet dat Manny een paar minuten eerder naar me toe was gekomen om me iets te vertellen over de container die voor het huis stond, dat hij hoorde dat ik aan het bellen was en weer naar buiten was gegaan. Ik wist ook niet dat hij, of iemand anders van de werklui, de zware schuifdeur niet helemaal dichtgetrokken had, maar op een kier had laten staan. Ook wist ik niet dat de werklui de voordeur uit de scharnieren hadden getild om het naar buiten sjouwen van het puin te vergemakkelijken.

Al snel zou ik op de hoogte zijn van al die cruciale details en zien hoe keurig ze in elkaar pasten, elk detail een noodzakelijk onderdeel in de opeenvolging van gebeurtenissen die op het punt stond in werking te treden. Maar op dat moment staarde ik in het luchtledige en dacht aan niets anders dan aan het volgende telefoontje dat ik zou plegen. Het water kookte. De waterkoker ging met een klik uit. En precies op het moment dat ik mijn beker volschonk, voelde ik narigheid, zo duidelijk alsof iemand een koude hand in mijn nek gelegd had. Ik werd overvallen door een akelig voorgevoel. Het drong tot me door dat ik de deur van de werkkamer had opengelaten. En ik wist dat dat niet slim was.

'Como,' riep ik met mijn zonnigste stem. Kinderlijke hoop borrelde een ogenblik in me op. Als ik hem maar lief genoeg riep, dan zou hij naar me toe komen, dan zou alles goed zijn. 'Como, waar ben je?' kirde ik. 'Kom dan.' Een groot metalen stuk gereedschap kletterde tegen het bad. Iemand vloekte. Iemand lachte. De stem op de radio ratelde maar door over immigratie. 'Como... Como? Hier, Como... Có-mo!' Ik liep terug door de open deur naar de werkkamer en mijn laatste hoop dat ik hem daar zou vinden vervloog. Ik keek onder de tafels in de keuken en de eetkamer en liep naar de woonkamer. Er kwam een vleug frisse, tintelende winterlucht van buiten, door de ontbrekende voordeur en de niet helemaal dichte schuifdeur. Dat was Como's vluchtroute.

Ik trok de schuifdeur verder open en stapte naar buiten om hem te zoeken. Net zoals hij had gedaan tijdens zijn eerste grote ontsnapping, kort nadat we hem gekregen hadden, bleef hij op de stoep voor het huis staan. Deze keer had hij iets aarzelends in zijn blik en houding, iets weemoedigs dat leek aan te geven dat het hem vreselijk speet dat hij zoveel last veroorzaakte, maar dat hij echt geen keuze had. We hadden het huis laten volstromen met lawaai, rommel en mannen. Wat kon hij anders doen dan vluchten?

'Is dat uw hond?' riep Julio, de jongste van de werklieden, naar me vanuit de container waar hij op de versplinterde resten van onze badkamer stond te stampen. 'Ik zal hem wel voor u pakken.' Gekleed in een witte schildersoverall en boven op de berg met puin zag Julio er inderdaad uit als de bouwvakkersversie van de reddende engel. Even dacht ik dat hij ons zou redden door een enorme sprong naar beneden te nemen en Como te grijpen. En dat had hij misschien ook kunnen doen. Maar ik probeerde rationeel te denken en de snelheid van de hond en zijn wantrouwen tegenover mannen in te calculeren. Ik moest dit zelf doen.

'Nee! Niet doen!' gilde ik terug naar Julio, die me een bevreemde blik toewierp. Het kwam misschien door de onverwachte, dringende klank in mijn stem dat hij abrupt stil bleef staan. Maar het was nog waarschijnlijker dat het kwam door wat ik aanhad terwijl ik de situatie vanaf de veranda onder controle probeerde te krijgen; een donkerblauwe ochtendjas en, voor zover hij kon zien, weinig anders.

'Zeker weten, *amigo*? Ik kan goed met honden omgaan.'

'Nee! Niet doen!' herhaalde ik en ik liep op mijn blote voeten de trap af, me voorzichtig een weg banend door de troep van houtsplinters, stukjes linoleum en verdwaalde spijkers en schroeven. Ik zag dat Como nog niet veel verder gelopen was. Hij sloeg het tafereel gade van onder een boom in de tuin van Pam en Cheryl.

'Kom, Como, wat denk je ervan? Zullen we naar binnen gaan? Ik heb nog iets lekkers voor je.' Het was niet echt bewust, maar waarschijnlijk probeerde ik de speelse toon van de werklieden over te nemen om de hond het gevoel te geven dat hij erbij hoorde. Het kwam niet over. Zijn oren gingen een ogenblik verwonderd omhoog voor hij zich omdraaide en naar de hoek van de straat liep.

Het was meer dan een jaar geleden sinds we deze scène gespeeld hadden, maar Como kende zijn zetten nog. Hij liep in westelijke richting, net als hij die ochtend gedaan had toen de barmhartige Samaritaan en zijn muesireep ons te hulp waren geschoten. De hond zag me aankomen, stak Tenth Avenue over en ging harder lopen. Como mocht dan zin hebben in een herhaling, maar ik durfde niet te rekenen op een tweede goddelijke interventie. Het terneergeslagen gevoel dat me thuis overspoeld had, trof me weer, en voor de tweede keer overwoog ik op Julio's aanbod in te gaan. Maar toen ik achteromkeek, was hij al op weg naar de trap om verder te gaan met het slopen van onze badkamer. Ik stond er alleen voor.

Vastbesloten om Como af te snijden en een herhaling van onze oude achtervolging in de kiem te smoren, stak ik onmiddellijk Lawton over en zette het op een rennen om hem aan de andere kant van de straat voor te zijn. Ik hoopte op een zeker moment over te kunnen steken en hem te verrassen. En als dat niet werkte, zou ik hem in ieder geval terug naar huis kunnen loodsen. Ik probeerde niet te denken aan wat ik aanhad – of voornamelijk niet aanhad – terwijl er mensen langs me heen stroomden op weg naar de bushalte en hun werk.

Intussen leek Como bepaald geen haast te hebben. Hij snoof de luchtjes van de stoep op en bleef op een gegeven moment even staan om snel zijn poot op te tillen tegen een stenen steunmuur. Voor we bij Eleventh Avenue kwamen, was ik hem al tientallen meters voor en klaar voor mijn verrassingsaanval. Met het verkeer als dekking schoot ik achter een passerende blauwe vliegveldbus langs om toe te slaan. Como zag me komen: voor ik de stoep bereikt had draaide hij zich met een ruk om en liep snel de andere kant op.

Ik was de schamele illusie dat ik de situatie nog enigszins in de hand had onmiddellijk kwijt. De valstrik had mijn beste kans geleken maar ik was niet eens bij hem in de buurt geweest. 'Como! Como!' Ik schreeuwde: 'Kom terug, Como.' Geen schijn van kans. Hij rende verder naar de hoek van Lawton en Tenth, waar de hond in plaats van over te steken in de richting van het huis (en een mogelijke wonderbaarlijke vangst bij de container door Julio) links afsloeg en heuvelafwaarts in de richting van Kirkham Street liep. Dat was nieuw terrein voor hem, een onbekende straat tijdens het spitsuur, vol mensen en auto's. Ik begon te hollen en mijn blote voeten kletsten over het zanderige trottoir. Als Como mij en mijn gehijg niet kon horen, dan moet hij mijn paniek hebben gevoeld... die de zijne natuurlijk alleen maar aanwakkerde. De kloof tussen ons werd groter. Ik ging harder lopen. Hij keek achterom. Hij ging nog harder lopen.

'Como,' smeekte ik tussen het hijgen door. 'Kom hier.' Ik kon het geluid van mijn eigen stem amper horen. Het was net zo'n droom waarin je om hulp probeert te roepen en er niets anders dan een schorre, verstikte fluistering uit komt.

Een rij identieke rode garagedeuren die me nooit eerder opgevallen waren trok in een waas voorbij. Ik wist met een ondubbelzinnige, afschuwelijke zekerheid dat ik Como niet zou vangen en dat dit niet goed af kon lopen. Terwijl ik de moed opgaf, maar nog steeds zo hard mogelijk rende op voeten die ik amper meer voelde, werd ik getroffen door de absurditeit en onwerkelijkheid van de rode deuren die zich herhaalden. Ik zag mezelf tegen die deuren zoals onbekenden aan de overkant van de straat in hun verstandige werkkleding me moesten zien: een drieënvijftigjarige man in een wapperende ochtendjas, zonder schoenen en met woeste haren die de heuvel af rende achter een onschuldig uitziend hondje aan.

Het moment ging voorbij en mijn hersenen weigerden dienst. Como sloeg Kirkham Street in. Hij rende weer in westelijke richting.

'Help!' gilde ik toen ik achter hem aan de hoek omging en aan het andere eind van de straat mensen mijn kant uit zag komen. De hond bevond zich tussen ons in en rende rechtstreeks op hen af. 'Help me hem vangen. Het is mijn hond.' We begonnen hem vanaf beide kanten in te sluiten, met de gebouwen aan onze zijde en de geparkeerde auto's aan de andere. Iemand – een man, een vrouw, ik kon het niet zeggen – stak de handen naar hem uit. Como schoot ongehinderd de straat op.

De bestuurster van de terreinwagen zag hem niet, kon hem helemaal niet gezien hebben. Ze raakte hem met haar linkervoorwiel. Como slaakte een bloedstollende kreet, spartelde nog even en viel toen op zijn zij. Het was in een oogwenk gebeurd. Hij was dood. Ik wist het. Ik rende op hem af en durfde niet te kijken. Ik had hem onder een auto gejaagd. Hij was dood... of erger, een pijnlijke dood aan het sterven. Dat was gebeurd omdat ik lui en zorgeloos was en bezig met een of ander stom telefoontje. Het was gebeurd omdat Manny of een of andere hersenloze idioot de schuifdeur opengelaten had. Of omdat de hond echt bang voor mij was en ik nog steeds geen manier had weten te vinden om hem me na al die maanden te laten vertrouwen. En hij had gelijk. Kijk maar naar wat ik gedaan had. Ik dacht aan Phoebe en Sally – hun verdriet, hun tranen – en verdrong die gedachte snel. Ik moest me concentreren. Ik moest doen wat nog mogelijk was. Ik moest mijn hoofd erbij houden en me niet verliezen in schuldgevoelens of in het afschuiven van de schuld op anderen.

Como lag op zijn rechterzij op enkele centimeters van het grote, zwarte wiel van de terreinwagen. Op de een of andere manier was de bestuurster erin geslaagd om niet volledig over hem heen te rijden. Of misschien was ze instinctief achteruit gereden en dus twee keer over hem heen gegaan. Of was hij op de een of andere manier tegen het wiel afgeketst. Ik probeerde de logica in te zien van het feit dat hij niet onder het wiel lag, maar een klein stukje erbij vandaan. Iets afstandelijks in me speelde verkeersagent of advocaat tot een ander deel van me, het doodsbange, woedende en radeloze deel, het overnam.

Como bewoog niet, zijn kop lag tegen de straat gedrukt en één oog staarde star als een vissenoog omhoog. Maar hij leefde nog wel; hij ademde zo snel dat zijn zij leek te trillen. Ik legde mijn hand op zijn zij. Bij mijn aanraking sprong hij op en beet me overal – in mijn scheenbeen, mijn ochtendjas, mijn rechterarm, de muis van mijn linkerduim – en zo snel dat ik geen pijn voelde. Als ik al iets voelde, was het een flits van dankbaarheid en opluchting. Zijn zelfbeschermende hondenreflexen waren nog intact. Dat was iets, een strohalm.

Ik moet nog meer hebben gezegd en gedaan terwijl ik op de straat naast hem neerknielde. Andere mensen kwamen naar me toe en boden hun hulp aan, vroegen me of het met me ging, spraken mompelend hun medeleven uit, zeiden dat ze het allemaal hadden zien gebeuren. Iemand belde met haar mobiele telefoon de politie, zoals ik veel later hoorde. Maar ik zag of hoorde er niet veel van. Het enige wat ik wist was dat Como nog ademde. En dat hij nu ook bloedde, op een bizarre manier, op kleine plekjes uit zijn hals en schouder en een plekje bij zijn staart. Er was geen tijd te verliezen, geen tijd om me af te vragen of een dier dat in shock verkeerde vervoerd mocht worden of niet. Ik schoof beide handen onder zijn lijfje en tilde hem op. Hij werd slap en liet me alles doen.

'Heeft u een auto?' vroeg ik aan het eerste gezicht dat ik zag, een vrouw die vlakbij over me heen gebogen stond. Ze knikte en nam me mee naar de passagierskant van de terreinwagen. Pas toen ze om de auto heen liep en achter het stuur ging zitten, snapte ik het: ze was de bestuurster. We zaten in de auto die Como aangereden had. De hond lag op mijn schoot, roerloos op mijn blote benen. Hij voelde heel warm aan.

'Het spijt me zo verschrikkelijk. Ik heb hem niet eens gezien. Hij vloog zo de straat op.'

Ik kon haar niet aankijken. 'De dierenarts in Ninth Avenue,' zei ik. 'Net om de hoek van Lincoln.' Ze startte de auto en we spoten weg terwijl ze zich bleef verontschuldigen. 'Het is goed,' zei ik op neutrale toon; ik wilde de rest van de korte rit naar de dierenarts alleen maar stilte, wilde het ritje zo kort mogelijk laten duren. Toen hoorde ik, of drong er eindelijk tot me door – een klein stemmetje achter uit de auto.

'Waar is het hondje? Wat is er met hem gebeurd?'

'Hij is hier, schatje. Hij ligt bij de meneer op schoot.'

'Waarom?'

'Omdat hij naar de hondendokter moet.'

'Waarom?'

We reden Lincoln in. Como had zich niet verroerd en het kind in zijn zitje achter ons wilde alles weten wat er was gebeurd en wat er verder zou gebeuren. We waren een halve straat van de dierenarts verwijderd. Eindelijk keek ik naar de vrouw die Como aangereden had en die nu alles deed wat ze kon om ons te helpen. Dit was voor haar ook vreselijk. Haar gezicht stond strak. Ze zat voorovergebogen en hield het stuur omklemd, terwijl ze in gedachten de auto's voor haar aanspoorde om harder, harder, harder te gaan, om ons door te laten. Ik had haar dit aangedaan. Maar ik was te bang, te bezorgd, voelde me te schuldig om dat te erkennen.

'Hier is het,' zei ik toen we Ninth in reden. Ik glipte uit de auto met de hond in mijn armen. Ik had mijn veiligheidsgordel niet eens omgedaan. Ik had haar niet eens bedankt of haar naam gevraagd. Terwijl ik het portier dichtsloeg stelde het jongetje achterin nog een vraag.

Ik duwde de deur van de dierenartsenpraktijk met mijn heup open terwijl ik Como zo stil mogelijk voor me hield. 'Hij is net aangereden,' verkondigde ik en ik verwachtte dat de vrouw achter de balie meteen op zou springen. Ze bleef zitten.
'Is uw hond patiënt hier?' vroeg ze. 'Hoe heet de hond?'
'Ja. Wat doet dat ertoe? Hij is aangereden.'
Nu had ik ieders aandacht, waaronder die van twee klanten die in een tijdschrift aan het bladeren waren terwijl hun hond gehoorzaam onder een stoel lag. Ik haatte ze allebei omdat ze vóór mij waren, omdat hun hond gezond was, omdat ze van hun tijdschrift opkeken en me rustig gadesloegen. Een vrouwelijke dierenarts in een witte jas verscheen in de wachtkamer en nam me mee achter de balie. De receptioniste hield haar hoofd over een paar dossiers op haar bureau gebogen.
'Hierheen,' instrueerde de dokter me. 'Leg hem hier maar op de tafel.' Ze pakte me bij de elleboog en liet me zien waar ze bedoelde. Zodra ik Como neergelegd had en hem losliet, stroomde de angst die ik onderdrukt had eruit.
'Hij gaat dood. O god, hij gaat dood.' Er welde een snik op in mijn keel. Ik zoog de lucht naar binnen. 'Hij is aangereden door een auto. Hij is overreden. Kijk... Hij bloedt aan alle kanten.' Ik zag dat de dokter niet goed wist voor wie ze eerst moest zorgen; voor mij of voor de hond. 'Het gaat wel,' verzekerde ik haar terwijl ik mijn handen opstak en mijn schouders rechtte om het te bewijzen. 'Het gaat wel, het gaat wel, het gaat wel.' Ik haalde weer diep adem. Een andere dierenarts die de commotie gehoord moest hebben, kwam de spreekkamer binnen om een handje te helpen. Ze waren allebei blond. De tweede wierp een tersluikse blik op mijn ochtendjas en blote voeten.
'Vertel me eens hoe hij heet,' zei de eerste dokter, die haar techniek om een gek te kalmeren door hem recht in de ogen te kijken op mij toepaste. De ander boog zich over Como heen. Het leek doktertje-met-verlos. Ik vertelde haar de naam van de hond en probeerde me lang te maken om te zien wat er op de tafel ge-

beurde. Blonde dokter twee ging vriendelijk maar ferm voor me staan. 'U kunt het beste buiten wachten. We hebben alles onder controle. Zou u buiten willen wachten?'

Ik ging. Ik wilde niet. Ik wilde Como niet alleen achterlaten bij die twee blondjes die hij niet kende. Of misschien kende hij ze wel. Sally kwam hier met Como voor zijn afspraken. Ik was welgeteld één keer in deze praktijk geweest. Er zat nu niets anders voor me op dan ijsberen. Ik wilde niet dat hij dood zou gaan terwijl ik hierbuiten was. Ik kon dit niet uitstaan, maar ik kon niets anders. Dus ijsbeerde ik.

Ik liep de andere onderzoekkamer binnen waar blonde dokter twee waarschijnlijk was toen ze me binnen hoorde komen en keek naar de kille, witte tafel en alle apparatuur en glazen potjes en dichte kastdeurtjes. Ik kwam weer naar buiten en zwierf door de gang en vervolgens door de wachtkamer waar iedereen me geforceerd negeerde. Ik liep terug naar de kamer waar Como was en dwong mezelf de deur niet open te gooien. Ik ijsbeerde over het linoleum – zacht aan mijn voeten na het trottoir – en vroeg me af waarom de muur bij de receptiebalie onder de rode stipjes zat, met nog meer vlekjes en strepen op de vloer.

Wat was dit voor zwijnenstal? Konden ze de boel niet eens schoonhouden? En waarom hadden ze trouwens bij de receptie zo'n ontzettend irritant tafelfonteintje dat er vrolijk op los borrelde? Dachten ze nou heus dat je iemand van wie het huisdier ziek of stervende was daar rustig mee kreeg? Ik ijsbeerde de wachtkamer weer binnen, terug naar de openstaande onderzoekkamer, heen en weer en heen en weer. Ik kwam tijdens het ijsberen de receptioniste tegen die me een handvol gaas toestak.

'Weet u wel dat u bloedt?' vroeg ze. 'Gaat het?'

Ik keek naar de plek op mijn hand waar Como me te pakken gekregen had. Er zat een veeg bloed en het wondje was nog open. Evenals het wondje aan mijn scheenbeen. Die rode vlekjes op de muur en de vloer waren van mij. Ik liet een spoor achter en daar liep ik op mijn rondjes telkens weer door. 'O... ja,' mompelde ik en ik zocht een wastafel om daar het bloed op te deppen. Daar stond ik, om me heen kijkend naar een prullenbak om het bebloede gaas weg te gooien, toen dokter twee naar buiten kwam met haar eerste verslag.

'Como is onder narcose en stabiel,' zei ze. 'Hij ligt aan een infuus en slaapt rustig. Het goede nieuws is dat we niet onmiddellijke grote inwendige schade hebben kunnen vinden. Dat is al tamelijk verbazend als je ziet wat hij meegemaakt heeft.'

'Maar...' zei ik, nieuwsgierig naar de rest van het verhaal.

'We weten het niet. We willen een röntgenfoto maken om te zien wat er verder aan de hand kan zijn.'

'Wat denkt u?' drong ik aan. 'Gaat hij het redden?'

'Meneer Winn,' zei ze. 'Alles op zijn tijd. Hij is stabiel. Hij ligt aan een infuus.'

'En al dat bloed dan?' vroeg ik.

'Inwendig? Dat weten we nog niet.'

'Nee. Het bloed aan zijn hals en borst en overal.'

Nummer twee keek een ogenblik verwonderd. 'O, dat. Dat was zo weg en we konden verder geen wondjes vinden. We weten niet goed wat dat was.'

Ik wist wel wat het was. Het was mijn eigen bloed, dat ik blijkbaar op hem gesmeerd had toen hij me gebeten had, waarmee ik de hele praktijk onder gespetterd had en ongetwijfeld ook de voorstoel van de terreinwagen. 'Ik wil hem zien,' zei ik tegen de dokter terwijl ik een natgemaakt papieren handdoekje om mijn duim wond om verdere spetters te voorkomen.

'Toe,' zei ze streng, en ze duwde me in de richting van de wachtkamer. 'Laat ons ons werk doen. Zodra er nieuws is, laten we het u weten.'

Deze keer stelde ik me gedwee op en liet me op een bank bij het raam ploffen. Ik kon Sally, die les had, met geen mogelijkheid bereiken en ik was zeker niet van plan om Phoebe op school te bellen en haar te laten schrikken. De gedachten tolden door mijn hoofd, zoals ze de hele ochtend al deden, maar nu konden ze geen kant meer op. De deur naast me ging open en een vrouw droeg een grote, grijze kat naar binnen. De telefoon ging. Het fonteintje gorgelde. Een van de twee mensen die in de wachtkamer hadden gezeten toen ik aankwam, kwam naar buiten om de rekening te betalen. Iemand anders kwam binnen om een fles aloë-verashampoo voor zijn dwergkees te kopen.

Het normale, doorsnee leven van dierenbezitters stroomde langs me heen terwijl ik roerloos en met een niets ziende blik in mijn ogen mijn ondergoed aan de kattendame tegenover me zat te showen. Dat merkte ik ten slotte, ik stond op om de ceintuur van mijn ochtendjas vast te knopen en ging weer zitten. Ik besefte, met een vreemde, onbewogen afstandelijkheid dat ik me niet één keer gegeneerd had voor de manier waarop ik eruitzag. Ik bleef Como maar voor me zien... onder de boom voor het huis van Pam en Cheryl... met zijn staart in de lucht voor me uit de heuvel af... bewegingloos midden op straat in Kirkham Street, zijn bruine kraaloog omhoog starend.

'Meneer Winn?' Dokter een wenkte me. Ik volgde haar een kamertje in dat me niet opgevallen was toen ik aan het ijsberen was. Ze hing een röntgenfoto voor een lichtbak en deed het tl-licht aan het plafond uit. Het was net alsof er bijna een film begon, een film die ik dolgraag wilde zien, maar waar ik ook bang voor was. 'Hier,' zei nummer een, 'ziet u op verschillende plaatsen breuken.' Haar hand gleed over het spookachtig bruine beeld en wees hier en daar. Ik kwam dichter bij het scherm staan. We keken naar Como's bekken dat op drie en mogelijk vier plaatsen gebroken was. Wat een smal, maar stevig kastje van botten moest zijn, zag eruit als een spelletje mikado, waarvan de stokjes schots en scheef lagen.

'Wat wil dat zeggen?' vroeg ik. 'Gaat hij dood? Zal hij ooit nog kunnen lopen?'

De dokter probeerde geen het-komt-allemaal-wel-goed-verhaaltje op te hangen. 'Ik weet het niet,' zei ze. 'Echt niet. Hij verkeert niet in levensgevaar, voor zover we weten, maar hij moet wel geopereerd worden. En dat kunnen we hier niet doen.' Ze noemde een kliniek aan de andere kant van de stad die gespecialiseerd was in gecompliceerde operaties en beval die van harte aan. Toen zei ze dat ik over de opties en verwachtingen moest nadenken. 'En over de kosten,' voegde ze eraan toe. 'Het is natuurlijk een persoonlijke beslissing.' De keuze die ze bood was om Como te laten inslapen in plaats van hem te behandelen.

Ik bedankte haar en vroeg of ik hem mocht zien. Ze zette de lichtbak uit en nam me mee door het doolhof. De hond zag me vanaf de andere kant van het kamertje en hief zijn kop. Ze hadden hem in een kleine kooi gelegd, die gevoerd was met een deken en verwarmd werd door een kleine hoogtezon. Hij lag op zijn buik en er staken verscheidene slangetjes uit hem. Hij zag er verrassend goed uit. Ik raakte zijn koele neus aan en zei dat het me speet en dat hij niet dood moest gaan. Toen draaide ik me om en liet hem daar achter. Het drong pas later tot me door dat hij in een kooi opgesloten lag en dat hij deze keer eens niet probeerde eruit te komen.

Ik bracht het daaropvolgende uur in een achterafkantoortje door, waar ik ons huisnummer steeds weer probeerde te bellen tot Sally eindelijk opnam. Ik vertelde haar wat er gebeurd was en waar ik was en vroeg of ze me wilde komen ophalen. Ze was er in minder dan vijf minuten. Zodra ze binnenstapte, wist ik dat ze het zou overnemen. Ze was keurig gekleed. Ze was de hele ochtend op haar werk en in de echte wereld geweest in plaats van blootsvoets en halfnaakt rond te rennen en de hele buurt onder te spetteren met bloed. Ze streek mijn haar glad en trok de panden van mijn ochtendjas naar elkaar toe.

'Welke dokter is het?' vroeg ze. 'Hoe heet ze?'

'Het zijn er twee,' zei ik. 'Ik weet niet hoe ze heten. Ze zijn allebei blond.'

Sally zei dat ik weer moest gaan zitten. Ze liep naar de balie, waar nummer een naar haar toe kwam en haar meenam om bij Como te gaan kijken. Ze bleven tamelijk lang weg. Er kwamen nog meer honden en katten en een papegaai binnen voor een afspraak. Toen Sally naar buiten kwam, liepen nummer een en zij te praten en te knikken. Ze keken een keer naar me en glimlachten. Alsof ik zelf de patiënt was die in een ziekenhuishemd van eigen ontwerp zat te wachten op een of ander onderzoek. De dokter kwam naar me toe en keek me weer op zo'n rechtstreekse manier aan.

'Ik zou maar naar huis gaan,' zei ze. 'Sally brengt je wel. Voorlopig gaat het goed met Como. Maak je geen zorgen. Ga lekker naar huis en rust wat uit.'

Ik knikte en ging weer zitten terwijl ze naar de balie liepen, ik nam aan om nog meer bijzonderheden en papieren door te nemen. Ze leken wel oude vriendinnen, zoals ze met elkaar liepen te kletsen. Ik voelde me doodongelukkig, leeg en te erg overmand door schuldgevoelens om kwaad te kunnen worden op de bouwvakkers omdat ze de schuifdier opengelaten hadden. Mijn hand, merkte ik eindelijk, klopte en mijn scheenbeen begon pijn te doen.

Er was nog één laatste kwestie die besproken moest worden voor we Como bij de dierenarts achterlieten en weggingen om te beslissen wat we zouden doen. Om het absoluut veilig aan te pakken en geen risico te nemen, vertelde nummer een ons, moesten we overwegen om Como per dierenambulance naar de operatiekliniek aan de andere kant van de stad te laten vervoeren. Daar had ik nog nooit van gehoord en ik vroeg wat het kostte. Het was geen leuk bedrag, maar voor het eerst die dag lachte ik.

13

De stad door

Het was bijna één uur toen we eindelijk bij de dierenarts vandaan gingen. Op de trottoirs wemelde het van de mensen die op weg waren van of naar hun lunch, mensen die tussen de middag snel even boodschappen aan het doen waren of op weg waren naar het Golden Gate Park om van het kristalheldere januarizonlicht te genieten. Het leek surrealistisch om me te midden van de normale bedrijvigheid van de lunchpauze in onze buurt te bevinden en ik denk dat ik een beetje treuzelde om het in me op te nemen. Toen ik me omdraaide om iets tegen Sally te zeggen, liep ze op de stoep tien meter voor me uit.

'Hé, schaam je je soms om met mij gezien te worden?' vroeg ik toen ik haar bij de hoek ingehaald had.

Terwijl we wachtten tot het licht op groen sprong keek ze naar mijn voeten met hun niet zo fraaie teennagels en beet op haar lip om een glimlach te onderdrukken. 'Heb je toevallig vandaag nog in de spiegel gekeken?'

Ze vroeg me nog iets anders, dat ik niet eens probeerde op te vangen. Al mijn zelfrespect en de zelfrechtvaardiging over de gebeurtenissen waaraan ik me die ochtend vastgeklampt had, waren allang verdampt. Ik wist dat ik voor gek liep en voelde het nu zelf ook, nu er geen vluchtende of platgereden hond was om mijn ontbijttenue te rechtvaardigen. Ik had ook het gevoel dat ik zo'n beetje alles fout gedaan had wat ik fout kon doen: Como uit de werkkamer laten ontsnappen, de behendige Julio niet de kans geven om hem te vangen, de hond terug naar huis jagen en vervolgens door Tenth Avenue tegen het verkeer in, hem dwingen de straat op te gaan doordat ik anderen te hulp riep. Als Como doodging – en niemand had gezegd dat hij het zeker zou overleven – dan zou het mijn schuld zijn.

'Weet je,' zei ik toen het licht op groen sprong, 'ik wil nu echt gewoon naar huis.'

'Dat weet ik, lieverd,' zei ze en ze kneep me in mijn niet-bebloede hand. 'Het moet vreselijk zijn geweest. Ik weet niet of ik anders gereageerd zou hebben. Je hebt het fantastisch gedaan.' We wisten dat het niet waar was, maar het was lief van haar om te zeggen. Ze liep de rest van de weg naar de auto loyaal naast me.

De voordeur hing weer in de scharnieren en de bouwvakkers, die óf aan het schaften waren óf zich na de ontsnapping van de hond verstopt hielden, waren nergens te bekennen. Ik ging naar boven naar de andere niet-gesloopte badkamer en gooide onderweg mijn bebloede en in de strijd gehavende ochtendjas in de wasmand. Toen ik onder de douche vandaan kwam, vertelde Sally me dat de dierenarts gezegd had dat Como nog steeds stabiel was en dat er afspraken gemaakt waren om hem later die middag naar de kliniek te vervoeren. 'We kunnen Phoebe van school halen en het haar vertellen,' zei ze. 'Dan kunnen we er met zijn allen rechtstreeks naartoe rijden. De tijden komen zo'n beetje overeen.'

Toen ik door de dierenartsenpraktijk liep te ijsberen had ik vaak aan Phoebe gedacht. Ik kon het bijna niet verdragen om me voor te stellen hoe ze zou kijken als we haar moesten vertellen dat haar hond aangereden en overleden was, of zou overlijden of niet meer zou kunnen lopen of op haar bed springen terwijl ze haar huiswerk aan het maken was. Nu zag het ernaar uit dat we haar moesten vertellen dat we niet wisten wat er zou gebeuren. We zouden het met zijn drieën moeten doorstaan, wat het ook was.

Nadat ik het opgedroogde bloed onder de douche afgespoeld had, zag ik dat twee van de plekken waar Como me gebeten had nog steeds een beetje bloedden. Sally stond erop dat ik ernaar zou laten kijken. Ik stemde in, voornamelijk om iets anders te doen te hebben dan de daaropvolgende uren te lopen piekeren en tobben, en ik verzekerde haar ervan dat ik volkomen in staat was om zelf te rijden. Onderweg naar het medisch centrum zapte ik langs de radiozenders tot ik iets hoorde waarvan ik bijna midden in het verkeer stil bleef staan. Het was een van die momenten waarop zich te midden van een crisis opeens iets opvallends aandient: omdat je uiterst gespannen bent, zie je iets, hoor je iets, valt je iets op wat specifiek, zelfs uitsluitend, voor jou bestemd lijkt.

Er werd een openhartige vrouw met een schorre stem van wie ik de naam niet opving, geïnterviewd door Terry Gross van het NPR-programma *Fresh Air*. Toen ik afstemde, had ze het over de associaties en 'angstherinneringen' die een paard kon krijgen als hij door een man met een zwarte hoed mishandeld werd. Dat hoefde niet automatisch een angst voor zwarte hoeden te worden. Toen zei de vrouw, die de bekende dierendeskundige en schrijfster Temple Grandin bleek te zijn, het volgende: '... of een hond die door een auto aangereden was. Je zou verwachten dat de hond bang zou zijn voor de auto. Nee, hij was bang voor hetgene waar hij naar staarde op het moment dat hij aangereden werd.'

Ik weet niet zeker of ik er tot die tijd bewust over nagedacht had, naast alle andere dingen die die dag door mijn hoofd maalden, maar er zeurde waarschijnlijk al sinds het moment van het ongeluk een hele rits angstige vragen door mijn hoofd: hoe zou Como dit alles als hij het overleefde zich herinneren? Wat voor soort onuitwisbare film zou er door zijn kop spelen? Zou hij mij zien als degene die er op de een of andere manier voor gezorgd had dat de terreinwagen uit het niets kwam opdoemen om hem te overrijden, waardoor ik voortdurend in zijn geheugen geprent zou staan als het gevaarlijke en griezelig onbetrouwbare sujet in zijn omgeving dat koste wat kost gemeden moest worden? Konden de achtervolgingsscène en de afschuwelijke climax ervan in zijn geheugen geprent staan als een grimmig drama voor twee personen, een nachtmerrieachtige herhaling van de afschuwelijke dingen die de een of andere man hem in het verleden aangedaan had waar hij nooit meer van los zou komen?

Of misschien, heel misschien, zoals die vrouw op de radio me leek toe te vertrouwen, werkte de dierengeest niet noodzakelijkerwijs op die manier. Het kon zijn dat Como, toen hij daar eenmaal op straat lag, met dat grote zwarte wiel naast hem, me helemaal vergeten was, me losgemaakt had van elke link van oorzaak en gevolg. Misschien associeerde hij mij niet met die afschuwelijke pijn die hij voelde, maar datgene waar zijn oog op dat moment toevallig op viel: de stoeprand aan de andere kant van Kirkham Street, de glimmend chromen grille van de terreinwagen of de band zelf met zijn zigzagprofiel.

Het was niet normaal dat ik mezelf van elke blaam wilde zuiveren. Ik wist wat ik had gedaan en verzuimd had te doen en daar voelde ik me behoorlijk schuldig over. Dat zou niet veranderen; het zou eerlijk gezegd nog veel erger kunnen worden. Maar blijkbaar koesterde ik toch een sprankje hoop. Dat begon toen Como niet ter plekke overleden was. Vervolgens, toen Blondje een en Blondje twee in hun spreekkamer kans zagen hem in leven te houden, wakkerde het nog wat aan. En terwijl ik met een royale bocht Masonic Avenue in reed en het zonlicht speels van de motorkap van de auto weerkaatste, overviel me een nieuw gevoel van hoop. Como zou me, als hij het haalde, niet de schuld geven of me in de ban doen vanwege wat er gebeurd was. We zouden misschien toch nog een weg naar elkaar vinden. Als... Als... Als hij het haalde.

Ze kwamen in het interview in *Fresh Air* weer terug op paarden en zwarte hoeden. En toen, net voor ik de parkeergarage van het medisch centrum binnendraaide, sprak Temple Grandin me nogmaals toe. Een hond kon bang zijn voor Nike-sportschoenen, overpeinsde ze, 'als hij die zag terwijl iemand hem sloeg.' Die zwarte schoenen van me waar Como op een dag zo van geschrokken was; dat was de verklaring. Zodra ik ze had aangetrokken, was ik in een of ander kostuumdrama gestapt dat lang voordat hij en ik elkaar ontmoet hadden al voor hem geschreven en uitgebeeld was.

'Je kunt ze ongevoeliger maken, maar je kunt de angstherinnering nooit uitwissen,' zei Grandin tegen Terry Gross. 'De natuur zorgt ervoor dat het niet vergeten wordt. Je kunt hooguit het bestand achter slot en grendel stoppen.'

Het parkeerapparaat spuwde mijn kaartje voor de garage uit. Ik reed naar beneden, nam de lift naar de derde verdieping en wachtte tot ik aan de beurt was. Dokter Palacios keek even naar de beten in mijn scheenbeen en arm en besteedde wat meer tijd aan mijn linkerhand. Hij bewoog de huid onderaan mijn duim heen en weer en vroeg of het pijn deed.

'Weet je, dat weet ik eigenlijk niet,' zei ik. 'Ik denk dat ik nog steeds een beetje in een shocktoestand verkeer.' Ik vertelde hem in het kort over het ongeluk.

'Is dat dezelfde hond die mogelijk iets te maken had met die uitslag van vorig jaar?' vroeg hij terwijl hij naar mijn gegevens op het computerscherm tuurde.

'Zelfde hond,' zei ik.

'En weet je zeker dat hij bij is, met al zijn inentingen?'

'Ik dacht het wel. Maar hij is nog steeds bij de dierenarts, dus dat kunnen we even vragen.'

Dokter Palacios zei dat ik de wondjes schoon moest houden en zoveel mogelijk aan de lucht moest blootstellen en ook dat ik terug moest komen als Como's inentingen verjaard waren. Hij leek ervan overtuigd dat er niets was om me zorgen over te maken. 'Ik hoop dat je ook nog een hoop plezier hebt met die hond van je,' zei hij toen ik opstond om weg te gaan, 'want hij zorgt wel voor een hoop problemen.'

Een uur of wat later reden Sally en ik op weg naar Phoebes school langs de dierenarts. De dierenambulance, een met vloeiende lijnen beschilderde bestelwagen, stond voor. Ik wilde stoppen en me ervan vergewissen dat alles in orde was.

'Het is in orde,' zei Sally terwijl ze me op mijn bovenbeen klopte en doorreed. 'Daarom staat de ambulance hier, precies op de afgesproken tijd.' Het leek duidelijk dat we voortaan op haar oordeel zouden vertrouwen in plaats van op het mijne. Ze parkeerde de auto anderhalve straat van de school en we liepen met zijn tweeën de heuvel op.

'Wat is er? Wat is er gebeurd?' vroeg Phoebe zodra ze ons zag. Het feit dat we met zijn tweeën op het schoolplein verschenen was al voldoende om haar argwaan te wekken. Waarschijnlijk wakkerde mijn gezicht haar ongerustheid nog aan. 'Is er iets met oma?' vroeg ze me. 'Is alles in orde?'

'Met oma gaat het prima,' zei ik, opgelucht dat ik eerst nog een beetje goed-eigenlijk-geen-nieuws over mijn kwakkelende moeder kon melden. 'Er is vanochtend een ongeluk gebeurd,' begon ik, niet wetend wat ik verder moest zeggen. 'Met Como.'

'Is hij dood?' onderbrak Phoebe me.

'Nee, schat,' zei Sally. 'Hij is op weg naar een heel goede dierenkliniek waar hij aan zijn bekken geopereerd moet worden. Hij is aangereden door een auto.'

'Ik wil erheen,' zei Phoebe en ze liep het schoolplein af. Een van haar vriendinnen riep haar. Phoebe gaf geen antwoord en keek niet op. Ze was op een missie. Ze had een doel. Ze moest bij haar hond zijn.

We reden grotendeels zwijgend naar de kliniek, die zich in een pakhuizenbuurt tussen het Mission District en Potrero Hill bevond. Phoebe zat op de achterbank zachtjes te jammeren, maar ze vroeg verder niets meer over het ongeluk of over wat de dierenarts tegen ons gezegd had. In één opzicht was ik daar dankbaar voor: ik hoefde geen verklaring voor mijn gedrag af te leggen en weer op de bijzonderheden in te gaan. Maar ik maakte me ook een beetje zorgen. Was het niet beter om zo'n gebeurtenis op een moment als dit met een kind te bespreken en haar te laten vertellen wat ze dacht en voelde? Ik keek even naar Sally en besefte onmiddellijk dat zij daar helemaal niet aan gedacht had. Zwijgzaamheid was een natuurlijk, zelfs benijdenswaardig, trekje van haar kant van de familie. Het gaf je de ruimte om na te denken en dingen te laten bezinken. Mijn familie hield nooit eens hun mond, had ze meer dan eens opgemerkt. We vonden de kliniek en parkeerden om de hoek bij de hoofdingang.

Toen we op de balie af liepen, een indrukwekkende houten vorm die eruitzag als de glimmende romp van een schip, zat de receptioniste te bellen. Tegen een kale stenen muur achter haar verhieven zich stapels met dossiers. Mannen en vrouwen van wie ik aannam dat ze dokters waren, velen van hen gekleed in blauwe of groene operatiekleding, kwamen en gingen door een deur die blijkbaar naar de onderzoek- en operatiekamers aan de andere kant van de ruimte leidde. Het personeel zag er jong en energiek uit: toegewijd aan hun werk. Ze hadden de cast van een populair medisch programma op tv kunnen vormen. De telefoons gingen over. Er kwamen meer mensen binnen en die gingen met hun honden en katten naast ons staan. Het was er bedrijvig en tegelijkertijd rustgevend, doordat alle activiteiten vloeiend verliepen en doordat de grote open ruimte duidelijk geprofiteerd had van de diensten van een binnenhuisarchitect.

'En van wie bent u de familie?' vroeg de receptioniste met een vriendelijke glimlach toen de telefoons eindelijk zwegen.

'Van Como,' zei Phoebe, die de vraag sneller begreep dan ik.

'O ja. We verwachten hem elk moment,' zei de vrouw. 'Gaat u gerust zitten.' We installeerden ons op twee mooie, gestreepte banken in de nis die de wachtruimte vormde.

Ik was een beetje verbaasd dat de ambulance niet eerder gearriveerd was dan wij. Hij stond al voor de dierenartsenpraktijk geparkeerd toen we langsreden op weg naar Phoebes school. Dat was bijna drie kwartier geleden. Nog eens een kwartier verstreek. En nog een. Ik liep naar de receptioniste om te vragen of ze al iets over Como gehoord had. Ze haalde haar schouders op met een breed, meelevend gebaar en verontschuldigde zich toen om iets achter in de ruimte te doen.

Toen de ambulance eindelijk voor de deur stopte, stond ik toevallig in de deuropening naar de straat te kijken. De chauffeur en zijn assistent namen de tijd om het achterportier open te doen en Como op de brancard te leggen. Ze bonkten de voordeuren open en liepen rechtstreeks naar de balie, waar papieren uitgewisseld werden. Sally en Phoebe waren naar Como gaan kijken, die op een gegeven moment zijn kop hief en om zich heen keek, waarna hij snel mee naar achteren genomen werd door twee mensen in operatiekleding. Ik bleef bij de balie rondhangen om de ambulancebroeders af te luisteren.

'We zouden hier verdomme een stuk eerder geweest zijn als we geweten hadden waar we moesten zijn,' zei de chauffeur.

'Ja, tegen de tijd dat we daarachter waren, moesten we links van Valencia afslaan wat niet mocht, om zo snel mogelijk hierheen te komen,' zei zijn metgezel. 'Wat is het precieze adres trouwens?'

Ik moest me inhouden om de factuur niet uit de handen van de receptioniste te grissen en korting te eisen wegens incompetentie van de ambulancebroeders. Ik liep weg terwijl ik mezelf voorhield dat we alles moesten doen wat we konden om ons ervan te verzekeren dat Como de best mogelijke zorg kreeg. De almachtige mensen van de receptie tegen ons in het harnas jagen zou niet zo slim zijn. Ik liep terug en ging tussen Phoebe en Sally in zitten wachten.

De dokter die een uur later de wachtruimte kwam binnengelopen, was een imposante figuur. Hij was lang, had vierkante kaken en was zeer gespierd; de korte mouwen van zijn groene hemd spanden om zijn bovenarmen. Hij vertelde ons hoe hij heette en gaf ons snel een stevige hand. Toen gaf dokter Watt ons met een zwaar Australisch accent een uiteenzetting van Como's toestand en legde ons een behandelplan voor. Hij begon met het goede nieuws: er was geen orgaanschade en, omdat Como blijkbaar kans zag zijn pootjes een beetje te bewegen, ook geen aanzienlijke schade aan de zenuwen. De breuken van het bekken waren ernstig, maar te repareren.

Toen kwam het voorbehoud: Como had door het ongeluk waarschijnlijk een shock opgelopen en zijn vitale functies waren naar een heel laag punt gezakt (waarschijnlijk tijdens die slome ambulancerit, dacht ik woedend). Wat dokter Watt ons vertelde, zonder het met zoveel woorden te zeggen, was dat we nog lang niet uit de gevarenzone waren. Toch hoopte hij Como voor de volgende ochtend helemaal stabiel te hebben en de operatie dan uit te voeren. Sally, Phoebe en ik wierpen elkaar snel een opgeluchte blik toe en richtten onze aandacht toen weer op de dokter om ons ervan te vergewissen dat we alle reden hadden om hoop te koesteren.

'Hij is vast een braaf patiëntje,' ging onze reddende engel van Down Under verder, waarna hij zich met een snelle knik van vrijblijvende geruststelling verontschuldigde.

Toen hij weg was pakten we elkaars hand. Ik kneep bijna net zo hard in die van Phoebe als de dokter in de mijne had gedaan. 'Au,' zei Phoebe grijnzend en ze keek over mijn schouder in de richting waarin dokter Watt verdwenen was. Sally had onze dochter van dertienenhalf onmiddellijk door.

'Hij ís ook gruwelijk knap,' beaamde ze. Phoebe wendde blozend haar gezicht af. Ze zat nu in het laatste jaar van de onderbouw en was al bijna drie centimeter langer dan haar moeder. Ze zou aan het eind van het kalenderjaar naar de bovenbouw gaan. Ik kreeg ineens zo'n duizeligmakend gevoel dat de tijd steeds sneller ging en tussen mijn vingers door glipte. Het was in alle opzichten een hogesnelheidsdag geweest.

'Vind je het niet net iets belangrijker dat hij een goede chirurg is?' zei ik en ik vond mezelf net zo benepen klinken als het voor Phoebe moet hebben geklonken. 'Laten we in ieder geval maar naar huis gaan en wat gaan eten.'

Omdat Como verdoofd was, had dokter Watt ons verteld, was er geen reden waarom we hem nog voor de operatie de volgende ochtend zouden zien. We waren bezig onze jas aan te trekken toen een van de vrouwen van de receptie met een klembord in haar hand naar ons toe kwam. Er lag een 'taxatie van diensten' op die we vooruit dienden te betalen. Ik liet mijn blik gaan over een schrikwekkend lange lijst met, onder andere, toediening transfusie ($35), chirurgische verbruiksgoederen ($200), fentanylpleisters (Durogesic) 25 mcg ($48), metacam 32 ml fles ($58) en milieubelasting ($4).

'Moet je dat zien,' grapte ik, en ik wees naar het laatste regeltje. 'Dat is een koopje. Vier dollar voor het milieu.'

'Dat is niet leuk, pap,' deelde Phoebe me mee. Sally en zij liepen naar de auto terwijl ik achterbleef om de aanslag op onze creditcard in gang te zetten. We reden naar huis via Castro en door Eighteenth Street, met de antennes van de Sutro-radiotoren op Twin Peaks boven ons als de stalen masten van een schip. Het was een geruststellend gezicht, die twinkelende lichtbakens daar hoog in de lucht.

Na het eten gingen Phoebe en ik naar de uitreiking van een schrijversprijs aan haar peetmoeder, Jean, in het supermoderne nieuwe Joodse gemeenschapshuis in California Street. Ik was blij dat we gingen, niet alleen om Jeans grootse moment te delen, maar ook om in ieder geval heel even aan iets anders te denken dan aan Como. Sally bleef thuis om eventuele telefoontjes van het dierenziekenhuis op te wachten. Zodra de plechtigheid voorbij was, wilde Phoebe bellen om te vragen hoe het met haar hond was. We moesten enkele minuten wachten voor er iemand aan de telefoon kwam die zei dat er geen verandering was. Onder het mom van huiswerk vroeg Phoebe of we naar huis konden gaan in plaats van ergens feest te gaan vieren met Jean. Als goede vriendin van de familie, en daarom ook van de hond, begreep ze het.

'Ik zal morgen aan hem denken, Phoebity Phawb,' zei Jean, met een van haar vele liefdevolle verbasteringen van de naam van haar petekind. 'Ga maar lekker slapen.'

Dat bleek heel wat gemakkelijker gezegd dan gedaan. Met onze gedachten aan waar Como nu was en wat hem de volgende dag te wachten stond, viel het ons allemaal zwaar om tot rust te komen. Phoebe kwam even na middernacht onze slaapkamer binnen en zei dat ze niet kon slapen zonder Como op haar voeteneind. Sally stelde voor dat ze Dakta, haar geliefde huskyknuffel, op zijn plaats zou neerzetten. Dat, of misschien was het gewoon collectieve uitputting, hielp ten slotte.

Woensdag was voor Sally en Phoebe een schooldag. Ik vroeg vrij van mijn werk om in het dierenziekenhuis te kunnen rondhangen. Manny en zijn mannen waren er nog niet toen ik rond tien uur van huis wegging. Ik wierp een blik in het troosteloze, keurig aangeveegde omhulsel van onze badkamer en wilde dat we nooit besloten hadden om hem te renoveren. Wat was er mis met onze oude bruin-gele tegels en met de handdoekenrekken die half uit de muur hingen? Ik dacht met weemoed aan ons bijna poreuze douchegordijn dat nu waarschijnlijk verfrommeld in de container voor het huis lag.

Tussen de middag, toen ik naar buiten ging om de auto te verzetten, die op het parkeerterrein bij het ziekenhuis stond waar je maar een uur mocht staan, en om een taco te kopen bij de wagen aan de overkant van de straat, was er nog steeds geen nieuws van Como. De weinige informatie die ik wist los te peuteren aan de scheepsrompbalie was iets in de trant van 'een kwestie van afwachten'. Alleen door net te doen of ik wat mededelingen stond te lezen die aan een muur hingen, kwam ik erachter dat dokter Watt een of andere spoedoperatie aan het uitvoeren was. Onze hond die overreden was en zijn bekken op drie plaatsen gebroken had telde niet als een spoedgeval? wilde ik vragen, maar ik beet opnieuw op mijn tong. Elke willekeurige medische omgeving roept zowel wrevel als dankbaarheid bij me op voor elk beetje aandacht die ik krijg; een trekje dat ik van mijn beide ouders geërfd heb. Alleen omdat ik zo over mijn toeren was na Como's ongeluk, had ik kans gezien om de dag ervoor bij onze dierenartsen assertief op te treden. Nu ik volledig gekleed was en niet meer bloedde, had ik mijn normale geïntimideerde ziekenhuishouding hervonden.

Sally kwam rond een uur of twee. Enkele minuten later, alsof haar komst hem weggeroepen had bij zijn spoedeisende verplichtingen, kwam dokter Watt ons een verslag uitbrengen dat onheilspellend klonk. Kort voordat ze Como onder narcose wilden brengen, toonden preoperatieve röntgenfoto's wat bloed in zijn longen aan. Ze legden hem aan een infuus van bloedplasma en zeiden dat ze tot vrijdag of zaterdag moesten wachten voor ze konden opereren. 'Maar maakt u zich geen zorgen,' zei hij. 'U kunt nu gewoon komen om bij hem te gaan kijken als u wilt.'

Sally en ik volgden de dokter naar wat een grote, chaotisch lawaaierige ruimte bleek te zijn, met grote tafels in het midden en rijen kooien langs de muren die bezet werden door honden, katten en andere dieren. Er werd een hoop geblaft, gejankt en gemiauwd, met daartussen mensenstemmen die zich verhieven om boven de herrie uit te komen. Como lag in een kooi op ooghoogte in een relatief rustig hoekje. Toen we aankwamen lag hij op zijn buik en hief zijn kopje toen hij Sally's stem hoorde.

'Hé, Como pup,' kirde Sally tegen hem. 'Hoe gaat het met je? Wat is er toch allemaal?' Zijn staart bewoog even, maar toen legde hij zijn kop neer en staarde met niets ziende ogen naar ons op.

'O god, Steven,' fluisterde Sally tegen me zodat Como haar niet kon horen. 'Wat ziet hij er verschrikkelijk uit.'

'Je had hem moeten zien toen hij net aangereden was,' zei ik. 'Dit is een stuk beter.' Maar niet veel beter, voegde ik er in gedachten aan toe. Als het voor een hond met een roomwitte vacht mogelijk zou zijn om te verbleken, dan lukte dat Como. Hij zag er bleek en lusteloos uit.

Het was net als toen we over Phoebes bed gebogen stonden wanneer ze als baby hoge koorts had of als peuter krijste om de een of andere pijn die ze ons niet kon of wilde beschrijven. We waren machteloos, bang en gefrustreerd. We keken instinctief om ons heen op zoek naar iemand – ongeacht wie – die ons een flintertje goed nieuws zou kunnen brengen en ons uit de put helpen. Twee personeelsleden waren bezig met een hazewindhond die uitgestrekt op een van de tafels lag. Ieder ander was druk bezig met andere dieren, laboratoriummonsters of bevoorrading.

'We kunnen beter gaan,' zei ik nadat we nog een paar minuten geprobeerd hadden Como nog een reactie te ontlokken. 'Hij moet vast rusten.' Ik wisselde op weg naar buiten een trieste blik met de hazewindhond.

We gingen die avond terug met Phoebe, maar mochten niet bij Como. De ruimte was gesloten voor alle bezoek vanwege een ander, niet nader gespecificeerd spoedgeval. Phoebe hield zich goed terwijl we een uur in de wachtruimte bleven rondhangen, maar begon toen we in de auto zaten hard te huilen. Ze huilde de hele weg naar huis, weigerde ijs en de televisie en huilde zichzelf ten slotte in slaap. Sally en ik probeerden haar allebei te troosten, maar we hadden geen van beiden nog veel energie over om onszelf, laat staan elkaar, hier doorheen te slepen.

Sally ging op donderdag zodra haar lessen afgelopen waren naar het ziekenhuis. Como's achterste was die ochtend geschoren voor de operatie die voor de volgende dag gepland stond. Sally belde me om hem te beschrijven. Ik kon me niet goed voorstellen hoe hij eruitzag en ik kon ook niet goed horen of ze geschrokken was van zijn verschijning of dat ze het komisch vond. Het was waarschijnlijk een beetje van allebei. Ik bleef die ochtend in mijn werkkamer werken en meed veelbetekenend elk contact met de bouwvakkers. Ik was bang voor wat ik tegen Manny of een van de anderen zou zeggen als ze vroegen wat er met de hond gebeurd was.

Toen ik in het ziekenhuis kwam was Sally er nog. Zodra we Como zagen, begonnen we allebei te giechelen. Met zijn onderste helft tot op zijn kale, grijze huid gladgeschoren en de wollige bovenkant en staart onaangeroerd zag hij er komisch onevenwichtig uit. Sally noemde hem 'Frankenhondje', alsof hij het monsterhondje van Frankenstein was. Ik vond dat hij er meer uitzag als een of andere gekke Russische graaf, die zich hartje winter naar buiten waagde met niets anders dan een wit vossenbontje om zijn nek. Het scheelde wel dat Como levendiger was dan eerder; hij stond op zijn spichtige achterpootjes en kwispelde zelfs. We zeiden tegen elkaar dat we met hem lachten, niet om hem. Ik denk dat we gewoon een beetje lacherig waren van de zenuwen.

Dokter Watt kwam aangeslenterd en ging naast ons staan. 'Hij ziet er wel uit alsof hij zin heeft om naar huis te gaan,' zei hij.

'Was het maar waar,' zei ik. 'Maar hij lijkt klaar voor zijn grote dag morgen.'

'Inderdaad,' zei de dokter. 'Inderdaad.'

We zagen dokter Watt die ochtend nog een keer toen we Phoebe meenamen voor een laatste preoperatief bezoek. Voor we naar binnen gingen om bij Como te kijken, liep onze chirurg met grote stappen langs de balie en ging de voordeur uit met een volwassen dobermannpincher onder zijn arm. De enorme hond zag er in de nonchalant imposante greep van dokter Watt uit als een schoothondje.

'Daar gaat de Aussie spierbundel,' zei Phoebe. Daarop lachten Sally en ik voor de tweede keer die dag. Het was een meesterlijke typering.

Como was nog even levendig als die ochtend. Hij ging opnieuw staan en kwispelde. Op een gegeven moment werd hij zo speels dat ik dacht dat hij het infuus uit zijn voorpoot zou trekken, die nu ook geschoren was en weer bij zijn achterpoten paste. Hij liet aardig wat melodramatisch gejank horen en moest uit de hand gevoerd worden met gekookte kip van Gordo. Phoebe nam het grootste deel van de voederhonneurs waar. Als iemand die in de loop der jaren zijn portie slecht acteren wel gezien heeft, zou ik Como vier sterren hebben gegeven voor zijn optreden. We gingen goedgemutst naar huis. Ik koos ditmaal een route die ons langs de grote Victoriaanse huizen voerde, waarvan sommige in uitbundige regenboogkleuren zijn geschilderd, die langs het smalle deel van het Golden Gate Park staan.

Het telefoontje kwam om halfelf de volgende ochtend. Iemand van de kliniek van wie ik de naam niet verstond en die ik me niet herinnerde ontmoet te hebben, zei dat de operatie toch niet had plaatsgevonden. 'Como reageerde niet goed op de narcose, dus kwam dokter Watt tot de conclusie dat het beter was om de operatie niet door te laten gaan. Ik moest van hem doorgeven dat hij jullie later vandaag zal bellen en er meer over zal vertellen. Hij is op het moment aan het opereren, maar wilde jullie laten weten dat het goed gaat met Como. Het gaat nu goed met Como.' Ze zei nog wat dingen, beantwoordde wat vragen die ik ter plekke wist te bedenken en hing op.

Het meest veelbetekenende woord in dat korte gesprek was 'nu'... 'Het gaat nu goed met Como.' Het zou nog een tijdje duren voor we het te horen kregen, maar voordat het goed ging met Como, ging het allesbehalve goed met hem. Toen onze hond die vrijdagochtend onder narcose was en dokter Watt het mes in hem wilde zetten, liepen zijn longen opnieuw vol met bloed. Op dat moment was het repareren van zijn verbrijzelde bekken het laatste waar men aan dacht. In een van de operatiekamertjes werkten dokter Watt en zijn assistenten zo snel en efficiënt mogelijk om Como's longen vrij te maken. Hij dreigde in zijn eigen bloed te stikken en zij moesten hem aan het ademen houden.

Ondertussen zou de operatie, zoals dokter Watt wist, steeds moeilijker worden naarmate hij langer uitgesteld werd omdat Como's spieren en zenuwen zich om het gebroken bekken begonnen te spannen en een reparatie steeds hachelijker, en zelfs onmogelijk, maakten. De tijd, zelfs de paar dagen die erbij kwamen, was de grote vijand.

Maar dat moest even wachten. De tijd werd op dat moment in seconden afgemeten. Zijn longen zaten vol bloed. Como's leven hing aan een zijden draadje.

14

Het sprookjeskoninkrijk

Toen ik haar die vrijdagmiddag uit school ophaalde deed Phoebe een verrassende mededeling: ze kondigde aan dat ze naar Disneyland zou gaan. Dat kwam niet bepaald uit de lucht vallen; het weekenduitje per bus naar Zuid-Californië was al maanden van tevoren gepland als activiteit voor de jeugdgroep van de kerk en Phoebe had maar lopen dubben of ze zou gaan of niet. Maar sinds Como's ongeluk had niemand het meer over het uitstapje gehad. Ik had er zeker geen ogenblik meer aan gedacht en als ik dat wel gedaan had, zou ik hebben durven wedden dat Phoebe er niet voor zou kiezen om de stad uit te gaan terwijl haar hond geopereerd moest worden.

Niet voor het eerst (of het laatst) onderschatte ik de intuïtie van onze dochter. Zich bewust van het vooruitzicht om onafzienbare uren op de gestreepte banken in de kliniek rond te hangen, wetend dat – terwijl hij geopereerd werd – zij toch niets voor Como kon doen, en vol vertrouwen in de enorme handen van de Aussie spierbundel, besloot ze dat het alternatief om met haar vriendinnen een nacht van zeven uur in een bus te maken, veel slimmer en verstandiger zou zijn. En om zich de hele zaterdag te wijden aan de Matterhorn Bobsleds, Big Thunder Mountain Railroad en de Pirates of the Caribbean en vervolgens uitgeput naar huis terug te gaan, opnieuw met een nachtrit.

Disneyland mocht voor Phoebe dan niet meer het stralende

paradijs zijn dat het was toen Sally en ik haar er voor haar zesde verjaardag mee naartoe namen, maar gezien de omstandigheden wist ze dat het de beste, misschien wel de enige, plek was om de komende dagen door te brengen. Als Como de operatie doorstond, dan zou Disneyland een soort tovermiddel zijn. Als hij het niet redde, dan zou ze zich, tijdelijk beschut tegen pijnlijk nieuws, verstopt hebben in sprookjesland. Sally en ik gaven haar onze zegen en zetten haar na het avondeten af bij de kerk.

Omdat we dokter Watt na zijn telefoontje van die ochtend over het uitstellen van de operatie niet meer hadden kunnen bereiken, reden we rechtstreeks van de kerk naar de kliniek. De spierbundel was zowaar vrij en het was tijdens zijn afwezigheid belachelijk druk. Kennelijk hebben vierentwintiguurs dierenklinieken, net als eerstehulpposten voor mensen, het in het weekend het drukst. Gingen dieren ook uit hun bol als het eenmaal vrijdag was? vroeg ik me af. Precies zoals Phoebe voorzien leek te hebben, brachten we bijna een uur door met wachten op ook maar een flintertje informatie of een kans om Como weer te zien. Toen we uiteindelijk bij hem kwamen, troffen we hem aan met een witte plastic kraag om zijn nek. Een jonge vrouw vertelde ons dat hij aan zijn infuusslangetje had zitten knagen. Daarmee was zijn sf-achtige Frankenhond-look compleet.

'Cómo,' zei Sally. Ze sprak zijn naam op licht verwijtende toon uit en ze stak hem een stukje kip toe uit een bakje dat ze in haar tas bewaarde.

De hond hervatte zijn verwarrende gedrag van eerder: beurtelings kwispelen en janken. Sally scheen daar geen last van te hebben, maar het begon mij op mijn zenuwen te werken. Verschillende medewerkers van de kliniek hadden ons verteld dat hij dat alleen maar deed wanneer wij in de buurt waren. Ze vertelden ons ook dat hij niet genoeg at tenzij wij, met name Sally en Phoebe, hem uit de hand voerden. Daar zaten we dus, met z'n drieën gevangen in een vreemd, maar noodzakelijk voedings psychodrama. Sally en ik bleven bij zijn kooi tot het uit de veelbetekenende blikken onze kant op duidelijk werd dat we niet langer welkom waren tussen alle andere dieren die aandacht nodig hadden.

We brachten het weekend in gespannen bedrijvigheid door: we kookten en aten, gingen naar de sportschool, wachtten tevergeefs tot Phoebe uit Disneyland iets van zich liet horen, luisterden met een half oor naar elkaar en brachten onze met kip opgeleukte bezoekjes aan Como. Na een van onze bezoekjes aan de kliniek stopten we bij de dierenbescherming een paar straten verderop. Como zou een week later aan een behendigheidscursus beginnen, zijn eerste postdoctorale studie sinds de basistraining van meer dan een jaar geleden. De receptioniste was een en al begrip toen we de omstandigheden uitlegden en stortte de volledige aanbetaling terug op onze zwaar geteisterde creditcard.

'Ik hoop dat het allemaal goed komt,' zei ze met een beetje een sceptisch gezicht.

'Wij ook,' zei Sally. Ze stelde op de terugweg voor om ergens lekker te gaan eten. 'Ik kan wel wat afleiding gebruiken.'

Op zaterdagavond een restaurant vinden in San Francisco, waar iedereen dol is op uit eten gaan, kan een beproeving zijn en, vooral op het laatste moment, soms ronduit onmogelijk. Maar we hadden die avond het geluk aan onze kant. We belden een Baskisch zaakje waar we graag kwamen en daar was net een reservering afgebeld. Een halfuur later bestelden we. We probeerden ons te gedragen alsof dit zo'n romantisch voorgeschreven uitje voor getrouwde stellen was, met onze dochter de stad uit en zelfs geen hond die uitgelaten moest worden zodra we thuiskwamen. Maar we bleven maar tobben over Como, vergeleken onze indrukken van hem en onze gissingen over het tijdstip en de duur van de operatie. Toen we daar eindelijk over ophielden, begonnen we te speculeren over Phoebe; of ze nog in Frontierland of Tomorrowland was of alweer in de bus zat, terug naar huis. We sloegen het dessert over, lieten wat wijn in onze glazen achter, vroegen om de rekening en reden naar de kliniek om nog een laatste keer bij Como te kijken. Als om onze zorgen te bevestigen, zag hij er vreselijk uit... lusteloos en zielig in zijn grote, plastic ijshoornachtige helm. We hadden moeite met slapen.

Zondagochtend vroeg reed ik door een regenachtig en verlaten Golden Gate Park naar de kerk. Daar zaten slaperig kijkende ouders, voor het merendeel vaders, met een kartonnen bekertje koffie in hun hand in een vergaderzaaltje in het souterrain te wachten. Het was een gezellig groepje, met elkaar verbonden door de ongewone taak van het ophalen van tienerkinderen na een nachtelijke busrit. Ik glimlachte sportief mee, maar kon niet in de stemming komen. Vijf dagen na het ongeluk achtervolgden de sombere en onheilspellende gevoelens me als een schaduw.

Toen Phoebe uit de bus stapte en haar rugzak in de kofferbak gooide zag ze er verkwikt uit. Ze zat vol verhalen over de 'vette' attracties, alle junkfood die ze dat weekend gegeten had en de ingewikkelde sociale interacties met de andere jongelui. Zesendertig uur vrijwel zonder slaap leek precies te zijn geweest wat ze nodig had. Ze stelde een paar vragen over Como, leek tevreden met mijn minimale informatie en ging toen we thuiskwamen rechtstreeks naar bed. We hadden alle drie besloten om een dagje vrijaf te nemen van onze bezoeken aan Como, al was het maar om niet gek te worden. Bij het eten die avond gaven we elkaar een hand om hem onze krachtigste gebeden om een goed verloop van zijn operatie op maandag toe te sturen.

Sally en ik hadden besloten om Phoebe niets te vertellen over de waarschuwing van dokter Watt dat de operatie binnenkort zou moeten plaatsvinden, wilde Como enige hoop op een genezen bekken en normale bewegingsvrijheid hebben. Als zijn longen weer volliepen met bloed en hij niet geopereerd kon worden en nooit meer zou kunnen lopen... Sally en ik hadden het er niet eens over gehad. Dat hoefde ook niet. We wisten dat het betekende dat hij zou moeten inslapen. Zo'n afschuwelijke uitdrukking, deels verzachtend eufemisme en deels onopgesmukte realiteit. Dat inslapen was ten slotte voorgoed.

Maandagochtend stonden Manny en zijn mensen vroeg op de

stoep. Ik wilde hen niet langer ontlopen en vertelde hun wat er met Como was gebeurd. Toen hij eenmaal doorhad dat ik hem niet aansprakelijk zou stellen voor het feit dat de hond had kunnen ontsnappen en vervolgens aangereden werd, deed Manny beleefd bezorgd. 'Het komt vast goed,' zei de voorman, op zo'n ongeïnteresseerde, lege manier dat ik tegen hem wilde zeggen dat ik van gedachten veranderd was en besloten had zijn onachtzaamheid op te nemen met de aannemer. Maar ik liet het maar; ik moest op weg naar de kliniek om daar te wachten terwijl Como geopereerd werd. Julio, die het gesprek gehoord had, volgde me tot op straat.

'Meneer,' zei hij met zo'n oprechte, onderzoekende blik dat het er niet toe deed dat hij mijn achternaam niet meer wist. 'Wat erg van uw hond. Ik weet wat het is. Mijn zoontje, Angelo, hij ziet onze hond overreden worden, op straat, bij ons huis. Ik ren erheen. Te laat. Hij sterft in mijn armen.'

Ik bleef een ogenblik sprakeloos staan, te ontzet om te reageren. Ik vond het afschuwelijk voor Julio en zijn zoontje en vroeg me af hoe oud Angelo was toen hij zijn hond zag sterven. Ik voelde me even schuldig dat Como het overleefd had en zijn hond niet. Toen – en ik moest even mijn blik afwenden voor ik Julio in zijn grote, bruine ogen kon kijken – begreep ik dat ik hem van de container had moeten laten springen om Como te pakken toen die los rondliep. Hij zou hem gevangen hebben; daar twijfelde ik geen moment aan. Hij zou gedaan hebben wat hij niet bij zijn eigen hond had kunnen doen.

'Julio, wat vreselijk,' wist ik uit te brengen. 'Het spijt me dat te horen. Hoe gaat het met je zoontje?' Hij had me niet verteld wanneer het gebeurd was. Heel onlangs? Een maand geleden? Een jaar of langer?

Julio haalde zijn schouders op en keek achterom naar het huis. Het was tijd om weer aan het werk te gaan. Die dingen gebeuren nu eenmaal. Honden gaan dood, maar soms ook niet, of tenminste niet meteen. Mensen komen eroverheen. Ze gaan in ieder geval door met hun leven. Dat waren de gedachten die me vergezelden, door mijn hoofd tolden en langzaam als damp oplosten terwijl ik de auto startte en over Twin Peaks en vervolgens door de Castro en het Mission District reed op weg naar de kliniek. Toen ik aankwam waren de gestreepte banken leeg. Ik liet de mensen achter de balie weten dat ik er was en ging zitten wachten.

Zoals met zoveel dingen waarvan het lijkt alsof ze nooit zullen komen – als je klein bent Kerstmis en achttien of eenentwintig worden of trouwen en een kind krijgen – was de operatie van de hond ineens, abrupt voorbij. Het ene moment zat ik in een *Cat Fancy* te bladeren en het volgende boog dokter Watt zich over me heen en vertelde me dat alles vlot was gegaan.

'Geen problemen met de narcose. Ditmaal geen bloed in zijn longen. Geen probleem met het bekken. Het waren schone breuken die we met pennen en schroeven gezet hebben. Ziet er heel stevig uit.'

Zoveel goed nieuws in telegramstijl. Ik wilde dat hij door zou gaan omdat ik bang was voor de 'maars'. Maar er waren maar twee voorwaarden die onze Aussie chirurg ons te bieden had. In het begin, zei hij, zou Como wel wat 'pain' voelen; daar zou hij medicijnen voor krijgen. Toen vertelde hij me dat de hond de komende vier tot zes weken 'geïmmobiliseerd' zou moeten worden terwijl de breuken genazen.

'Hij zal in een kaai moeten blijven zodat hij niet kan rondrennen of springen of dat soort dingen. Dat is heel erg belangrijk.'

Ik had het nooit lastig gevonden om dokter Watt te verstaan. Eerlijk gezegd genoot ik wel van de cadans van zijn accent en de opgewekte klank die dat aan sommige woorden gaf. Maar deze keer schoot mijn begrip tekort.

'"Kaai?"' herhaalde ik en ik besefte ineens waarom het niet tot me doorgedrongen was. 'Kooi' was, gezien de geschiedenis van onze hond, geen woord dat ik graag hoorde in verband met Como. 'O ja natuurlijk,' zei ik binnensmonds. 'Dat zullen we zeker doen.' Ik kon dokter Watt met geen mogelijkheid vertellen dat er aan deze kant van Alcatraz geen kooi te vinden was die ons huisdier binnen zou houden. Hij had zojuist Como van het randje van de dood gered en hij deed een alleszins redelijk verzoek ten behoeve van het herstel van onze hond en zijn gezondheid op lange termijn. Bovendien had Como een zware operatie achter de rug. Dat zou toch wel genoeg zijn, hoopte ik, om zijn afkeer van opsluiting te verminderen. Ik bedankte dokter Watt uitbundig voor alles wat hij gedaan had en zei dat we met zijn allen terug zouden komen om de patiënt later die dag te bezoeken wanneer hij uit zijn narcose was.

Ik begroette Sally toen ze thuiskwam uit school met het goede nieuws. Ze keek eerder opgelucht dan blij. 'Ik dacht dat hij in de operatie zou blijven,' zei ze.

'Ik ook,' bekende ik en pas toen besefte ik hoe goed ik die angst had weten te onderdrukken. Soms is het soort fatalisme dat Sally van haar familie geërfd heeft zuiverend. We omhelsden elkaar even stevig. Toen we elkaar loslieten, vertelde ik haar over de vier tot zes weken die Como in een kooi zou moeten doorbrengen.

'Je meent het,' zei ze.

'Orders van de spierbundel,' zei ik. 'Ik ben niet van plan hem niet te gehoorzamen.'

'Dan kunnen we er maar beter gauw werk van maken,' zei ze instemmend. 'Wanneer zeiden ze dat hij naar huis mocht?'

'Dat ben ik vergeten te vragen. Misschien krijgen we het te horen als we vanavond naar hem toe gaan. Maar ja, we moeten er wel klaar voor zijn.'

Denkend aan de filiaalbeheerder van de dierenwinkel met zijn geverfde zwarte haar en zijn laatdunkende opmerkingen over Como's tanden – toen we de kapotte plastic bench probeerden terug te brengen – stelde ik voor dat we eerst ergens anders zouden kijken. We reden naar een winkel in het centrum van Stonestown, die een volledige collectie metalen kooien bleek te hebben, allemaal op voorraad, en ook nog met aardig personeel. We hadden een redelijk ruime kooi uitgekozen, die we van plan waren te bekleden met dekens en handdoeken.

'Wat denk je van deze?' vroeg Sally terwijl ik mijn creditcard tevoorschijn haalde om degene die we al uitgekozen hadden te betalen. Haar hand lag op een monsterkooi die tot boven haar middel kwam en lang en breed genoeg was om een forse aap in onder te brengen, samen met de helft van de honden uit onze straat.

'We hebben in kleinere hotelkamers gelogeerd,' zei ik. 'Hoe kom je erbij?'

'Ik zat te denken aan hoe erg Como kooien háát,' zei ze. 'We moeten het hem zo gemakkelijk mogelijk maken. Hoe groter hoe beter.'

Ik liet een licht protest horen door haar erop te wijzen dat het erom ging dat zijn bewegingen beperkt zouden blijven, niet dat we hem de bewegingsvrijheid van een ruime suite zouden geven. Maar aangezien ik zag dat Sally's besluit al vaststond, gaf ik me gewonnen. Er waren twee winkelbediendes voor nodig om het enorme bouwsel tot een stapel metalen wanden in te klappen. Zelfs toen moesten we de achterklep van onze auto nog openlaten om het gevaarte mee naar huis te krijgen. We zetten de kooi in onze slaapkamer in elkaar, omdat we ervan uitgingen dat Como zijn opsluiting misschien niet zo erg zou vinden als hij wist dat wij in de buurt waren. Phoebes kamer, die een laag, hellend plafond had, was te klein om het ding in te zetten.

Onze dochter stond meteen na de laatste bel die middag op de stoep voor haar school te wachten. Toen we onze duim in de lucht staken over Como's succesvolle operatie, wilde ze meteen naar de kliniek. 'Vanavond pas,' zei ik. Ik herhaalde wat dokter Watt over zijn herstel had gezegd en vertelde haar over de kooi. 'Of "kaai", zoals hij het zegt.'

'Pap, je moet hem niet belachelijk maken. Zo praten Australiërs. Ik vind het leuk.'

'Ik ook,' zei ik. 'Dokter Watt is de held van de dag. Van het jaar.'

'Van mij,' antwoordde ze en ze klonk verlegen dapper omdat ze het hardop zei.

'En van mij,' zei Sally. We vierden het met lekkere hapjes van het benzinestation en een extra cola light voor mij.

Na het eten haalden we Phoebes vriendin Jeanne op om ons eerste postoperatieve bezoek aan Como af te leggen. Hij was verrassend opgewekt, ondanks de toeter, en blij ons te zien. Het was maar goed dat hem het zicht op zijn geschoren achterste ontnomen was. Met een lelijk uitziende snee die met chirurgische nietjes dichtgehouden werd en aanzienlijke blauwe plekken eromheen, zag hij er heel wat erger toegetakeld uit dan vlak nadat hij aangereden was.

Phoebe en Jeanne wierpen een korte blik op de schade en wriemelden vervolgens geconcentreerd met hun vingers door de openingen van de kooi om Como's met de toeter omlijste kop te aaien. Hij had er na een paar minuten genoeg van en begon weer met zijn ziekenhuisgejank. Omdat dokter Watt die avond geen dienst had, vroegen we her en der of er iemand anders was die wist wanneer Como naar huis mocht.

'De Aussie spierbundel is het vast aan het vieren,' zei Phoebe terwijl we terugliepen naar de receptie. 'Hij heeft vandaag een leven gered. Misschien wel meer dan een.'

'Is hij getrouwd?' wilde Jeanne weten en daarop begonnen de meisjes met elkaar te fluisteren.

Niemand kon ons iets vertellen over Como's ontslag. Maar er lag wel nog een nieuwe rekening op ons te wachten, nu we er toch waren. Ik deed mijn best om de steeds hoger wordende onkosten niet bij elkaar op te tellen.

Het was de volgende ochtend stil in huis. Manny en zijn mannen waren er niet, omdat ze wachtten op een inspectie van het werk, die tussen de middag plaats zou vinden, voor ze verder konden met de volgende fase van het werk aan de badkamer. Ik stond naar de kale stijlen en bedrading te kijken en vroeg me af hoe we ooit de lening konden afbetalen en ook nog eens de medische kosten van de hond. Ik was net achter mijn bureau gaan zitten om te werken toen dokter Watt me belde om te zeggen dat Como aan het eind van de middag naar huis mocht.

'Vandaag?' vroeg ik verwonderd, denkend aan de nietjes en blauwe plekken.

'Hij doet het fantastisch,' zei de dokter met klem. 'En het zal nog beter met hem gaan als hij weer thuis is.' Hij herinnerde me eraan hoe belangrijk het was dat Como rustig gehouden werd terwijl zijn opnieuw gezette bekken aan het genezen was. 'Het zal sterker worden dan ooit,' zei hij, 'maar alleen als hij het rustig aan doet.'

Ik wilde dokter Watt aan de lijn houden, vanuit het idee dat er misschien iets van zijn magische werking door de telefoon zou sijpelen dat een snel herstel voor Como kon bewerkstelligen. Maar onze dokter was zoals altijd gedecideerd en zakelijk. Nog meer operaties uit te voeren, nog meer dobermanns met één hand op te tillen. Ik zei tegen hem dat we er voor vijven zouden zijn.

Tegen de tijd dat hij naar huis mocht zag Como er niet uit. Hij was uitgeput geraakt van de operatie, om nog maar te zwijgen over de zes dagen die hij in een klein kooitje opgesloten had gezeten met een infuus in zijn poot. En wat de pijnstillers die hij nog steeds kreeg betrof, die liepen er aan de andere kant zo weer uit. We moesten een handdoek onder zijn staart gedrukt houden om te voorkomen dat hij op de vloer drupte. De diarree zou nog een dag of wat aanhouden, vertelde een van de verpleegkundigen ons terwijl ze met ons meeliep naar de receptie, waar ik nogmaals mijn creditcard overhandigde. Phoebe hield de hond in haar armen en deed haar best om zijn provisorische luier op zijn plaats te houden. Como liet zich op weg naar huis met zijn gejank van zijn luidruchtigste kant horen.

De kooi zag er zelfs met een dik tapijt van dekens, handdoeken en een oude sprei die we uit de kelder hadden gehaald, gevaarlijk groot uit toen we Como erin lieten. Phoebe kroop achter hem aan om hem lekker neer te leggen. De hond kon amper staan, maar dat weerhield hem er niet van om het toch te proberen. Hij wankelde rond en viel nu eens de ene en dan weer de andere kant op tussen de dikke plooien van de dekens. We werden er nerveus van, maar het was ook best komisch om te zien. Hij leek net een acteur die een dronken scène speelde.

'Kijk eens of hij wil gaan liggen,' zei Sally, die vanaf het bed toekeek en een lach onderdrukte.

'Het is niet grappig, mam,' snauwde Phoebe. 'Hij moet echt heel erg voorzichtig zijn, anders breken zijn botten weer.' Sally en ik wierpen elkaar een quasibetrapte blik toe.

Onze oplettende dochter bleef bijna een uur naast Como in de kooi liggen om met hem te kroelen als hij neerplofte en dan bijna meteen weer rusteloos werd. Het moet heel zwaar voor hem zijn geweest, dat arme halfgeschoren ventje, om een lekkere houding te vinden. Uiteindelijk moest Phoebe toch uit de kooi komen om naar bed te gaan, maar we lieten haar er zo lang mogelijk in blijven. Rond negen uur zei Sally dat ze Como mee naar buiten zou nemen om hem te laten doen wat hij moest doen. Dat betekende dat er een handdoek als een draagband om zijn buik moest om zijn gewicht niet op zijn achterpootjes te laten rusten.

'Het is gelukt!' riep Sally opgewonden uit toen ze met de hond weer bovenkwam. 'Hij heeft geplast!' Dat deed me denken aan de dag waarop Phoebe vlak na haar geboorte uit de kliniek thuis kwam, en aan wat een vreugde het gaf om haar de eerste paar keer te verschonen. Sommige van onze grootste triomfen komen voort uit onze nederigste momenten.

Het werd een zware nacht. Como zette een langdurige uitvoering van theatraal gejank, verontwaardigd gejammer en een paar verontrustend menselijk klinkende snikken in. De eerste paar uur stonden Sally en ik om beurten op om hem kalmerende onzin toe te fluisteren en de handdoeken en dekens in zijn kooi op te schudden. Na verloop van tijd, toen zijn zangoptreden te fors werd, haalde ik Como eruit en hield hem zittend in de schommelstoel op schoot. Het was echt terug naar onze van slaap beroofde nachten met een pasgeborene. Sally sliep een poosje. Toen kreeg ze het net zo op haar zenuwen van de stilte als daarvoor van het gejammer. 'Mijn beurt,' zei ze terwijl ze naar de schommelstoel kwam gestrompeld en mij terug stuurde naar bed. We waren net slaperige nachtportiers die elkaar aflosten.

Toen de zon opkwam en we het eindelijk opgaven, rekende Sally uit dat we waarschijnlijk in totaal een uur of drie geslapen hadden. Ik had het idee dat het eerder drie kwartier was geweest. Phoebe en zij stonden op en kleedden zich aan om naar school te gaan terwijl Como, uitgeput van zijn inspanningen van die nacht, eindelijk in slaap viel en ik terugging naar bed om naar het plafond te staren. Manny en zijn mannen, die van de inspecteur groen licht hadden gekregen om verder te gaan met het werk, kwamen kort na achten, met een blèrende radio en nietpistolen die er lustig op los vuurden. Ik had het gevoel alsof ze kleine puntige kogeltjes rechtstreeks in mijn schedel schoten.

Mijn hoofdredacteur, die onlangs een veeleisende atletische Australische herderpup in huis had gehaald en gevoelig was voor alles wat met honden te maken had, vond het goed dat ik een klus liet schieten. 'Neem gerust alle tijd die je nodig hebt,' zei hij, alsof we een sterfgeval in de familie hadden gehad. Ik maakte schaamteloos gebruik van Como's situatie, in de hoop dat ik er meer slaap uit kon halen. Helaas kon mijn hoofdredacteur niets doen aan het gebonk en gekletter in de badkamer, dus er was geen sprake van dat ik terug kon naar bed. Ik liep de hele ochtend met Como in een handdoek door het huis. Ik probeerde het te zien als welbestede tijd voor ons samen.

Toen Sally thuiskwam, keek ze grimmig. Tot overmaat van ramp was ze, na het lesgeven na een nacht met bitter weinig slaap gevolgd door een 'stompzinnige vergadering', ook nog eens verkouden aan het worden. 'Ik kan niet tegen nog zo'n nacht,' zei ze terwijl ze door de keuken ijsbeerde en de hond in mijn armen min of meer negeerde. Het leek haar niet op te vallen, of te kunnen schelen, dat het daarstraks nog slaphangende staartje van Como tot leven was gekomen en was gaan kwispelen zodra ze binnenstapte.

'Misschien kan Phoebe vannacht bij hem in de kooi slapen,' opperde ik. 'Daar wordt hij vast wel stil van. En misschien vindt ze het zelfs wel leuk. Het zou net zoiets zijn als kamperen.'

'Ik stop mijn dochter niet in een kooi!' riep Sally bijna krijsend uit. Ik gebaarde naar haar dat ze haar stem moest dempen, omdat ik het gevoel had dat de bouwvakkers in de badkamer ons konden horen. Sally hoorde het niet, of was te radeloos om zich er iets van aan te trekken. 'Luister,' zei ze, 'we laten ons gewoon door hem manipuleren. Je hebt gehoord wat ze in de kliniek zeiden: dat hij alleen maar jankte als wij er waren. Ik vind dat we het anders moeten doen. Laten we de kooi beneden zetten en het hem zelf maar laten uitzoeken. Dat is de enige manier waarop we ons hier doorheen kunnen slaan. Waarop híj zich hier doorheen slaat,' verbeterde ze zichzelf.

Maar eigenlijk dacht ze aan hoe wij allemaal ons erdoorheen zouden slaan. Zo vreselijk als het ongeluk en het angstaanjagend uitstel van de operatie ook waren geweest, het vooruitzicht van weken en weken gevuld met slapeloze nachten en dagen waarin we moesten voorkomen dat de hond iets zou doen waarmee hij zichzelf opnieuw zou verwonden, was wel erg ontmoedigend. Como's herstel was een bedreiging voor onze collectieve geestelijke gezondheid. Toch schrok ik van Sally's harde woorden, na alle bezorgdheid en tederheid waarmee ze Como overstelpt had.

'Nou ja, we zouden het kunnen proberen,' zei ik aarzelend. 'Maar als hij daar nu gaat rondspringen en zijn bekken opnieuw breekt?'

'Daar heb ik al aan gedacht,' zei ze terwijl ze me voorging naar boven, naar de grote rieten dekenkist die aan het voeteneinde van ons bed stond. Al snel lag elke deken en sprei die we maar hadden, afgezien van degene die op ons bed en op dat van Phoebe lagen, in een hoop op de vloer.

'Oké,' zei ik en ik begon de kooi uit elkaar te halen om hem naar beneden te brengen. Ik besloot maar niet te zeggen dat de diarree van de hond nog niet helemaal over was. Ik begreep wel dat als we uiteindelijk ons hele arsenaal aan beddengoed moesten vervangen, Sally dat met liefde overhad voor een fatsoenlijke nachtrust.

Na het avondeten bleven we in de woonkamer rondhangen; Como scharrelde in zijn kooi rond terwijl wij allemaal lazen en kletsten alsof er niets ongewoons ophanden was. Voor de laatste keer die dag lieten Sally en Phoebe de hond in zijn draagband in de achtertuin uit en brachten hem terug naar zijn kooi. Daarna, we hadden afgesproken geen oogcontact met hem te maken, gingen we alle drie naar boven. Ik zette in de slaapkamer muziek aan om zo normaal mogelijk te blijven doen (en eventuele verontrustende geluiden van beneden te maskeren). Como wachtte tot alle lichten in het huis uit waren voor hij aan de slag ging.

Het eerste wat we hoorden waren zo nu en dan een paar zachte plofjes. Ik probeerde onze invalide het voordeel van de twijfel te geven, door te denken dat hij alleen maar lekker wilde gaan liggen tegen eerst de ene kant van de kooi en vervolgens tegen de andere. Maar die betrekkelijk lichte bonken maakten al snel plaats voor een langduriger en doelgerichter gewrik, het kreunende geluid van metaal dat onder druk wordt gezet om iets te doen wat het niet wil doen. Dat ging zo een tijdje door, gevolgd door een korte pauze, waarna het opnieuw begon.

Sally en ik wilden de herrie domweg niet horen. Zij probeerde te bewijzen dat haar plan om hem te negeren zou werken en daar stond ik achter. Op een gegeven moment dacht ik dat ze zowaar in slaap was gevallen. Maar toen ik haar naam fluisterde, antwoordde ze onmiddellijk.

'Wat is er?' vroeg ze, haar stem vlak van verslagenheid. 'Wat wil je dat ik zeg?'

'Niets,' verzekerde ik haar. 'Ik ga even bij hem kijken.'

Toen ik bij hem kwam, zat Como door het traliewerk van zijn kooi naar me te kijken. 'Wat is er?' vroeg ik, Sally's vermoeide toon overnemend. 'Ga liggen. Ga slapen.' Dit kwam me allemaal heel bekend voor. Zestien maanden eerder had ik daar ook zo gestaan terwijl ik onze toen nieuwe hond probeerde over te halen om niet zo tekeer te gaan in zijn plastic bench. Dat was voordat we wisten dat hij zich eruit kon knagen en voordat hij uit huis was ontsnapt en voordat hij later nog een keer was ontsnapt en onder de wielen van een terreinwagen terecht was gekomen. Ik sjokte terug naar boven in de wetenschap dat de nacht nog jong was.

En dat was ook zo. Toen Como van strategie veranderde en iets deed waarvan de kooi heen en weer zwaaide en trilde en op de vloer bonkte, kwamen Sally en ik allebei uit bed. Ik volgde haar naar beneden, waar we hem op heterdaad betrapten. Hij had een plekje bij het onderste scharnier van de deur van de kooi met zijn tanden beet en rukte er zo hard mogelijk aan. Hij had zijn bek zo ver open dat hij ons waarschijnlijk niet eens naar beneden had zien komen. In het licht van de straatlantaarns dat door de ramen naar binnen viel, zagen we zijn kaken aan het werk, en het donkere, vastberaden gat van zijn keel. De dekens en spreien lagen opgehoopt tegen één kant van de kooi en op de plek waar hij stond was het draadraster van de vloer kaal.

'Como. Hou op,' zei Sally, hees fluisterend om Phoebe niet wakker te maken. 'Hou daar ogenblikkelijk mee op.' Het was meer een smeekbede dan een bevel. We wisten allebei dat hij niet zou ophouden, niet kón ophouden. Het enige wat hij wist was dat hij ergens in opgesloten zat en dat hij eruit moest.

'Ik zal de kliniek bellen om te vragen of zij ideeën hebben,' zei ik. Sally knikte en haalde Como uit zijn kooi. Voor ik het nummer kon intoetsen, riep ze me terug om iets te bekijken. Het gebied rond het scharnier was zo verbogen alsof een behoorlijk sterk iemand daar met een nijptang bezig was geweest. Twee van de dwarsstijlen waren bijna doorgeknaagd. Die filiaalhouder met zijn zwarte haar had toch gelijk: Como's tanden waren iets wonderbaarlijks. Maar het was wel een schok en even kreeg ik een akelig gevoel in mijn maag. Maar ik voelde ook een lichte rilling van opwinding. Die hond was zo sterk, zo gedreven, zo maniakaal vastbesloten dat er geen sprake van kon zijn dat hij niet zou

overleven. Het had geen verrassing hoeven zijn: Como zou geen conventioneel genezingstraject afleggen.
'Ik denk dat deze kooi ook niet sterk genoeg is,' zei ik.
'Nee, dat denk ik ook niet,' zei Sally. Ik liep weer naar de telefoon.
De mensen van de nachtdienst in de kliniek zeiden dat we hem maar moesten brengen en dat ze zouden zien wat ze konden doen. We maakten Phoebe wakker zodat ze niet alleen in huis zou zijn; half slapend zat ze met haar hond op de achterbank. Como kreeg in de kliniek een half kalmeringstablet en de andere helft en een paar extra om mee naar huis te nemen. We kregen te horen dat we de andere helft van het paardenmiddel alleen moesten geven 'als hij heel erg opgefokt is. Die dingen zijn behoorlijk sterk.'
Geen van de helften haalde iets uit. Toen we eindelijk weer in bed stapten, was het na tweeën. Como was klaarwakker. 'Ga liggen,' zei Sally terwijl ze de ongeschoren kop en nek van de hond aaide. 'Ga maar liggen. Het is tijd om te slapen.' En toen tegen mij, die aan zijn andere kant lag, een vermoeid 'truste'.
Como had een indrukwekkend dubbel kunststukje uitgehaald. Dat moest ik hem nageven. Niet alleen had hij een weg uit de gehate kooi gevonden, hij had ook onze ijzeren regel doorbroken en voor de nacht een plekje in ons bed veroverd. Alles bij elkaar, dacht ik, was dit zijn meest indrukwekkende ontsnapping ooit. In plaats van me de hele buurt door te laten rennen of zich rampzalig in het verkeer te storten, had hij ons zo afgemat dat we ons volkomen gewonnen hadden gegeven. Het warmste, gezelligste plekje in huis was van hem, ook al betekende het dat hij naast mij moest slapen. Met een diepe, trillerige zucht nestelde Como zijn kop in de dekens en deed zijn ogen dicht.

15

Weg met die kooi!

De volgende ochtend vroeg zaten Como en ik weer in de spreekkamer van dokter Watt. De meeste van zijn afspraken stonden al dagen, soms weken, vast, maar dankzij ons middernachtelijke bezoek van de avond tevoren, de medicijnen die niet werkten en mijn gezeur aan de telefoon, gaf de receptioniste zich gewonnen. 'Kunt u hier binnen een halfuur zijn?' vroeg ze. 'Dat is het enige vrije moment dat hij heeft.'

'We zullen er zijn,' zei ik en ik pakte Como. Zijn kwetsbare bekken had één voordeel: hij kon alleen maar halfhartige pogingen doen om mij te ontlopen.

De spierbundel zat op het randje van zijn bureau en luisterde naar mijn verslag van onze postoperatieve beproevingen. Ik zat op een stoel met de hond op mijn schoot. Toen ik bij de aanval op de tralies van de kooi kwam, kwam dokter Watt naar ons toe en sperde Como's bek met zijn vingers open. Hij zei niets, maar ik zag zijn wenkbrauwen even omhoog gaan. Daarna ging hij weer op zijn bureau zitten. Toen ik klaar was met mijn verhaal, pakte de dokter een handdoek van de stapel achter hem en legde die op de vloer.

'Zet hem maar eens neer. Dan gaan we eens kijken.'

Ik zette Como voorzichtig op het midden van de handdoek. Hij bleef in eerste instantie doodstil en voorzichtig met stijve pootjes staan, alsof de handdoek een vliegend tapijt zou kunnen zijn dat op het punt stond op te stijgen en weg te zweven. Maar toen begon hij rond te strompelen. Toen hij zich van de handdoek waagde, begaven zijn achterpoten het en zakte hij op de vloer. Hij stond weer op en wankelde het kamertje door.

'Mag dat wel?' vroeg ik. 'Ik bedoel, als hij zich niet mag bewegen.'

Dokter Watt was druk bezig Como's bewegingen te bestuderen en antwoordde niet onmiddellijk. Hij bleef nog wat langer kijken, tilde de hond vervolgens op en bestudeerde zijn handwerk van nabij. Ik moest mijn best doen om geen gezicht te trekken toen hij Como's achterpoten ver uiteen trok en ze langs elkaar liet bewegen terwijl hij met zijn duim op de vastgeniete snee drukte. De dokter stond op en wierp me een strenge blik toe, die me het gevoel gaf dat ik ook aan een onderzoek onderworpen werd.

'Het wordt niet aanbevolen,' zei hij, 'maar laten we het maar eens zonder kaai proberen. Het belangrijkste is dat hij geen onverhoedse bewegingen maakt, niet op meubelen springt, geen trap op. Alles op z'n gemakje. Stap voor stap.'

Ik slaakte een diepe zucht en zei dat we ons best zouden doen. Toen leunde dokter Watt verrassend genoeg met een mildere uitdrukking op zijn gezicht achterover en zei dat hij me een gunst wilde vragen: vonden we het goed dat hij bij een aanstaand congres voor dierenartsen over Como's operatie vertelde? Hij wilde daar wat foto's en ook röntgenfoto's gebruiken en had onze toestemming blijkbaar nodig.

'Natuurlijk,' zei ik. 'Gebruik maar wat u wilt. Maar nu ben ik nieuwsgierig: wat is er zo bijzonder aan dit geval?'

Zijn antwoord was tegelijkertijd te vaag en te technisch om te kunnen volgen. Maar toen dokter Watt me vertelde dat het 'erom gespannen had', bevestigde hij min of meer wat wij al gedacht hadden. Como had, omdat zijn longen tot tweemaal toe volgelopen waren met bloed, op het randje van de dood gezweefd. Hij was terug gestapt in het leven, terug naar ons. Ik kreeg een gevoel van dankbaarheid en daarmee een nieuw gevoel van verantwoordelijkheid voor dit geredde leven.

De spierbundel had nog één goede raad voor we weggingen. 'Dat achterwerk is behoorlijk kaal. Misschien kunt u een trui vinden om hem warm te houden.' Dat beloofde ik te doen en liep met Como terug naar de auto. We waren net op tijd thuis om de installatie van George W. Bush voor zijn tweede presidentstermijn te kunnen zien. Een deel ervan kon ik zowaar volgen, als er tenminste even een pauze viel in het werk in de badkamer. Como doezelde, op mijn schoot, er dwars doorheen.

De patiënt kreeg die middag zijn eerste bezoek toen zijn poedelvriendinnetje Lizzy en haar gezin langskwamen met een kaart en een boeket heliumballonnen. Phoebe moest Como stevig vasthouden, omdat hij niets liever wilde dan een paar keer met Lizzy door het huis racen. Vanuit een hondenstandpunt moeten we wel neurotische, overdreven beschermende ouders hebben geleken. Waarom konden we hem niet gewoon laten rondrennen?

De grootste vraag was hoe we hem als hij niet veilig bij iemand op schoot lag konden weerhouden van gevaarlijk gedrag. Nadat we de nu zeer gebruikte kooi in de garage gezet hadden, haalde ik de peuterhekjes tevoorschijn die ons volledig in de steek gelaten hadden toen we Como net uit het asiel hadden, en zette ze voor de trap. Beide slaapkamerdeuren moesten te allen tijde dicht blijven. We zetten de eetkamerstoelen ondersteboven op de bank in de woonkamer en zetten de keukenstoelen op de tweezitsbank om te voorkomen dat hij op een uitnodigend zacht oppervlak zou springen. Dat, toegevoegd aan de chaos in de badkamer, zorgde ervoor dat het huis eruitzag alsof we klaar waren om ongedierte uit te roeien, de kleden te shamponeren of te gaan verhuizen.

Sally's vriendin en hondenliefhebster Denise loste het slaapdilemma op. 'Leg Phoebes matras op de vloer tegen de muur,' opperde ze. 'Als hij bij jullie tweeën slaapt, kan hij 's nachts toch nog proberen eruit te gaan en er weer in te klimmen. Zo ligt hij tenminste op de grond.' Het werkte perfect, met als bonus voor ons dat Phoebe nu 's nachts verantwoordelijk was voor het welzijn van de hond. Ze vatte haar taak serieus op; ze bouwde een soort vestinkje van haar beddengoed en nam de houding van een sergeant aan als ze Como in bed wilde krijgen. 'Kom erin. En wel onmiddellijk,' beval ze dan. 'Goed zo. Lichten uit.' Toen Sally en ik binnenkwamen om hun welterusten te wensen, keek de hond naar ons op vanuit zijn afgesloten ruimte die gevormd werd door Phoebes knieën die aan de ene kant tegen de muur kwamen en haar hoofd en armen aan de andere. Dit was de enige plek waar Como het blijkbaar niet erg vond om in opgesloten te zitten.

De volgende middag kwam Sally thuis met een hondentrui, een stijlvolle zwarte kabeltrui die Como's geschoren helft bedekte en tot hoog om zijn hals sloot. Toen ze hem de trui de eerste keer aantrok, schoot zijn kop erdoor en zag hij er woest en verward uit. Het was een lachwekkend, heerlijk gezicht.

'Einstein!' riep Sally proestend uit. Ze had gelijk. De combinatie van Como's woeste witte kop en een coltrui riep het beeld van foto's van de beroemde natuurkundige op. Het leidde ook tot een nieuwe bijnaam. 'Frankenhondje' werd 'Einstein', onze eigen relativiteitstheoreticus.

'We moeten hem aan het hijgen zien te krijgen,' zei ik. 'Weet je wel, die foto van Einstein met zijn tong uit zijn mond?'

'O ja.'

We moesten erg lachen, met Como als mikpunt. Zijn oren gingen verwonderd omhoog waardoor we nog harder moesten lachen. Het werd ook wel eens tijd dat we lachten; dat was al te weinig voorgekomen sinds zijn ongeluk.

'Wacht maar tot Phoebe hem ziet,' zei Sally.

'Denk je dat ze wel weet wie Einstein is?' vroeg ik. Wij konden de onderbouwwiskunde van onze dochter al niet meer volgen, maar Phoebe had nog zo veel te leren. Het was leuk om te denken aan al die lessen en schooljaren die nog voor haar lagen, aan het hele traject van volwassen worden dat ze nog te gaan had. Ik legde mijn hand op Como's kop en maakte zijn vacht nog erger in de war om het uiterlijk van de gekke wetenschapper te versterken. Sally pakte haar camera en maakte een paar foto's.

Niemand van ons lachte toen we later die avond wat bloed zagen rond Como's operatiewond. Het zag eruit alsof er een of meerdere nietjes losgeraakt waren. Sally belde de kliniek en moest wachten tot er iemand aan de telefoon kwam. Phoebe raakte overstuur van het bloed op de rug van haar hond en Sally en ik werden er ook wat nerveus van. Sally kreeg te horen dat we lichte druk moesten uitoefenen en ervoor moesten zorgen dat de hond niet aan de nietjes knaagde. Dat betekende dat hij die kap weer om moest die ze ons meegegeven hadden. Als het bloeden niet stopte, meldde Sally nadat ze opgehangen had, moesten we met de hond naar de kliniek komen. Het pyjamafeestje die nacht van Phoebe en Como was een teleurstelling. Hij was een ongelukkige Einstein met zijn omgekeerde narrenkap op en zij had er moeite mee lekker te gaan liggen met een groot stuk plastic in bed.

Como boekte in de daaropvolgende dagen en weken langzaam maar gestaag vooruitgang. Op een bepaalde manier zagen we het vanuit het perspectief van 'geen nieuws is goed nieuws'. Zolang hij niets deed waardoor zijn bekken opnieuw zou breken – zoals, zeg maar, over een van de traphekjes springen of zich losrukken en weer onder een terreinwagen rennen – ging het goed. Maar er waren ook duidelijk positieve verbeteringen in zijn toestand.
Een week of wat na de operatie hoefden we hem als hij naar buiten ging voor een ommetje niet langer te ondersteunen met een draagband. Het is waar, hij viel nog wel eens om wanneer hij zonder steun op drie pootjes moest gaan staan om te plassen, maar hij is een klein hondje en hoeft vanuit een staande positie niet zo heel ver te vallen. Naarmate hij meer zelfvertrouwen kreeg, gingen we de afstand en duur van de wandelingetjes geleidelijk opvoeren. De eerste keer dat Sally en ik hem helemaal meenamen naar de hoek van Twelfth en Lawton, plaste hij zonder om te vallen, en reageerden we met gejuich en applaus. Een vrouw die achter een wandelwagen de heuvel op kwam, trok een angstig gezicht en liep met een grote boog om ons heen.

'Denk je dat we kierewiet geworden zijn?' vroeg ik aan Sally.
'Ongetwijfeld,' zei ze. 'We hebben een hond die kierewiet is.'

Het was goed voor ons humeur dat het warmer begon te worden en de camelia's en rododendrons in de achtertuin hun eerste bloesem toonden. Een badkamer die eruit begon te zien als een badkamer droeg ook bij aan het gevoel van vrolijkheid. Begin februari waren de muren betegeld, stond er een glanzend nieuw bad en hingen de nieuwe kastjes. Ik begon voor het eerst te denken dat we misschien toch nog een goed gevoel zouden krijgen over een woningrenovatieproject dat, hoe indirect ook, onze hond bijna het leven had gekost. Niet dat we achteloos werden. Als we weg moesten sloten we Como nog steeds in onze slaapkamer op, met een groot, met de hand geschreven bord aan de deur met: HOND BINNEN. NIET OPENDOEN. Gelukkig leken Como's dagen van tapijt verscheuren en aan de deur krabben achter hem te liggen.

We gingen nog regelmatig met de hond naar dokter Watt voor controle. Tijdens een van die controlebezoekjes had de chirurg zelf een gebroken arm. Op de een of andere manier leek hij door het gips formidabeler dan ooit, met een soort enorme Popeyeonderarm. Onze Aussie spierbundel was in een spraakzame bui en had het over verscheidene operaties die de komende dagen op het programma stonden.

'Kunt u daarmee opereren?' vroeg ik, met een knikje naar het gips.

Hij gaf bescheiden geen antwoord, wat alleen maar mijn vermoeden dat hij bovenmenselijke krachten bezat bevestigde. Hij bedoelde natuurlijk dat hij toezicht zou houden bij de operaties en zeker niet zou proberen iets te doen wat hij niet aankon. Maar ik bleef hem zien als een dokter die een ingewikkelde operatie letterlijk met één hand kon uitvoeren.

Dokter Watt bleef zich positief uitlaten over Como's genezing. Maar hij vergewiste zich er ook van dat ik begreep wat de gevolgen op lange termijn konden zijn. Terwijl hij Como door zijn spreekkamer liet lopen en hem gadesloeg, wees hij erop dat de hond zijn gewicht het vaakst op zijn rechterachterpoot liet rusten.

Dat kon wijzen op een permanente zenuwbeschadiging, legde hij uit. Dat kon tot artritis leiden naarmate de hond ouder werd. Dokter Watt had die dingen al eerder genoemd, maar ze waren nooit helemaal doorgedrongen. We waren lange tijd alleen maar gefixeerd geweest op de vraag of Como het zou overleven en ooit weer zou kunnen lopen. Ik bedankte hem en zei dat ik hoopte dat zijn eigen genezing ook voorspoedig zou verlopen.

'Wat een ellende,' zei hij en hij gaf met zijn linkerhand een harde stomp op zijn gips. Even dacht ik dat hij het ding er zo voor mijn neus met een karateslag af zou slaan.

Voor we weggingen, drong het tot me door dat Como nooit ineenkromp of wegliep als de dokter hem aanraakte, optilde of in hem porde. Ik wil niet zeggen dat Como warme gevoelens voor de dokter koesterde, zoals voor Sally en Phoebe en voor andere mensen die hij gretig kwispelend en met een speelse houding was gaan begroeten, Phoebes vriendinnen Jeanne, Marlena en Hallie, Lizzy's 'moeder', Margene. Zelfs onze uitlandige vriendin Leana, die zo nu en dan vanuit Nicaragua bij ons op bezoek kwam, werd altijd buitengewoon hartelijk door onze hond ontvangen. Tenslotte was dokter Watt lid van Como's minst favoriete geslacht en nog eens uitgesproken mannelijk ook. Toch had Como bij de spierbundel niets van dat doodsbange ontwijkgedrag tentoongespreid dat hij bij mij en de meeste andere mannen die hij tegenkwam wel liet zien. Dat, leek me, was verrassend, onlogisch, en zoals Phoebe zou zeggen, 'te gek maf'.

Voor zover Como misschien kon weten was dokter Watt de man die hem zes dagen in een kooi had gehouden, hem meer dan eens met medicijnen onder zeil had laten gaan, hem op een operatietafel had gelegd en hem ten slotte opengesneden had om zijn skelet weer met metalen pinnen en schroeven aan elkaar te zetten. Hij had hem allerlei pijn bezorgd... 'pain', zoals de spierbundel zei. Waarom voelde Como geen verachting voor die grote, stoere man met zijn groene hemd en dat rare accent en waarom wilde hij met hem niet niks te maken hebben?

Terwijl ik Como terug droeg naar de auto, moest ik denken aan dat interview op de radio met schrijfster Temple Grandin dat ik op de dag van het ongeluk hoorde. Dieren hebben niet automatisch dezelfde associaties van oorzaak en gevolg met betrekking tot traumatische gebeurtenissen als mensen, had Grandin gezegd. Net zo goed als Como de 'schuld' voor de aanrijding had kunnen leggen bij het wegdek of bij de band van de terreinwagen in plaats van bij mij, had hij zijn infuus of de geur van een andere hond verantwoordelijk kunnen houden voor het lijden dat hij in de kliniek ondergaan had.

Als dat waar was, als dokter Watt niet vanwege de beproeving van de operatie op Como's lijst met kwaaie pieren voorkwam, dan was er misschien nog wel een manier voor Como en mij om ons stekelige verleden achter ons te laten en gemeenschappelijk terrein te vinden. Het was al een zegen dat hij me niet in verband leek te brengen met het ongeluk. Onze relatie was de afgelopen maand niet slechter geworden. Die was in sommige opzichten zelfs iets beter geworden. Ook al kon het best te maken hebben met zijn eigen verminderde mobiliteit, Como was nu meer bereid me dichtbij te laten komen en zich door mij te laten aanraken. Ik mocht hem aanlijnen, optillen en met hem rondlopen, ik mocht hem op schoot houden en mijn vingers door zijn woeste haar halen. Liefdevolle verzorging is niet een van mijn sterke kanten: ik ben niet bepaald geduldig en sta als Sally of Phoebe ziek zijn ook niet echt open voor hun behoeften. En het medeleven dat ik mijn ouder wordende ouders in de loop der jaren heb getoond, was eerder plichtmatig dan intens betrokken.

Maar nu, in het geleidelijk kalmer wordende kielzog van die turbulente ochtend waarop Como het huis uit glipte en ik in mijn ochtendjas en op mijn blote voeten achter hem aan rende, ontdekte ik misschien een nieuw aspect van mezelf, het vermogen om gevoeliger te zijn en meer open te staan voor een ander. Ik bukte me om Como's riem te pakken en hem op de passagiersstoel te zetten. Deze gedachte had me zomaar tijdens een routinebezoekje aan de dierenarts overvallen en gaf me een hoop om over na te denken. Terwijl ik via Sixteenth Street naar Market reed, met een boog om stadsbussen heen en om van die bruine, vierkante bestelwagens van UPS waarvan er op elke hoek minstens één dubbel geparkeerd leek te staan, dwaalden mijn gedachten van Phoebes onvoorwaardelijke liefde voor Como naar Julio en zijn zoontje die gezien hadden hoe hun hond doodgereden werd. Ik dacht aan de twee honden die mijn zus had gehad – Ralph en Sebby – en hoe vreselijk het voor haar was toen Ralph vroegtijdig overleed en Sebby een pijnlijke ouderdom tegemoet ging waar maar geen eind aan kwam.

Ik herinnerde me zomaar ineens een klein, ruigharig hondje, bruin met wit, dat op een middag toen ik tien was over de stoep kwam aangerend en als een gek aan het blaffen was. Ik werd daar zo door overvallen en raakte zo in paniek dat ik de hele weg naar huis holde, zodat mijn boterhamdoosje tegen mijn been bonkte en mijn schoolboeken en multomap bijna uit mijn arm gleden. Ik was in die tijd zo bang – ik was meer geschrokken van mijn overdreven schrikreactie dan van de hond – dat ik denk dat ik niet gestopt zou zijn om iets op te rapen dat ik had laten vallen. Ik rende rechtstreeks naar boven, liet me op mijn bed vallen en snikte onbeheerst. Ik was van mezelf geschrokken, en ik schaamde me ook voor mijn reactie op een klein, waarschijnlijk ongevaarlijk hondje dat alleen zijn grondgebied verdedigde en dat me als een bedreiging zag. Het kostte mijn moeder heel wat tijd om me rustig te krijgen (ze wist me uiteindelijk naar beneden te lokken met een kant-en-klaarmaaltijd). Ik kon haar of wie dan ook niet vertellen wat er gebeurd was, omdat ik het zelf niet begreep. Ik hield van honden. Ik wilde een hond. Maar ik was ook bang voor hun snelheid en luidruchtigheid, voor hun sterke spieren en scherpe tanden, voor de pure dierlijke kracht in hun lenige, aanstormende lijven.

Ik zette de radio aan en keek even naar Como op de stoel naast me. Hij zat op die kenmerkende scheve manier van hem die ik altijd zo grappig vond, steunend op één bil en met zijn beide achterpootjes nonchalant als roeispaantjes in de tegenovergestelde richting. In de tussentijd hield hij zijn voorpootjes recht en vlak naast elkaar. Het algehele effect was tegelijkertijd slordig (de hangende bil en roeispaantjes van de achterpootjes) en elegant goedgemanierd (de preutse voorpootjes). Het halfgeschoren uiterlijk versterkte het komische effect alleen maar.

'Wat wordt het, Como?' vroeg ik hem. 'Op de plaats rust of in de houding?' Hij spitste zijn oren bij het horen van zijn naam en draaide ze plat naar achteren toen er uit de luidsprekers een strijkkwartet klonk dat Mozart speelde. Het geluid stond te hard. 'Sorry, hoor,' zei ik terwijl ik de radio zachter zette. 'Je hoort waarschijnlijk liever iets anders. Een beetje jazz? Sport? Lichte muziek? Aan je houding te zien wordt het lichte muziek.'

Een van de onderschatte volwassen genoegens van het hebben van een hond die ik was gaan waarderen, was de dekmantel die het je geeft om vrijuit hardop tegen jezelf te praten. De aanwezigheid van een ander wezen om je heen, vooral een wezen dat reageert op het horen van je stem – en geen kritiek levert op de inhoud – was veel aantrekkelijker en troostender dan ik verwacht had. Wanneer Como en ik alleen thuis waren, wat op doordeweekse dagen dikwijls voor langere periodes het geval was, hield ik soms een eindeloos relaas vol absurde verhalen en onbeantwoorde vragen tegen hem. Vond hij het al tijd om de afwas te gaan doen? vroeg ik hem. En wat dacht hij van een paar gembersnoepjes bij mijn thee? Klonk dat niet als een fijn plan? En wat bedoelde die bureauredacteur trouwens met een ander eind voor dat stuk voor de zondagkrant dat ik afgeleverd had? Begreep niemand anders dan wij het concept, Como? Alleen wij tweetjes?

We reden langs het medisch centrum van de universiteit van Californië op Parnassus en vervolgens de heuvel af naar ons deel van de stad. Ik stopte bij het kruideniertje op Kirkham, een straat verwijderd van waar het ongeluk was gebeurd en kocht terwijl Como in de auto wachtte een broodje. Toen ik terugkwam, had hij zich op de bestuurdersplaats opgerold en was in slaap gevallen. Omdat ik het zakje met het broodje eerst in mijn andere hand moest nemen om in mijn zak naar de sleutels te zoeken, zag ik hem pas toen ik het portier al open had en bijna op hem ging zitten. Nu hij de stoel in beslag genomen had, was hij blijkbaar niet van zins hem weer op te geven. Dit was een primeur na alle autotochtjes die we al gemaakt hadden.

Een jaar of zelfs een halfjaar geleden zou ik meteen op mijn qui-vive zijn geweest. Was dit weer zo'n tactiek van hem om me uit te dagen of op de proef te stellen? zou ik me wellicht hebben afgevraagd. Wilde hij iets duidelijk maken over mijn onbelangrijkheid? Ontkende hij door te weigeren van zijn plaats te gaan dat we op hetzelfde fysieke niveau stonden? Of was het een of ander kat-en-muisspelletje om me te verleiden tot onoplettendheid zodat hij kon opspringen en door het openstaande portier kon ontsnappen?

Maar nu, terwijl ik zijn kale bil een por gaf om hem ertoe te bewegen om slaperig naar de passagiersstoel over te stappen, kwam niets van dat alles in me op. Misschien was mijn kant zonniger. Misschien zag mijn stoel er zachter en uitnodigender uit. Misschien vond hij het gewoon fijn om te zijn waar ik gezeten had, aangetrokken door de bekende mensengeur en warmte die ik achtergelaten had. 'Bedankt, Como,' zei ik terwijl ik mijn veiligheidsgordel over mijn borst trok. Ik legde het broodje op de achterbank, buiten zijn bereik, en startte de auto. 'Laten we maar naar huis gaan.'

Op een donderdagavond in februari, vlak voor het avondeten, belde onze buurvrouw Pam om te vragen of we die avond afscheid kwamen nemen. Cheryl en zij reizen graag, maar dit afscheid was niet van een van hen beiden. Het was het afscheid van Riley.

We wisten al sinds een aantal maanden dat er bij de jongste van de Welsh springer spaniëls van onze buren een hersentumor was geconstateerd. Lange tijd was dat makkelijk te negeren of te vergeten. Met zijn grote, krullerige kop en glanzende bruin-witte vacht, zijn impulsieve energie die van een routinewandeling een touwtrekwedstrijd op kampioensniveau maakte, en een onstuitbaar enthousiasme voor iedereen die hem aandacht schonk of iets wat ook maar enigszins eetbaar was, leek Riley onverwoestbaar. Ik herinner me dat ik dacht toen ik hem op een ochtend kort na Como's ongeluk zag, dat als Riley door een terreinwagen – of zelfs door een tankwagen – was overreden, hij kwispelend zou zijn opgesprongen om dat spelletje nog eens een keer te doen.

Een tijdlang waren de symptomen van de tumor niet merkbaar. Riley at nog steeds zo veel en zo snel als altijd (Phoebe en ik hebben een keer de duur van zijn maaltijd die bestond uit een volle etensbak opgenomen en kwamen uit op zevenendertig seconden), denderde de trap af om uitgelaten te worden en liet zijn contrabas-blaf horen die weergalmde tegen de huizen langs de straat. Maar toen begon hij langzamer te worden. Hij kwam steeds moeizamer het huis in en uit. Zijn staart wapperde niet meer zo snel door de lucht. Wanneer er een hapje of een stoeipartij ophanden was ging hij steeds klaaglijker kijken in plaats van gretig. Op een dag, en het leek al te plotseling te komen, zagen we Cheryl Riley optillen om hem de trap op te dragen die hij zelf niet meer kon nemen. Toen het einde eenmaal kwam, ging het snel. Hij zou de volgende ochtend naar de dierenarts gebracht worden voor het laatste spuitje.

Sally, Phoebe en ik liepen er rond acht uur heen om hem een laatste bezoek te brengen. In eerste instantie leek het een gewoon bezoek. Riley en zijn moeder, Jessie, blaften toen we aanbelden en traden ons toen we binnenkwamen met hun gebruikelijke blije gekronkel tegemoet. Bijna onmiddellijk bleek uit het gedrag van de honden dat de regels van het spelletje veranderd waren. Terwijl Jessie zich met ferm klikkende nagels naar de keuken haastte, zakte Riley in een zittende houding waarna hij met een onbeholpen plof plat op de vloer terechtkwam. Phoebe ging naast hem zitten en sloeg haar armen om de loshangende huid van zijn nek.

'Het is goed, Riley. We zijn er nu, jongen.'
  Cheryl, die een snel en soms vlijmscherp gevoel voor humor heeft, keek naar Sally en mij en knipperde haar tranen weg. 'Ik ga Pam even halen,' zei ze en ze liep naar boven. Sally en ik gingen bij Phoebe op de vloer zitten.
  'Hé, Riley jochie,' zei Sally terwijl ze zijn lange, zachte oren aaide. 'Hé, jochie. Wat is dat nou? Hmm? Wat is dat nou?'
  Ik leunde met mijn rug tegen de voordeur om hem recht aan te kunnen kijken.
  'Riley, maatje, wat is dit waardeloos, hè?' Hij draaide zijn kop om naar me te kijken. Ik voelde me gevleid door zijn inspanning en aandacht maar voelde ook een steek van pijn toen ik in zijn doffe bruine ogen keek. Het feit dat ik geen speciaal iemand was voor Riley, maar dat het alleen maar zijn algehele liefde voor het heelal was waar ik eenvoudigweg deel van uitmaakte, deed niets af aan het plezier dat ik in de loop der jaren van zijn gezelschap had gehad. Hij mocht me graag, zonder voorwaarden. Hij mocht ons allemaal graag. Hij mocht alles graag. En morgen zou hij er niet meer zijn. We stonden op toen Pam naar beneden kwam, met Cheryl vlak achter zich aan.
  'Wat is dit moeilijk,' zei Sally, die van nature geen echte prater is, maar op momenten als deze precies weet wat ze moet zeggen. 'Hij is een geweldige ziel.' Daarop omhelsden we elkaar.
  'Bedankt dat jullie gekomen zijn,' zei Pam, de onverstoorbaar goede gastvrouw.
  'Ja, natuurlijk,' zei ik en ik wist niet wat ik verder moest zeggen. We gingen allemaal op de vloer van de hal zitten, om Riley heen. Na wat geaai en gedoe verdween de eerbiedige stilte. Pam begon het verloop van de ziekte van de hond op te halen. Cheryl bracht wat tactvolle correcties op haar verhaal aan.
  'Dat was voor ze hem chemo aanboden,' zei ze.
  'Ja?' vroeg Pam zich af. Riley werd, toen hij zo'n beetje op het punt stond om voorgoed weg te gaan, al een deel van hun geschiedenis en ook van de onze.

Toen kwam er iets levendigs over ons en het verdriet verdween. We hadden allemaal verhalen te vertellen over Rileys capriolen en leken ze niet snel genoeg te kunnen vertellen om ze allemaal de revue te laten passeren. Sally en ik hadden het erover dat we altijd zo genoten hadden van Riley en Jessie die samen tijdens hun vele bezoeken door ons huis denderden. Cheryl herinnerde zich Riley als een puppy van acht weken, toen al onverbeterlijk. Pam noemde een paar hondenuitlaters die uitgeput waren geraakt door zijn enorme, eigenzinnige kracht. Net als Como, hoorden we, was Riley bij verscheidene gelegenheden losgebroken en zelfs een keer het verkeer in gelopen. Kenmerkend voor hem was dat hij er ongeschonden van af was gekomen. Phoebe vertelde onze buren voor het eerst het verhaal van de gepikte salade; 'Ríleys pestosalade,' zei ze met nadruk. 'We dachten dat jullie misschien kwaad zouden zijn dat we hem zoveel lieten eten,' zei ze. Pam, die nog niet gehuild had, liet nu haar tranen al lachend de vrije loop.

Daarop hief Riley zijn kop en sloeg een paar keer met zijn staart op de vloer. Pam hield haar adem in. 'Kijk hem toch,' zei ze en ze begon opnieuw te huilen. 'Als hij dan zoals nu ineens een paar minuten lang bijna normaal doet dan denk ik: "Hoe kunnen we dit dóén? Waar zijn we mee bezig?"' Cheryl sloeg haar armen om Pams schouder en trok haar tegen zich aan. Rileys kop zakte weer op de vloer.

We bleven nog een paar minuten en maakten opmerkingen over zowel zijn onvergetelijke stunts als over zijn afgetobde lichaam, hoe mager hij was, hoe goed je zijn ruggengraat en ribben zag. 'Het is het beste,' zei Cheryl zachtjes.

'Het is tijd,' zei Sally.

Toen we bij de deur stonden, ik met mijn hand op de koperen knop, vroeg Cheryl naar Como's herstel. 'Hoe gaat het eigenlijk met hem?'

Opnieuw stokten de woorden in mijn keel en lieten me in de steek. Het leek zo verkeerd om blij te zijn dat Como het overleefd had en aan de beterende hand was nu Riley, te jong met zijn tien jaar, op het punt stond te overlijden. Cheryl zag hoe ik naar woorden zocht om dat gevoel over te brengen. Haar altijd aanwezige gevoel voor humor redde me.

'Niemand hier houdt de score bij, hoor,' zei ze. 'Het zou Riley niet redden als Como het niet gehaald had. Eén levende hond is beter dan geen.' Ik haalde mijn hand van de deurknop en liep langs Riley in de armen van Cheryl, die me welterusten kuste.

16

Z

Como was na zijn beproeving voor ons niet meer zomaar Como. Ik wil niet zeggen dat hij een wezenlijk andere hond was na zijn ongeluk en operatie en tijdens zijn herstelperiode. Hij beantwoordde nog steeds elke klop op de deur en de komst van bezoek, elke zwaai met de riem als uitnodiging voor een wandeling en elk teken dat zijn ochtend- of avondmaal er aankwam met gespitste oren, grote ogen van verbazing en een lichaamstaal gericht op wegvluchten. Hij begroette Phoebe en Sally nog steeds met een mengeling van blijdschap en opluchting dat er weer een periode met alleen mannengezelschap voorbij was. En er bleef, in mijn gedachten tenminste, een eeuwig ontsnappingsrisico. Ik ging de voordeur nog steeds zo snel mogelijk door de nauwst mogelijke kier in en uit.

Maar terwijl het leven geleidelijk weer zijn normale gangetje begon te krijgen, begonnen we Como naarmate zijn plaats in het gezin zich verduidelijkte op nieuwe manieren te zien. Ten dele had dat te maken met het simpele feit dat hij het overleefd had. Door een zware beproeving te doorstaan die voor een normaal gebouwde terriër heel goed het einde had kunnen betekenen, liet hij ons zien dat zijn koppigheid wat bepaalde dingen betrof (kooien, mannen, mij) ook een andere kant had. Juist de eigenschappen die hem in de eerste anderhalf jaar waarin we hem hadden tot een wandelende crisis hadden gemaakt, waren ook de eigenschappen die hem zo veerkrachtig hadden gemaakt. Hij was te gedreven, te neurotisch, te waakzaam en te geladen om anders dan met zijn eigen dynamiek op een echt, levensveranderend trauma te reageren. Hij mocht dan vreselijk in paniek raken van een plastic bench of van een paar zwarte schoenen, hij liet zich er door een botsing met een terreinwagen niet onder krijgen. Het was eigenlijk heel voor de hand liggend dat zijn genezing van een ernstig gebroken bekken alle medische logica en kennis tartte. Como kon zich niet veroorloven om zelfs maar een paar dagen invalide te zijn, laat staan zes weken. Hij wist nooit wanneer de omstandigheden hem noopten om onmiddellijk in actie te komen en op de vlucht te slaan.

Toch maakten juist de dingen die Como in onze ogen nog opmerkelijker hadden moeten maken hem, vreemd genoeg, minder bijzonder. Zijn ongeluk en de nasleep daarvan overtuigden ons ervan, zoals niets anders had gedaan, dat hij nu eenmaal zo in elkaar stak en dat hij nooit zou veranderen. En net zoals we zouden hebben gedaan met een mopperpot van een schoonvader of -moeder die nooit tevreden was over de manier waarop zijn of haar bagel geroosterd was, of met een nieuwsgierige buurman of -vrouw die altijd op de meest ongelegen momenten kwam binnenvallen of met een kind dat zo gek was op schaatsen dat er niets anders meer bestond, raakten we eraan gewend. We raakten gewend aan Como's obsessies en excentriciteiten, zijn flair voor drama en zijn aangeboren talent om ons aan het lachen te maken, zijn dramatische kapsel wanneer hij na een dutje wakker werd en zijn gewoonte om over de kale vloer tussen de kleden van de woonkamer en eetkamer heen te springen, alsof hij nog steeds over de hekjes moest die we er ooit tevergeefs neergezet hadden om hem in bedwang te houden. We raakten gewend aan zijn onvoorspelbare grillen dat wandelingen de ene keer geheel gewijd konden zijn aan een minutieus onderzoek van elke telefoonpaal in de straat (terwijl hij alle mensen en honden die hij tegenkwam negeerde) en de andere keer gebruikt werden voor ingewikkelde, ondoorgrondelijke sociale rituelen waarbij iedereen die vriendelijk was genegeerd werd en hij hoopvol kwispelde naar degenen die met hun neus in de lucht voorbijliepen. We konden niet zeggen dat we veel begrepen van wat hij deed, maar we raakten eraan gewend.

Naarmate we Como echt begonnen te accepteren zoals hij was, werd hij in onze ogen langzamerhand steeds minder bijzonder. Het hebben van een vreemde hond maakte deel uit van het gezin dat we waren, een wezenlijk, noodzakelijk onderdeel. Phoebe had meer gelijk gekregen dan ze zich ooit had kunnen voorstellen toen ze zo standvastig lobbyde voor deze hond. Haar groei naar volwassenheid zou eenzamer en beperkter zijn geweest zonder die heerlijk merkwaardige hond om haar gezelschap te houden en om haar vindingrijkheid en de omvang van haar liefde te meten. Toen we Como net hadden en onze dochter hem in haar armen nam en tegen zijn snuit kirde alsof ze een baby aan het troosten was, voelde ik me wel eens ongemakkelijk over haar neiging om de hond menselijke eigenschappen toe te dichten, om van hem het jongere broertje of zusje te maken dat ze nooit had gekregen. Ze noemde Como voortdurend haar broertje. Maar al snel raakte ik ook daar aan gewend en begon het zelfs wel komisch en onuitsprekelijk lief te vinden. Haar door de woonkamer te zien slenteren met haar wollige vrachtje was een beetje als met een noodvaart door een tijdtunnel gaan. Daar liep onze dertienjarige dochter als jonge moeder, op een moment tien of twintig jaar verder in de toekomst, die stralend op haar eerste kind neerkeek.

Sally en ik waren ook beter geworden door alle verstoringen die de hond in ons leven veroorzaakt had. Ons huwelijk was er beter van geworden. Ja, we kregen minder slaap in die vele nachten waarin Como ons met zijn capriolen wakker hield. Maar zonder Como zouden we al die zachtjes voortkabbelende gesprekken gemist hebben die we de ene na de andere machteloze nacht in de fluwelen duisternis van onze slaapkamer fluisterend met elkaar hielden. We hadden een hoop geld kunnen besparen als Como er niet was geweest om de rekeningen van de dierenarts na zijn ongeluk huizenhoog op te laten lopen. Maar dat zou betekend hebben dat we de superheldendaden van de Aussie spierbundel en het net zo verbijsterende verloop van Como's herstel ('ik doe het op mijn eigen manier') gemist zouden hebben.

We zouden waarschijnlijk meer gereisd hebben als Como's wispelturige, nerveuze natuur ons niet het gevoel had gegeven dat we ons niet al te ver uit zijn zicht mochten wagen. Maar ja, als we geen hond hadden gehad – déze hond niet hadden gehad – zouden we waarschijnlijk nooit die twee stokoude blonde labradors van Twelfth Avenue, Max en Willie, hebben ontmoet en hun buitengewoon wijze vrouwtje dat hen zachtjes door hun laatste jaren leidde. We zouden geen getuige zijn geweest van de synchrone haarspeldbochten die Como en Lizzy maakten wanneer ze bij elkaar kwamen voor hun Olympische sprints. Sally en Como zouden nooit op gelijktijdige ochtendwandelingetjes bevriend zijn geraakt met de wankelende oude Russische man met zijn snoepjes en zijn vaste hondengezelschap. We zouden er misschien niet bij zijn geweest, en zeker niet zo sterk gevoeld hebben wat onze buren doormaakten, op Rileys laatste avond met Pam en Cheryl.

Net als veel andere stellen die laat kinderen krijgen – Sally was zevendertig toen Phoebe geboren werd en ik was veertig – waren we verstrikt in onze carrières en verplichtingen, vaak te druk, te afgeleid, te zwaar belast en te moe om het hele spectrum van de opvoeding van een dochter te overzien. We hadden te vaak haast en wilden ons er vaak domweg doorheen slaan, wilden alleen maar de dag en alles wat daarin van ons werd geëist zien door te komen. Phoebe 's ochtends naar school brengen en ons eigen werk doen. Naar een les, een interview of een vergadering en dan weer terug naar een in-box vol nieuwe e-mails. Het afhalen van school of voetbaltraining, en het coördineren van afspraken met vriendinnetjes en pianolessen. Dan het eten op tafel zetten, onze dochter naar bed brengen, zelf gaan slapen en ons voorbereiden om het de volgende dag allemaal opnieuw te doen.

Como veranderde daar niets aan. In sommige opzichten maakte

hij het alleen maar ingewikkelder omdat hij uitgelaten moest worden en moest eten en dan waren er natuurlijk nog zijn ongeplande en veelbewogen uitstapjes in zijn eentje buitenshuis. Maar hij trok ons ook uit onze voortrazende cirkel de zijne in. Hij dwong ons letterlijk om naar beneden te kijken om te zien waar we liepen. Hij herinnerde ons, met alles wat hij deed – zijn blije gekronkel bij het zien van zijn etensbak, zijn lome tevredenheid als hij in een vlek zonlicht op de overloop lag en zijn bittere ellende als hij ergens om wat voor reden dan ook opgesloten zat – eraan dat we allemaal medebewoners van de fysieke wereld waren. Zelfs op zijn meest gekmakende of vervelendste momenten was Como zich heel goed bewust van de genoegens en de gevaren van het leven. Het was een beetje onthutsend en bij tijd en wijle tamelijk belachelijk, maar het was ook onmiskenbaar waar: het magere, bange terriërtje dat we op een middag in een kooi in het asiel hadden gevonden, had ons zuiverder op alles afgestemd – op hem, op elkaar, op de slingerende rit van ons leven samen.

Een van de momenten die ik me het scherpst voor de geest kan halen van de dagen die Como in het ziekenhuis doorbracht, was toen Phoebe en ik op een avond op de gestreepte banken in de wachtruimte zaten te wachten op nieuws. Ik was op dat moment in een bijzonder sombere bui; ik zat naar de vloer te staren en was ervan overtuigd dat het hondje dood zou gaan toen ik Phoebes ogen op me voelde.

'Papa,' begon ze, haar stem gedempt en vragend, 'wat is er precies gebeurd?'

'Wat bedoel je?'

'Nou, toen hij aangereden werd.'

Mijn hart zonk me nog dieper in de schoenen. 'Lieverd, ik heb je toch verteld hoe hij uit huis was ontsnapt. Het was een ongeluk. Niemand kon er iets aan doen.'

Phoebe schudde haar hoofd. 'Dat bedoel ik niet. Ik bedoel het moment dat hij aangereden werd. Is de band over hem heen gegaan? Of werd hij door de auto vooruitgeschoven?'

Het was alsof we samen naar de plek van het ongeluk gingen en neerkeken op Como terwijl hij op zijn zij op straat lag, met zwoegende longen, zijn oog omhoog starend. Phoebes vragen waren precies de vragen die door mijn hoofd geschoten waren toen ik de straat op rende en me bukte om hem aan te raken. Phoebe moest alles tot in detail weten als om het zelf te beleven, alsof dat op de een of andere manier een beschermende laag over haar hond zou toveren.

Ik was er geweest en had gezien wat er gebeurde toen hij van de stoep af rende... of, beter, gezien wat ik kon zien. Phoebe niet, maar ze wilde dat ze erbij was geweest. Ze wilde dat ze het meegemaakt had. Ze wilde dat ze op dat moment bij Como was geweest om het haar op zijn kop glad te strijken, hem op te tillen en in haar armen te houden, ze wilde doen wat ze maar kon. Het deed me pijn om de angstige spanning en nieuwsgierigheid op haar gezicht te zien. Het maakte ook dat ik van haar en van haar hond hield, die ons met elkaar verbonden had, mijn dochter en mij, omdat we allebei verdriet hadden en met ons hele hart hoopten en baden dat Como het echt zou halen.

Toen Sally en ik pas met elkaar omgingen, duurde het even voor ze kon wennen aan de bijnamen die mijn vrienden en ik uitdeelden als snoepjes. Dat was ook weer een van die dingen – zoals het feit dat mijn familie constant praatte en de hare de voordelen van de stilte koesterde, of dat ik van Sondheim hield en zij dol was op Springsteen – die we van elkaar moesten zien uit te vinden. Verliefd worden is geweldig. Het is ook vrij gemakkelijk. Maar erachter zien te komen hoe je met een ander kunt samenleven en de zin kunt inzien van zijn of haar unieke en soms ogenschijnlijk vreemde plek in de wereld is een levenslange, eeuwig onafgeronde onderneming.

Sally's vrienden en familieleden hebben, verstandig genoeg, de neiging om elkaar bij hun door hun ouders gegeven voornaam te noemen. Daar heb ik nooit zo aan meegedaan. Al vanaf ik klein was geef ik mensen andere namen, dikwijls zijn dat door vrije associatie tot stand gekomen bijnamen, uitgesponnen tijdens de zoektocht naar een of andere ongrijpbare essentie waarmee ik me verbonden voel. Het is niet iets wat ik bewust bedenk, ik kan het zelfs niet in bedwang houden. Het is gewoon een manier – en dat zegt misschien meer over mijn karakter dan ik besef – waarop ik omga met mensen om wie ik geef.

Neem bijvoorbeeld mijn vriendin Judi. We voelden ons tot elkaar aangetrokken door onze liefde voor Frans eten, Charles Dickens en opera's van Händel en door een gezamenlijke afkeer van sommige van onze hoogleraren. Kort nadat we elkaar ontmoet hadden, begonnen we veel met elkaar op te trekken. Enkele maanden later, zonder dat ik het van plan was, noemde ik haar op een avond tijdens het eten 'GooGoo'. Toen ik haar vertelde waar dat vandaan kwam – ik had op school een aandoenlijk romantische Judith gekend – slaakte de nieuwe GooGoo een zucht, maar stemde genadig toe. Zoals zij het zag, ging het er niet om hoeveel ze gemeen had met haar naamgenote, maar eerder hoe weinig. De serieuze, academisch ingestelde GooGoo was een van de minst goo-goo-achtige, onromantische, mensen die ik kende.

Maar dat weerhield mij en andere wederzijdse vrienden er niet van om de bijnaam over te nemen en ermee te spelen alsof het een spelletje scrabble was. GooGoo werd al snel 'Googlers', 'Gogglers', 'Gagglers', 'Gigglers'. Toen de onvermijdelijke afkorting 'GG' ontstond, begon onze studievriend Jim (bijnaam 'Maas', afkorting van 'Mazelen') haar 'G2' of 'G-kwadraat' te noemen. Toen Judi bezwaar maakte tegen het feit dat ze een getal in haar naam had, ontstonden er talloze mogelijkheden met twee G's die de wereld van eten en drinken waar ze zich zo thuis voelde bestreken. GooGoo werd 'Groene Godin' en 'Gouden Gin'. Later, na een idiote ontwikkeling waar je een team van taalkundigen op zou kunnen loslaten voor een reconstructie, luisterde Judi naar de naam 'Krab Kroketje'. Zo nu en dan vallen we ter wille van vroeger terug op het eenvoudige en klassieke 'GooGoo'.

Bij Como was er sprake van speciale omstandigheden. In de eerste plaats was hij natuurlijk een hond en kon dus niet meedoen aan het bedenken en afleiden van bijnamen. Dan was er het probleem van de verschillende echte namen die hij al had gehad. Nadat we hem ontdaan hadden van zijn asielnaam, Gandalf, hadden Sally, Phoebe en ik al een scala aan Italiaanse mogelijkheden doorgenomen – van prosecco en Pavarotti tot Palladio – voor we op Como uitkwamen. Voor die tijd, zoals Sally opmerkte, kon hij wel ik weet niet hoe hebben geheten. Een van de geheimen uit het verleden van onze hond was hoe hij geheten kon hebben voor hij Gandalf werd. We wisten dat net zomin als we wisten wat er met hem gebeurd was in de straten van Santa Clara (en waar hij verder nog uitgehangen mocht hebben) dat hem gemaakt had tot wie hij was.

Ons huisdier had al vroeg bijnamen, eerder dan een hondennaam. Met een koosnaampje dat misschien haar lichte spijt weergaf dat ze niet het heel jonge hondje had gekregen dat ze zich voorgesteld had, noemde Phoebe haar nieuwe hond vaak Como Pup. Sally, die in de loop van ons huwelijk over haar aanvankelijke bijnaamafkeer heen gekomen was, maakte er een deftigere titel van. Voor haar was hij 'Como Pup de Como Hond'. Dat rolde zo aangenaam van de tong dat het uitnodigde tot een spontaan wijsje (op de melodie van 'De mosselman') dat we allemaal een tijdje hebben gezongen:

Ken jij Como Pup de Como Hond,
De Como Pup, de Como Hond,
Ken jij Como Pup de Como Hond,
Hij woont in San Francisco!

Eén duidelijk goedmakertje voor alle problemen waar Como ons voor stelde, was de kans om onverholen idioot met hem te doen. Sally en ik genoten daar misschien nog meer van – en hadden het misschien ook meer nodig – dan Phoebe.

Eenmaal uitgerekt als een elastiekje, vroeg zijn nieuwe naam erom om in te krimpen tot iets korters. 'Como Pup de Como Hond' werd 'De Pup' of 'Hem z'n Pup'. Toen werd dat nog verder teruggebracht tot 'Hemz'.

Dat paste op de een of andere manier bij hem. Zoals hij midden op de vloer van de woonkamer geduldig zat te wachten op een aai of een lekker hapje, bezat hij een bepaald soort komische waardigheid. Met zijn oren asymmetrisch gespitst bij het horen van onze stemmen of het geluid van droge brokjes die in zijn metalen etensbakje ratelden, zag hij er compact en onafhankelijk uit, tevreden, blij precies daar te zijn waar hij wilde zijn. Hij was van ons. Hij was thuis. Hij was Hemz.

En toen rende hij op een dag de straat op en werd bijna doodgereden, waarna hij kaalgeschoren en gered werd en een trui kreeg aangemeten. Gebeurtenissen die hem zijn posttraumatische namen 'Frankenhondje' en 'Einstein' opleverden. Dat waren handvatten van het moment, tijdelijke noodmaatregelen met natuurlijke uiterste houdbaarheidsdata ingebouwd. Naarmate zijn herstel vorderde en zijn vacht weer begon te groeien, werd hij langzamerhand weer Hemz.

Als de hond toevallig bij Sally of Phoebe in de woonkamer was wanneer ik thuiskwam met mijn aktetas onder mijn arm, begroette ik hem eerbiedig: 'Goedenavond, Hemz.' Hij bleef dan zitten en keek naar me op, beleefd maar vrijblijvend, als iemand die me taxeerde bij een ophanden zijnde zakelijke overeenkomst. We waren voortdurend aan het onderhandelen, Como en ik, en die nieuwe naam die we voor hem hadden, formeel maar tegelijkertijd frivool, scheen te helpen. We wilden allebei oprecht goed met elkaar overweg kunnen, maar het ook weer niet al te serieus nemen. 'Fijn je te zien, Hemz,' zei ik dan terwijl ik mijn aktetas of sporttas neerzette en langs hem heen stapte om mijn vrouw een kus op haar wang te geven. 'Leuk dat je vanavond langsgekomen bent.'

Al gauw leidde de geleidelijke terugkeer van de hond naar diens oude uitbundigheid van voor het ongeluk, tot een speelsere versie van hoe we hem noemden. 'Hemz' ging op een zeker moment over in 'Hemzetje'. Toen werd het een soort muzikaal woordspelletje. We begonnen, zomaar voor de lol, de klemtoon op de tweede lettergreep van zijn naam te leggen: 'Hem-Zétje'. Phoebe, met haar jongere oren, hoorde dat minder letterlijk dan ik. In wat ik later ben gaan beschouwen als een revolutionair stukje familiecorrespondentie, liet ze op een dag een briefje voor me achter waarin ze meldde dat ze hem tussen de middag uitgelaten had. Ze spelde zijn naam 'Hem-Z'.

Het was zo'n toevallige doorbraak die net een voorbestemde geniale ingeving lijkt. De volgende stap was voor de hand liggend, vlammend vanzelfsprekend. Ik kon niet wachten tot Phoebe, die bij Jeanne was, thuis zou komen.

'Je hebt het hem geflikt, Skidge,' toeterde ik zodra ze binnenstapte.

'Wat? Wat heb ik gedaan?' Ze kreeg een onzekere blik in haar ogen, zodat ik me even afvroeg wat ze te verbergen had. Maar ik was te blij om daar al te hard over na te denken.

'Je hebt hem gevonden,' zei ik. 'Je hebt dé naam gevonden: "Z." De laatste letter. De laatste letter in het hondendom. Het ultieme dier. Z! Z! De mysterieuze, ongelooflijke Z! De man met het masker! Het teken van Zorro!'

Phoebe wierp me voorzichtig een scheef glimlachje toe. Ik zag dat ze het leuk vond dat ze me blij gemaakt had, ook al wist ze niet goed wat ze gedaan had of hoe ze het gedaan had. Nu ik erbij stilstond, wist ik eigenlijk niet of ze wel wist wie Zorro was. 'Ik ga me even omkleden en mijn spullen opbergen,' zei Phoebe en ze kwam een paar minuten later de trap af met de hond in haar armen.

'Z,' zei ik dankbaar. Het leek nog beter bij hem te passen nu hij bij ons in de kamer was. Het had iets zen-achtigs, die enkele letter waar hij zonder het te weten naar gestreefd had. Na de 'X' was het de gekste, absurdste, swingendste letter van het alfabet. Dit was hem, teruggebracht naar zijn ongrijpbare, zigzaggende, kluchtige wezen. Phoebe wrong zich in een bocht om haar hond recht in het pas herdoopte gezicht te kijken.

'Z,' herhaalde ze. 'Hondje Z.'
'Precies,' zei ik. 'Z.'
Zijn naam maakte in de daaropvolgende maanden wat uitbreidingen door. Nadat een vriendinnetje van Phoebe teruggekeerd was van een vakantie in de Mexicaanse staat Guerrero, vierden we dat feit door de 'Z' uit te breiden naar 'de Zihuantenejan'. 'Te lastig om te onthouden,' verklaarde Sally. 'Of om te spellen.' Ze had in beide opzichten gelijk.

Toen kregen we na een weekendje in Point Reyes die gedenkwaardige rit naar huis. Phoebe en ik zaten voorin; Sally, die uitgeput was van onze wandeling naar een door de wind geteisterd strand, lag achterin te slapen. Omdat we Como misten, die bij zijn oppas Marianna logeerde, begonnen Phoebe en ik ons onze hond in oude exotische kostuums voor te stellen. We stelden ons Como voor als een Victoriaanse ontdekkingsreiziger, een Egyptische farao, een musketier met een enorme pluim op zijn hoofd en een piraat met een lapje voor zijn oog en een haak aan zijn poot vastgemaakt. Daar moesten we zo hard om lachen dat ik bijna de auto aan de kant moest zetten.

Dat alles was een nostalgische terugblik op *Wishbone*, een televisieprogramma uit de jaren '90 over een jack russell die verkleed als personage verscheen in ingekorte versies van klassiekers als *Robin Hood* en *Don Quichote*. Met een hond als held was *Wishbone* Phoebes favoriete programma toen ze zes en zeven was. Rijdend door de groene heuvels over de Highway 1, stelden we ons nu het programma voor met Como als de ster. Phoebe liet hem als zeeman optreden in een keurig donkerblauw colbert met koperen knopen en een kapiteinspet met een gouden koord erom.

'Hij is Z. Z, de man van de zeven zeeën,' riep ik uit. Daar moest Phoebe zo vreselijk om lachen dat Sally er wakker van werd.

'Wat is er zo grappig?' vroeg ze slaperig vanaf de achterbank.

'Dat weet ik eigenlijk niet,' zei ik terwijl ik de auto keurig door een bocht probeerde te manoeuvreren.

'Z,' riep Phoebe uit, 'de man van de zeven zeeën.' Op dat moment kregen we allebei de slappe lach en moest ik inderdaad de auto aan de kant zetten tot de oceaangolven van gelach overgingen.

'Tsjonge, jonge,' zei Sally. 'Ik kan niet in slaap vallen of de hel breekt los.' Ze nestelde zich weer tegen het raampje en wachtte tot we verder konden.

Phoebe begon in de herfst van 2005 aan de bovenbouw van de middelbare school. Sally en ik konden bijna niet geloven dat onze verlegen en zachtaardige dochter de veiligheid van de school waar ze al sinds haar kleutertijd op zat zou gaan verruilen voor de autonomie, verantwoordelijkheid en onzekerheid die dat vierde jaar met zich meebracht. Ze zou aan een hele nieuwe groep klasgenoten, leraren en academische verwachtingen moeten wennen. Ze moest volgens een verwarrend rooster dat geen enkele dag hetzelfde was haar weg naar de lessen zien te vinden en door gangen dwalen die bevolkt werden door jongens van achttien die al een rijbewijs hadden en waarschijnlijk allerlei andere volwassen kunstjes uithaalden.

De gangen bleken echter de minste van onze zorgen omtrent Phoebes verblijfplaats overdag te zijn. Phoebes nieuwe school lag in de wat smoezelige maar kleurrijke wijk Haight-Ashbury, het toneel van de flowerpowerzomer van '67 waar Sally en ik vanaf een afstandje diep van onder de indruk waren toen we Phoebes leeftijd hadden. Haar nieuwe school voerde een open campusbeleid, wat inhield dat de leerlingen tijdens de middagpauze en tussen de lessen door het gebouw uit mochten en door Haight Street mochten wandelen. Sally en ik, allebei geen koffiedrinkers, luisterden belangstellend en een beetje geïntimideerd naar Phoebe wanneer ze tussen neus en lippen door vertelde dat ze halverwege de ochtend naar het People's Café, de Squat & Gobble of Coffee for the People was gegaan voor een espresso of een cappuccino. Nog opmerkelijker waren sommige van de nieuwe vrienden en kennissen die ze kreeg. We hoorden over nieuwe klasgenoten Jonah, Nora, Sam, Oona, Jacob, Alexanna en Alan en in het voorbijgaan ook over een man op de hoek van Haight en Masonic die naar onze dochter grijnsde en haar 'babydoll' en 'schatje' noemde.

'Wat voor man?' vroeg Sally. Ze zat naast me op de bank in de woonkamer en had Como op schoot. Phoebe, die sinds de onderbouw ettelijke centimeters in de hoogte was geschoten, verhief zich boven ons terwijl ze haar gewicht ongeduldig van haar ene voet naar de andere verplaatste.

'Niemand,' zei ze. 'Een of andere kerel.'

'Hoe oud?' vroeg ik.

'Pap. Wat dacht je nou? Dat ik aan iedereen die ik tegenkom vraag hoe oud ze zijn? Het is gewoon een of andere kerel.'

'Schoolleeftijd of volwassen?' hield ik aan.

'Volwassen.'

'Werkt hij in een van de winkels in de straat?' vervolgde ik.

Phoebe reageerde met de flauwe, medelijdende glimlach die ze van het ene op het andere moment geleerd leek te hebben, als een manier om aan te geven dat haar ouders er echt helemaal niets van begrepen. 'Dat dacht ik niet,' zei ze.

'Dus hij is een dakloze,' zei Sally. 'Die kerel.'

Phoebe haalde haar schouders op. 'Ik heb hopen huiswerk. Kom, Z. We gaan.' Het hondje sprong van de bank en volgde haar naar haar kamer.

Como bracht daar veel tijd door. Zodra Phoebe thuiskwam uit school, verdween ze meteen naar haar kamer, mét de hond en iets te eten. Ze doken voor het eten weer op en verdwenen daarna voor de rest van de avond weer naar haar hol. Al die 'hopen' huiswerk waren de belangrijkste reden voor het langdurige verblijf in haar kamer, maar zoals de geluiden van muziek, het getik op het toetsenbord van haar laptop om te e-mailen en msn'en en haar blèrende telefoon aangaven, was ze ook druk bezig om achter haar gesloten deur haar eenentwintigste-eeuwse elektronische sociale leven bij te houden.

Uitgestrekt op het voeteneinde van haar bed hield Como haar trouw gezelschap. Nu zijn vacht weer helemaal aangegroeid was en hij volledig genezen was van de operatie, had de hond een nieuw soort onafhankelijkheid aangenomen. Hij ging waar hij wilde en wanneer hij wilde, soms met een rustig, voornaam gangetje en bij tijd en wijle, als hij daar zin in had, keihard. Zijn bestemming was in de meeste gevallen Phoebes kamer. Het was alsof de twee samen een nieuwe fase ingegaan waren, een die Sally en mij een secundaire status toewees. Ik was het gewend om door Como met de nek aangekeken te worden, dus viel zijn afwezigheid me niet zo erg op en had ik er ook geen last van. Sally wel.

'Waar is Z?' vroeg ze bijvoorbeeld na de afwas of het corrigeren van proefwerken.

'Waar hij altijd is,' zei ik dan.

'Dat zal wel, maar ik mis hem.'

Wat we allebei ook wisten, naast de verblijfplaats van Phoebe en Como, was wat het wilde zeggen over de komende paar jaren die voor ons lagen. Phoebes zich terugtrekken op haar kamer was de eerste van een onvermijdelijke reeks tactische zetten die zouden leiden naar het moment dat ze zou gaan studeren. De bovenbouw, daklozen die haar 'schatje' noemden en haar dichte slaapkamerdeur waren stappen in dezelfde richting.

Gelukkig wilde Phoebe, hoe hopeloos ze ons ook vond, nog steeds wel met ons uit – uit eten of naar de film – en met ons op vakantie. In de voorjaarsvakantie van haar vierde jaar gingen we met zijn allen naar Nicaragua om onze vriendin Leana op te zoeken. We reserveerden voor Como een plekje bij Marianna voor zijn langste verblijf ooit... een volle week. De reis, van Leana's kleine dorpje naar het uitgestrekte Managua, de grandioze koloniale stad Granada, een actief werkende vulkaan en een vakantieoord op een klif, was sensationeel. Phoebe imponeerde ons allemaal door haar Spaans in de praktijk te brengen en met kelners en winkeliers te praten. We vonden de mensen, het eten en de muurschilderingen in Esteli geweldig.

Phoebe, die Como dolgraag snel wilde zien toen we terugkwamen in San Francisco, smeekte ons om de taxichauffeur op weg van het vliegveld naar huis te laten stoppen bij Marianna. Stoffig van zijn gemeenschappelijke wandelingetje, maar blijkbaar kerngezond begroef Como Phoebe en Sally onder de kusjes van zijn tong en kreeg ik er in de algehele euforie zowaar ook nog een paar. De volgende ochtend gaf hij over op de trap, kreeg hij diarree tijdens zijn wandelingetje en hield hij zich het grootste deel van de dag schuil onder de keukentafel. Toen Sally thuiskwam uit school, gingen we met hem naar de dierenarts; dezelfde praktijk waar ik binnengestormd was nadat Como aangereden was.

'Ga jij maar met hem naar binnen,' zei ik terwijl ik voor het gebouw stopte. 'Ik ga een plekje zoeken om te parkeren en dan zie ik je hier wel.' Er was meer dan een jaar verstreken, maar ik keek er nog steeds niet naar uit om de ruimte te bezoeken waar ik de laatste keer in mijn ochtendjas verschenen was. Ik kon me nog steeds maar al te duidelijk die zachtjes kabbelende fontein op de balie voor de geest halen en de bloedvlekken die ik op de muren en de vloer achtergelaten had.

Sally kwam veertig minuten later naar buiten met de hond onder haar arm. Ze hadden hem grondig onderzocht, vocht ingebracht door middel van een spuit in zijn rug en een kuur van twee weken voorgeschreven tegen een eventueel maagvirus. De rekening bedroeg tweehonderdzestig dollar.

'Nou, da's fraai,' zei ik. 'Wij gaan een week naar een Midden-Amerikaans land en niemand van ons wordt ziek. We komen thuis en meneer is degene met een maagvirus.'

Z keek me vanuit Sally's armen zielig aan. Hij mocht dan zijn plaatsje in ons leven en in ons hart gevonden hebben, maar onze hond was duidelijk nog niet gestopt met ons verrassingen te bezorgen.

17

Het meer, het strand en het klif

In een nieuwe opwelling van optimisme en sociale betrokkenheid begon ik Como op steeds langere en ambitieuzere wandelingen mee te nemen. In plaats van alleen maar met hem naar de hoek van Twelfth en Lawton en weer terug te lopen, besloot ik wat meer tijd uit te trekken voor tochtjes naar Stow Lake in het Golden Gate Park, Ocean Beach en het hondenmekka op de kliffen bij Fort Funston. De locaties zijn alle drie een kort ritje van ons huis verwijderd.

Een deel van mijn motivatie was onzelfzuchtig, of tenminste, half onzelfzuchtig. Honden hebben meer lichaamsbeweging nodig dan Como kreeg en het was tijd dat ik daar eens iets aan deed. Sally deed haar portie al door hem in het weekend voor langere zwerftochten door onze heuvelachtige buurt en naar de honkbalvelden in het park mee te nemen. Como, die na zijn operatie al snel en tamelijk wonderbaarlijk weer op krachten was gekomen, was er meer dan klaar voor om mij mee te laten doen. Als ik met de riem naar hem zwaaide en vroeg of hij naar het meer of het strand wilde – hij leek het voorstel te begrijpen – begon hij enthousiast op zijn achterpoten te dansen.

'Oké, Z. Rustig maar. We komen er wel.' Dan liep hij zo rond mijn voeten te kronkelen dat ik de riem bijna niet aan de halsband geklikt kreeg. Bij andere gelegenheden herinnerde hij zich opeens dat hij me nog steeds niet vertrouwde en kronkelde hij helemaal buiten mijn bereik.

Het autoritje was een verwachtingsvolle marteling voor hem. Dan stond hij naast me, met zijn achterpoten op de achterbank en zijn voorpoten op de console naast me en tuurde geconcentreerder en intenser door de voorruit dan ik als chauffeur ooit gedaan heb. Als ik het stuur aan hem zou overdragen, dacht ik wel eens, zou hij ons er net zo veilig, en waarschijnlijk sneller dan ik, heen gebracht hebben. Naarmate we dichter bij onze bestemming kwamen – hij leek een ingebouwde tomtom te hebben voor afstand en parkeerplaatsen – ging hij janken en over de achterbank heen en weer lopen. We konden er voor hem niet snel genoeg zijn, uit de auto stappen en op weg gaan.

Zijn ware hondenaard kwam daar in de natuur pas echt tot leven. Op de paden en velden rond Stow Lake, het met zeewier bezaaide zand op het strand of de met cipressen beplante duinen bij Fort Funston, bewoog Como zich met een hernieuwde doelgerichtheid voort. Zijn plichtmatige gesjok over de stoep werd vervangen door een uitbundige gedrevenheid. Zoveel dingen om aan te snuffelen – struiken, bloemen, wrakhout, krabbenskeletten, andere honden (op deze tochtjes door de natuur was hij minder geremd en afstandelijk), mensen, stenen, afval... en zo weinig tijd om te snuffelen. Hij had nog maar net iets interessants gevonden of hij zag een paar (of honderd) meter verderop iets wat zijn onmiddellijke aandacht vereiste. Daar ging hij dan, met mij aan de riem achter hem aan terwijl ik probeerde hem bij te houden. Zo veel plekken om zijn poot op te tillen en zijn geur achter te laten. Zo veel popcornkorrels, broodkorsten, stukken hard geworden kauwgum en Joost mag weten wat nog meer om tijdens het lopen op te schrokken. De lucht zelf leek hem al op te winden, en zon, mist, winter of lente, het maakte niets uit. Hij was op die uitstapjes een gelukkige, tevreden hond. Zozeer dat ik hem, eerlijk gezegd, wel eens aan het eind van de riem zag trekken en vond dat ik hem eigenlijk gewoon los moest laten, om hem de wijde wereld in te laten trekken naar waar hij vandaan kwam en naar terugverlangde.

Hoe bevredigend het ook was om te zien hoe Como genoot van al dat nieuwe land, onze uitgebreide wandelingen waren niet alleen voor hem bestemd. Een van de redenen waarom ik Phoebe ons had laten overhalen om überhaupt een hond te nemen, had te maken met mijn eigen neiging tot afzondering. Omdat ik veel thuis werkte, omdat ik boven de vijftig was en me bewust was van een beperkte sociale kring die in de komende jaren waarschijnlijk niet veel breder zou worden, omdat er een leeg nest opdoemde wanneer ons enige kind ging studeren, had ik me een hond voorgesteld als gedeeltelijke bescherming daartegen. Ik had me voorgesteld hoe ik andere hondenbezitters zou opzoeken en met hen zou oplopen, hoe ik op straat vreemden zou ontmoeten met onze goedgemanierde snuffelende pups als ijsbrekers, hoe ik regelmatig naar de gezellige hondenplantsoenen en -renveldjes zou gaan die ik door de hele stad zag, hoe ik op een schilderachtig paadje zou blijven staan voor een belangrijk moment van verbondenheid met mijn liefdevolle en toegewijde huisdier. Dat alles zou met Ecstasy lukken, had ik ooit gedacht... zowel de hond van die naam als de toestand van versterkte emoties en het erbij horen die ze zou vertegenwoordigen.

Toen het lot ons in plaats daarvan Como toebedeelde, verdwenen die rozige filmpjes uit beeld en werden ze vervangen door de langlopende reality-serie met een paniekerige hond die een groot deel van zijn energie besteedde aan het ontlopen van mij, aan grillig gedrag in het openbaar en aan het plannen van zijn volgende mogelijk rampzalige ontsnapping. Zacht uitgedrukt was het hebben van een hond niet geworden wat ik ervan verwacht had.

Maar wat was dat wel? Echtgenoot en vader zijn, meer dan vijfentwintig jaar voor dezelfde krant werken, vrienden maken en houden terwijl ik anderen onderweg uit het oog verloor, getuige zijn van het overlijden van mijn vader en het wegzakken van mijn moeder in de steeds benauwender greep van de ziekte van Parkinson... geen van die dingen was verlopen volgens welke naïeve, simplistische scenario's ik daar ook voor bedacht mocht hebben. Como was een nieuw hoofdstuk in het onverwachte en onvoorspelbare, het eeuwig onafgemaakte verhaal van teleurstelling en berusting, dreiging en troost, eenzaamheid en liefde dat het leven op zijn eigen onvoorspelbare manier opdient.

De onschuld van onze hond in al die dingen, zijn volkomen opgaan in het moment, hijgend in de hitte, speurend naar een gevallen snoepje in het gras in het park, jankend als een operadiva in zijn kooi in de kliniek, trillend van vreugde wanneer Sally de trap opkomt en de deur opendoet; die dingen gaven richting aan mijn zelfbewustzijn en nodigden me uit om er een beetje los van te komen. Z, omdat hij zo volkomen was wie hij was, zorgde voor een weg om uit mezelf los te komen en in een wereld te stappen die directer, levendiger en meer onderling verbonden was. Als Como bij het minste teken van een wandeling opkeek en me recht aankeek met zijn donkerbruine, met krullerige wimpers omkranste ogen, wilde ik niets anders dan met hem naar buiten. Door me met al zijn wilskracht precies te laten willen wat hij wilde, schoof hij mijn analytisch ingestelde houding aan de kant en boorde hij mijn eigen ambities en verlangens aan. Hij gaf me nieuwe wortels. In zijn pure onversneden hondsheid hielp hij me mezelf meer mens te voelen.

Van de drie nieuwe routes voor onze wandelingen is degene bij Stow Lake duidelijk het meest sociaal. Het pad dat om het aangelegde meer vol waterfietsen bij het arboretum in het Golden Gate Park loopt, wordt van 's ochtends vroeg tot 's avonds laat druk gebruikt. Hoewel de honden er volop vertegenwoordigd zijn, komt het door de constante verscheidenheid aan mensen dat het zo'n aantrekkelijk plekje is, ook door het decor met een Chinees paviljoen, een stenen brug met dubbele bogen en een mooi ontworpen waterval. Als je een halfuur langs dit schilderachtige meer loopt, moet het wel gek zijn als je geen overvloed aan andere talen hoort, waaronder – maar absoluut niet beperkt tot – Spaans, Mandarijn, Kantonees, Vietnamees, Hindi, Russisch, Tsjechisch,

Tagalog, Italiaans, Pools, Farsi en Frans. Je loopt een paar honderd meter en je bent een wereldburger.

Como en ik gingen er een tijdje heen, gewoon met zijn tweetjes ons een weg banend door de uitgestrekte internationale bazaar. Na een paar uitstapjes ging ik door al die enthousiaste, onverstaanbare gezelligheid ook naar menselijk gezelschap verlangen. Ik nodigde mijn vriend Mark en zijn hond Oreo, een aantrekkelijk mollige, keurig sociaal aangepaste zwart-witte shih tzu, uit om mee te gaan. Het experiment werd prompt een maandelijkse traditie.

Mark en ik kennen elkaar al jaren, sinds onze vrouwen elkaar in 1991 op het consultatiebureau van het medisch centrum ontmoetten. Emily, het eerste kind van Mark en Barbara, is in dezelfde maand geboren als Phoebe. Afgezien van het feit dat we tienerdochters hebben, hebben Mark en ik nog andere dingen gemeen, waarvan niet in het minst een liefde voor honkbal die aan het obsessieve grenst. Sally en Barbara kunnen er vaak niet over uit hoeveel er te zeggen valt over de inwerpruimte van de Giants, het binnenveld van de Phillies of onze precieze herinneringen aan hoe buitenvelder Kevin Mitchell met zijn blote hand een hoge bal ving.

Ondanks de uiterlijke schijn van verbondenheid en kameraadschappelijkheid kan vriendschap tussen mannen iets oppervlakkigs, zelfs iets verraderlijks hebben. Mark en ik zijn dikwijls op ons best wanneer onze honden ons om Stow Lake trekken. Door de afleidende opmerkingen waartoe onze honden ons nopen – 'Como! Laat liggen!' 'Heb jij een extra plastic zakje?' 'Dat is volgens mij nu al de drieëntwintigste keer dat hij vandaag geplast heeft.' – glijdt ons gesprek ongedwongen en soepel van onderwerp naar onderwerp. Onze kinderen en hun geheime sociale levens, werk, geldzorgen, plaatselijke politiek en natuurlijk honkbal komen en gaan als de meeuwen, eenden, ganzen en zo nu en dan zilverreigers en blauwe reigers die over het meer scheren.

Mark en ik nemen altijd dezelfde route. We spreken af bij het boothuis, gaan een van de twee bruggen van het meer over naar Strawberry Hill, klimmen naar boven, dalen de steile trappen langs de waterval af en lopen langzaam in een kring terug naar de auto's. Deze afspraak is een middel voor ons om elkaar te zien, een gemeenschappelijke ruimte die we in onze drukke agenda's misschien niet zouden hebben gevonden als onze honden ons niet het excuus gegeven hadden dat we nodig hadden.

We zijn heel verschillende mensen. Mark, die opgegroeid is in San Francisco en iedereen die hij ooit ontmoet heeft aardig lijkt te vinden, is veel spontaner en meer een gezelligheidsmens dan ik. Het komt maar zelden voor dat we níét iemand tegenkomen die hij kent. Ik ben op onze wandelingen letterlijk één keer een kennis tegengekomen. Onze honden zijn ook verschillend. Terwijl Como over het pad heen en weer loopt, met zijn kop naar beneden en zich vaak niet bewust van anderen, is Oreo tijdens het lopen voortdurend op de uitkijk naar ontmoetingen met andere honden en mensen. Als Como besluit om mee te doen en prompt de riemen in de war maakt, haalt Mark ze meteen weer uit elkaar. Hij is hoofd van een basisschool en je kunt je goed voorstellen hoe behendig hij is in de omgang met jonge leerlingen, overwerkte leraren en veeleisende ouders.

Ik vind het heerlijk om Mark te horen vertellen over de ingewikkelde onderhandelingen die hij in zijn werk moet voeren en hij wil altijd graag weten wat ik aan het schrijven ben. Terwijl we langs het fonkelende, kabbelende water van Stow Lake lopen komen we misschien niet tot klinkende conclusies over onszelf, onze dochters of onze toekomst, maar ik heb altijd het gevoel dat we met zijn vieren een beetje muziek gemaakt hebben. Mark laat Oreo los als we bij het kleine stukje grasveld komen waar de auto's staan en zijn hond reageert erop door in grote lussen en kringen te rennen. Soms doet Como heel even mee, springend en rennend aan zijn lange riem. Maar het is net zo goed mogelijk dat hij in het late middaglicht zit te wachten tot het afgelopen is en kijkt alsof hij geniet van de capriolen van een hond die zo anders is dan hij.

'Tot de volgende keer,' zeg ik tegen Mark en Oreo terwijl ik met Como naar de auto loop en het achterportier opendoe. Hij springt naar binnen en zit al klaar, met zijn voorpoten op de console, als ik om de auto heen loop en instap. Zij aan zij rijden we naar huis. 'Goed gedaan, Z,' zeg ik wanneer we op de oprit stoppen. 'Zonder jou was het me niet gelukt.'

Phoebe doorliep fluitend de bovenbouw van de middelbare school; ze was dol op haar lessen (nou ja, de meeste dan), haar nieuwe vrienden, en de sociale vrijheden om te kunnen gaan en staan waar ze wilde. Met een openbaar vervoerbewijs in haar portemonnee kon ze met San Francisco's uitgebreide netwerk van bus- en tramlijnen overal heen waar ze maar wilde. We werden nu zelden meer gevraagd om haar naar Jeannes huis, het winkelcentrum van Stonestown, Mel's Drive-In of de stad te brengen, waar ze een film wilde huren waar Sally en ik wel eens over mopperden. Zelfs Berkeley en Oakland waren nu gemakkelijk bereikbaar, met de treinen die onder de baai van San Francisco door snellen. Op een middag nam ik de telefoon op en hoorde een statische ruis van tienergebabbel, gelach en eigenaardig goed hoorbaar en origineel gevloek. En op de achtergrond het gerinkel van glazen.

'Phoebe? Ben jij dat?' Ze had ineens de gekmakende gewoonte om ons met haar mobiele telefoon te bellen om te vertellen waar ze was en vervolgens, omdat ze de afspraak kennelijk beschouwde als een loze verplichting, met een vriend of vriendin te gaan praten en ons te negeren als we opnamen. 'Phoebe? Phoebe!'

'Pap. Gil in godsnaam niet zo. Jezus.'

'Nou, jij praat niet tegen me.'

'Ik praat nu toch. Wat wil je dat ik zeg?' Het was onthutsend, bijna indrukwekkend hoe snel ze zich aan Sally of mij ergerde, alsof het feit dat we bestonden al een belediging voor haar was.

'Waar ben je?'

'Bij Jack.'

'Wie is Jack?'

'Je weet wel. Jack.' Ik wist het niet, maar besloot niet aan te dringen.

'Wanneer kom je naar huis?'

'Wacht. Wacht even.' Het achtergrondgeluid werd gedempt toen ze de telefoon tegen haar arm en schouder hield (ik heb het haar zien doen) en met iemand anders sprak. 'Wat?' vroeg ze weer in de telefoon, met die meesterlijke tienermanier van tijdrekken voor je het gesprek abrupt afkapt. 'Ik weet het niet. Ik bel straks nog wel. Dag.'

'Wat was dat?' riep Sally vanuit de keuken. 'Was dat ons kind? Wat had ze te zeggen?'

'Niets,' zei ik. 'Echt helemaal niets. Ik ga met Como naar het strand.'

In tegenstelling tot de afgesproken wandelingen langs Stow Lake met Mark en Oreo, zijn mijn uitstapjes met Como naar Ocean Beach meestal spontaan. Soms neem ik hem 's ochtends vroeg al mee, vaak als uitsteltactiek wanneer ik een schrijfopdracht heb. Laat in de middag is ook fijn, wanneer de zon een gloeiende koperen schijf lijkt die als een kostbare munt in de Grote Oceaan valt. Aan de westkant van de stad komt ook dikwijls dichte mist voor, en als je ervoor in de stemming bent, geeft dat wazige, vochtige toneelgordijn de branding een betoverend spookachtige allure. Lopen te peinzen wanneer je geen drie meter voor je uit kunt zien, heeft iets waardoor de meest oppervlakkige gedachte diepzinnig somber lijkt.

Como sprong van de achterbank om naar het zand te hollen. 'Wacht even,' zeurde ik en trok hem dichter naar me toe. Ik word er altijd een beetje zenuwachtig van als we de Great Highway moeten oversteken. Na het ongeluk waren Como en auto's voor mij een onwelkome combinatie geworden en gebleven. 'Ga maar, Z,' toen de weg vrij was en het voetgangerslicht op groen sprong. Ik rende op mijn sandalen achter hem aan de zachte helling af en de uitgestrekte zandvlakte van Ocean Beach op dat zich uitstrekt van het Cliff House in het noorden tot Fort Funston in het zuiden.

Como en ik hebben uitgesproken, maar combineerbare ideeën over wat een strandwandeling inhoudt. Ik trek graag mijn sandalen of schoenen uit en loop tot aan mijn enkels door het water. Hij maakt zijn pootjes liever niet nat. Maar met elkaar verbonden door middel van een riem van negen meter kunnen we allebei doen waar we zin in hebben. Ik moet er alleen voor zorgen dat de wandelaars en joggers langs de waterkant niet over de riem struikelen en dat ik het op tijd zie als Como in iets stinkends dat aangespoeld is wil rollen en hem dan gauw naar me toe trek. Verder ben ik vrij om mijn gedachten de vrije loop te laten en te vergeten hoe ver we gelopen hebben. Buiten het rasterwerk van straten en huizenblokken en dicht opeen staande gebouwen, strekken afstand en tijd zich uit.

Die dag liet ik de eerste paar honderd meter het telefoongesprek met Phoebe opnieuw in mijn hoofd afspelen, hield ik mezelf voor dat ik niet kwaad moest worden en maakte ik me zorgen dat we het contact met haar aan het kwijtraken waren. Toen bracht ik mezelf in herinnering dat wat Sally en ik het ene moment van Phoebe dachten het volgende moment al niet meer waar hoefde te zijn. Ja, ze kon schokkend afwijzend en onbeschoft tegen ons zijn. Maar ze was ook teder en aanhankelijk, afhankelijk en aardig. Ze was bijna vijftien en kroop in bed nog steeds tussen Sally en mij in om tv te kijken en wilde 's avonds nog steeds ingestopt worden... tenminste, op de avonden dat ze de deur van haar kamer niet al met een klap had dichtgeslagen. Ze liet ons nog steeds haar repetities Engels en geschiedenis zien (soms) en vond belangrijk wat wij vonden. Ze noemde ons nog steeds 'mama' en 'papa'... als ze niet stiekem andere namen fluisterde.

Sally en ik hadden een tweede kind gewild. Het feit dat het niet lukte om weer zwanger te worden en ons besluit om geen kind te adopteren, zorgden ervoor dat er in het begin van ons huwelijk enkele pijnlijke haarscheurtjes ontstonden. We waren teleurgesteld in onszelf en in onze biologische pech. We namen het de artsen kwalijk dat vruchtbaarheidsbehandelingen niet hielpen. We namen het elkaar kwalijk – in privégesprekken en soms ook met anderen erbij – dat we te lang gewacht hadden, dat we elkaar niet eerder ontmoet hadden, dat we geen duidelijk standpunt over adoptie hadden en dat we ons daar schuldig over voelden. Daarna, toen het echt te laat was, hielden we geleidelijk op met iedereen de schuld te geven en begonnen we dankbaarder te zijn voor wat we wel hadden; elkaar, onze heerlijke en irritante dochter, onze vrienden, onze families, onze werkkring. Onze dubbelhartige zenuwpees van een hond die niet dood was gegaan.

Ik voelde een rukje aan de riem. Como had zijn poten stevig in het zand geplant en keek onderzoekend naar een imposant zandkasteel met schilden van zanddollars langs de onderkant en een inzakkende slotgracht eromheen. Meestal was het iets weerzinwekkend stinkends of onbeduidend gewoons dat zijn aandacht trok. Ditmaal had hij iets van echt, algemeen belang gevonden.

'Hé, die is gaaf, zeg,' zei iemand. Het was een surfer die op weg was naar de branding. 'Heeft hij dat zelf gebouwd?'

'Ik mocht hem niet helpen,' zei ik, het spelletje meespelend. 'Hij is heel eigenzinnig.'

De surfer knikte. 'Hoe heet hij?'

'Como,' zei ik. 'Maar we noemen hem Z.'

De man in de glimmende zwarte wetsuit vroeg niet om uitleg. Er heerst een vrijgevochten, zorgeloze sfeer op het strand. Ontmoetingen die ergens anders eigenaardig zouden zijn, komen hier als volkomen natuurlijk over. 'Later,' zei de surfer, terwijl hij zich omdraaide en met zijn plank onder zijn arm het water in sprintte. Como keek op van het kasteel en keek hem na.

Z en ik hebben een aantal soortgelijke ontmoetingen op het strand gehad. Een schelpenverzamelaarster bleef staan om te vertellen hoe sterk Como leek op een hond die ze in Ierland gehad had. Een heel klein kindje met grote ogen ging geduldig op zijn knietjes zitten wachten tot mijn behoedzame hond dicht genoeg bij kwam om zich te laten aaien, terwijl zijn vader en ik het over peuterspeelzalen hadden. Een oude man negeerde Como volledig en speculeerde over de inhoud van een containerschip aan de horizon.

'Wat voor ras is hij? Of zij?' vroeg een vrouw, gekleed in een sweatshirt met capuchon en een roodwit gestreepte maillot me op een ochtend. Haar grote zwarte bastaardschapenhond draaide om ons heen.

'Hij,' zei ik. 'Bastaardterriër.'

'Dat moet je nooit zeggen,' zei de vrouw verwijtend. 'Bastaard is een afschuwelijke, ongevoelige, gemene naam voor een hond.' En daar stapte ze weg met haar schapendoedel of wat zijn precieze ras ook was.

Je moet het allemaal nemen zoals het komt. Mensen zijn gek, weemoedig, eerbiedig, obsessief, zo nu en dan wreed, aanbiddend of doctrinair wat honden betreft. Op de een of andere manier is dat op het strand allemaal zo verkwikkend overduidelijk, of het nu gaat om een fanatieke hardloper die voortrent met een riem stevig in zijn hand, om een stel dat aan het troetelen is met een beagle of om een jongen die een druipnatte tennisbal zo ver mogelijk weggooit voor een Duitse herder die er met grote sprongen door de schuimende golven achteraan springt.

Ik had die dag verder gelopen dan ik van plan was geweest. 'Kom, Z,' zei ik terwijl ik me omdraaide en op mijn horloge keek. Terwijl we de terugtocht naar de auto aanvaardden, besefte ik dat die uitstapjes naar Ocean Beach niet echt waren wat ik dacht dat ze waren. Ik kwam hier altijd naartoe omdat ik alleen wilde zijn met mijn gedachten, maar voelde me vaker wel dan niet juist minder alleen. We wilden net terug de helling opgaan om de Great Highway over te steken toen Como een lange sliert felgroene kelp vond, zo dik en slijmerig als een slang.

Ik had haast. Ik moest aan het werk. Maar ik liet hem even zijn gang gaan voor ik hem wegtrok. 'Pak het maar, Z,' zei ik. 'Dit is misschien wel het glimmendste, mooiste stuk kelp dat je ooit zult vinden.'

Phoebe was stil die middag in november 2006 waarop ik haar regelrecht uit school naar het ziekenhuis reed. Hoe we haar ook hadden verzekerd dat Sally's buikoperatie een routineoperatie was, ze was niet tevreden voor ze met eigen ogen zag dat haar moeder er veilig doorheen gekomen was. Voor Phoebe, een vurige fan van *Grey's Anatomy*, was alles wat met medische zaken te maken had automatisch dramatisch. Op mijn eerste paar pogingen tot een opgewekt gesprek kwam geen reactie. We parkeerden in de garage van het medisch centrum en gingen met de lift naar de zesde verdieping.

'Kun je je voorstellen dat dit het gebouw is waar jij geboren bent?' vroeg ik terwijl we wachtten tot de liftdeuren opengingen.

Dat deed het 'm. Phoebe kon een dergelijke idiote opmerking niet voorbij laten gaan. 'Nou, vader,' antwoordde ze, 'dat kan ik me niet bepaald herinneren.'

'Nee,' beaamde ik. 'Nee, natuurlijk niet.' Maar ik had haar in ieder geval aan het praten gekregen.

Toen we bij Sally's kamer kwamen hield Phoebe zich een beetje op de achtergrond en maakte duidelijk dat ze wilde dat ik als eerste naar binnen zou gaan. De patiënte lag tegen een stapel kussens en grijnsde, zij het een beetje flauw, bij het horen van onze stemmen.

'Kom eens binnen, jij,' riep ze naar haar dochter. Phoebe haastte zich langs me heen en ging zo dicht mogelijk bij Sally's bed staan zonder erin te klimmen.

'Mama, gaat het? Hoe ging het? Hoe voel je je?'

'Prima, schat. Het is prima gegaan. En ik voel me fantastisch nu ik jou zie.'

'Dat is meer dan ik uit haar wist te krijgen,' deed ik een duit in het zakje. 'Het enige wat ze vanochtend tegen me zei – wat ik ervan kon horen, in ieder geval – was wat een dorst ze had.' Die opmerking werd, wel zo verstandig, genegeerd terwijl Sally me een van haar liefdevolle dodelijke blikken toewierp en zich weer in Phoebes belangstelling koesterde. Eerlijk gezegd was mijn poging tot theatrale humor bedoeld om de bijna huilerige dankbaarheid en opluchting te verbloemen die ik al voelde sinds Sally de uitslaapkamer binnengereden werd en haar dokter zijn duim naar me opstak. Net als Phoebe geloofde ik pas dat deze operatie 'routine' was toen hij voorbij was.

Phoebe en ik brachten die middag een paar uur in het ziekenhuis door. Sally at wat soep en pudding waar wij bij waren en ze lachte toen Phoebe de maaltijd 'walgelijk' noemde. Sally was duidelijk aan de beterende hand. Anderhalve dag later installeerden we haar op de bank in de woonkamer, met Como voortdurend in haar gezelschap. Hij was net een verwende pasja, zoals hij bij haar lag op de deken, met zijn ogen dromerig half geloken. Na een paar dagen begon zijn loomheid me te irriteren. Ik moet toegeven dat ik mijn plichten als ziekenverzorger en al hun samengeopereerd-zijn-verbond op de bank beu begon te raken. Como en zij hadden, zoals Sally zei terwijl ze zijn vacht gladstreek, allebei een reconstructie van hun bekken ondergaan.

'Het wordt voor hem tijd voor een flinke wandeling,' zei ik op een middag tegen haar. 'Ik wilde hem meenemen naar Fort Funston. Kan dat wat jou betreft?' Ik nam, terecht, aan dat ze het lichaamsbewegingsplan voor de hond wel zou goedkeuren en het daarom niet erg zou vinden als ik haar een paar uur alleen liet. Como leek een beetje onwillig om van het bed af te gaan, maar kwispelde toen hij de riem zag.

Fort Funston, dat zich bevindt op een indrukwekkende klif over de Grote Oceaan, is San Francisco's ultieme hondenparadijs. Overal waar je komt, van de geplaveide paden en de met gras begroeide heuvels tot het strand zelf, hollen honden vrij rond en spelen met elkaar. De hondenbezitters zitten bij elkaar in de schaduw, waar ze lekkere brokjes en ruwe aaien uitdelen aan de gemoedelijke, dolende roedel. Een frisse zeewind draagt bij aan een gevoel van vitaliteit en welbehagen.

Ik voel me er in het begin altijd een beetje geïntimideerd, zowel door de natuur als door de schok van al die vrij rondlopende honden. Maar als we een eindje gelopen hebben, voel ik me niet langer opgelaten vanwege het feit dat ik mijn hond aan de riem heb en begin ik van de ongedwongen sfeer van het gebied te genieten. Er lopen verschillende routes doorheen en er zijn geen hardlopers of snelwandelaars. Iedereen lijkt alle tijd van de wereld te hebben. Ik blijf er altijd langer dan ik van plan ben.

De weidse uitzichten vanaf het klif over zee lijken het langetermijndenken, zowel voor- als achteruit in de tijd, te stimuleren. Terwijl de golven schitteren in het zonlicht en Como naast me voort draafde, gingen mijn gedachten die dag van Sally en Phoebe via onze toekomst naar mijn vader. Ik denk niet vaak aan hem, tenminste niet bewust, maar sommige bezigheden en decors, of een bepaalde gemoedsgesteldheid, roepen zijn beeld duidelijk op. Het feit dat ik buiten was en alleen met Como, met Sally veilig thuis, pas uit het ziekenhuis, was een krachtige aanzet.

Voor mijn vader, streng en vrijwel nooit blijk gevend van zijn eigen gevoelens, stonden plichtsbetrachting en principes op de voorgrond van zijn leven. Hij was een eenvoudige dorpsjongen uit Missouri die tijdens zijn studie en later in het bankwezen buitengewoon hard gewerkt had om te bereiken wat hij bereikt had. Zijn benadering van alles, van zijn werk en tuinieren tot zijn verwachtingen van anderen, was vastberaden en onbuigzaam. Zelfs op de tennisbaan straalde hij een vastbesloten en voornamelijk vreugdeloze houding uit als hij de bal met een flinke klap wegsloeg en fronsend en zwoegend positie zocht voor de returnbal. Ik weet zeker dat hij van mijn moeder hield, die tijdens hun huwelijk een reeks zware medische crises had doorstaan, en ook van mijn zus en mij. Maar terwijl ik opgroeide in een cilinder van vaderlijk zwijgen, was dat niet altijd duidelijk.

Gengy, onze familiehond, brak mijn vader open. Vanaf het moment dat het temperamentvolle dier bij ons in huis kwam, was pa toeschietelijk, bijna belachelijk kwistig met zijn genegenheid, met zijn kinderlijke gebrabbel, zijn beschermingsdrang en trots. Niets was te goed voor Gengy: magere ham van de eettafel, een glimmende, lakleren halsband met Kerstmis en het beste plekje in de auto, vlak achter mijn vaders nek op de rugleuning. Het was onthutsend en zelfs een beetje kwetsend. Mijn zus, Judy, en ik vroegen elkaar in alle ernst wel eens of we dachten dat onze vader meer om Gengy gaf dan om ons. Maar later, lang nadat onze vader en Gengy overleden waren, verwonderden we ons erover hoe honden en jonge kinderen de sleutel waren waarmee deuren geopend werden die vaak uit angst of verdediging gesloten bleven. Achter zo'n deur lag de kamer waar pa zich vrij voelde om zich te laten gaan, om te giechelen, gekke gezichten te trekken, onzin te praten en zoveel liefde te schenken die hem zonder beperkingen of voorwaarden meteen teruggeschonken zou worden. Terwijl ik in het Californische zonlicht met Como liep te wandelen, voelde ik, misschien wel voor het eerst, een golf van genegenheid voor mijn vaders liefde voor een niet al te aangename dwergteckel. Het leven is te kort om jaloers te zijn op een hond, vooral op een die al tientallen jaren dood is.

Nadat mijn zus en ik uit huis gegaan waren om te gaan studeren, verhuisden mijn ouders van Philadelphia naar Cleveland. Daar is Gengy, tamelijk onverwacht, in 1972 overleden. Hij werd op een dag lusteloos en wilde niet eten. Twee dagen later lieten ze hem, aangetast door tumoren, inslapen. Mijn vader heeft er tegen Judy of mij nooit iets over gezegd. Het duurde een paar maanden voor mijn moeder, die er ook behoorlijk ontdaan van was, ons het hele verhaal vertelde... over het ritje naar de dierenarts, het afschuwelijke nieuws en de as die ze in een thermoskan meenamen om in de tuin te begraven.

Het detail dat ik me het beste herinner, het geluid dat ik nooit echt heb gehoord maar toch blijf horen, is het gesnik dat mijn moeder beschreef. Drie nachten achtereen zat mijn vader dubbel geklapt op de rand van het bed met zijn hoofd in zijn handen te huilen om Gengy. De gedachte aan dat rauwe, schorre geluid in die donkere slaapkamer in Ohio kan ik me zo goed voor de geest halen, alsof ik er werkelijk bij ben geweest. Dan was hij de ontspannen, openhartige vader van wie ik alleen vluchtig of van een afstandje een glimp opving, degene die zich alleen door honden en baby's liet kennen. Hij overleed in 2002, anderhalf jaar voor we Como adopteerden.

'Laten we gaan, Z,' zei ik terwijl ik me afkeerde van het klif en het pad nam dat door het droge, witte zand naar het parkeerterrein loopt. 'Het is tijd om naar huis te gaan.'

Slotscène

De hond aan de deur

Op 11 september 2008 vierden we Como's zesde verjaardag op de traditionele manier: thuis met een hamburger met een dot hamburgersaus voor het feestvarken en met worteltaart met het juiste aantal kaarsen voor ons als toetje. Eerlijk gezegd hadden we geen flauw idee wanneer onze hond echt jarig was. We vierden zijn verjaardag elk jaar op de dag waarop we hem in 2003 als een zwerfhondje van een jaar, zoals ze beweerden, in huis hadden genomen toen hij nog naar de naam Gandalf luisterde.

'Op Z,' zei ik en ik dronk mijn glas prosecco leeg. De Italiaanse bubbeltjeswijn was een gewoonte geworden. Het was een knipoog naar Venetië, waar Sally en ik Phoebe op haar twaalfde verjaardag vertelden dat ze een hond mocht hebben.

'Op Z,' echode Sally, die haar glas neerzette, Como op schoot tilde en hem vervolgens de kruimels van haar bord voerde. Nog maar een jaar of twee geleden zou dat niet gebeurd zijn, zelfs niet op zijn verjaardag. Het ene principe over hondendiscipline na het andere was in de loop der tijd gesneuveld, waaronder het verbod om bij ons in bed te komen. Sally was in dit geval wel erg stiekem te werk gegaan. Haar flauwe excuus toen ik onder de lakens eens met mijn knie tegen Como's middenrif kwam was: 'Hij houdt me warm.'

Ons gesprek aan het verjaardagsdiner ging, zoals meestal, over enkele van Como's hoogte- en dieptepunten in het verleden en over recente stunts. We hadden het weer over de dag dat we hem kregen en over de dag waarop hij aangereden werd. Sally rakelde Steekneus op, de gewiekste jonge vrouw met de scherpe gelaatstrekken die ons in het asiel aan onze aanstaande hond voorstelde en ook Sarah, Como's strenge maar aardige lerares van de basistraining van de dierenbescherming.

'Weet je nog van Jake?' vroeg ik. 'Met zijn pond gerookte kalkoen.'

'Dat moet jij nodig zeggen,' zei Sally. 'Jij bent net zo erg met je cornflakes.' Daar had ze gelijk in. Nadat ik een maand of wat geleden op een ochtend wat cornflakes op de grond had laten vallen (tot uitbundige vreugde van de hond), had ik hem elke dag wat stukjes toegestopt. En ja hoor, zodra ik 's ochtends opstond, zat Como, als een trouwe lakei, in de houding aan mijn kant van het bed. Sally en ik hadden allebei aan hem toegegeven.

Phoebe, die naar onze herinneringen had zitten luisteren en zelf minimaal had bijgedragen aan het gesprek, likte het laatste kwarkglazuur van haar vork en speelde met iets op haar schoot.

'Mag ik de auto?' vroeg ze. Het gespeel was vast een uitwisseling van sms'jes geweest.

'Waar ga je naartoe?' vroeg Sally.

'Naar Nora.' Een korte stilte om te horen of we nog meer informatie wilden. 'En daarna misschien naar Jonah. Ik bel wel.' Ze stond op. Ik gaf haar de sleutels.

'Om tien uur thuis,' zei Sally.

'Half elf,' riep Phoebe over haar schouder.

'Tien,' herhaalde Sally.

'Tien,' echode ik. De voordeur sloeg met een knal dicht en rammelde in zijn post.

Phoebe zat in het laatste jaar van de middelbare school en werd met de dag onafhankelijker en zelfstandiger. Ze was ruim tien centimeter langer dan haar moeder en beschikte over een snelle en vernietigende spitsvondigheid waarmee onze onwetendheid op het gebied van popmuziek, parkeren, jongens, busroutes en de énige Aziatische kipsalade in de wijk West Portal die de moeite waard was, onmiddellijk werd blootgelegd. Je hoefde geen psychologie gestudeerd te hebben om te snappen hoe Sally en ik ons voelden over hoe ons leven er over een jaar uit zou zien, wanneer ons enige kind naar de universiteit ging. Phoebe had het vaak over universiteiten in New England en andere plaatsen aan de Oostkust, bijna vijfduizend kilometer bij ons vandaan. Het was niet echt een wonder dat we Como in bed toelieten en met cornflakes zijn genegenheid kochten.

Sally en ik wisten allebei dat we een beetje gek deden met de hond. Maar we telden ook onze zegeningen omdat Phoebe ons (nog) niet afgeschreven had als zijnde hopeloos uit de tijd. Ze hield ons nog steeds op de hoogte, zij het selectief, van haar lessen en sociale leven op school. Ze had er geen bezwaar tegen om met ons op straat gezien te worden, of zelfs in een restaurant of een bioscoop waar een klasgenootje haar in het potentieel vernederende gezelschap van haar vader en moeder zou kunnen zien. We waren, in Phoebes taalgebruik, 'de Oudereenheid'. Dat was een etiket met een gezonde dosis minimalistische spot dat toch niet in de buurt van hoon kwam. We waren er blij mee, zelfs dankbaar voor.

Wat die zomer en herfst leidde tot langdurig kranten lezen en televisiekijken waren de buitengewone politieke gebeurtenissen die hun hoogtepunt bereikten in de verkiezing van Barack Obama. We bestelden op de verkiezingsavond pizza's en lieten om acht uur 's avonds een gejuich in drie toonaarden opgaan toen de presentatoren van de nationale televisie en de kabelzenders officieel lieten weten wat we al wisten: met het sluiten van de stembussen in onze staat, was Californië officieel 'vóór' Obama, waarmee zijn gang naar het Witte Huis een feit werd. Phoebe, die de hele dag op een stembureau had gewerkt, zei dat ze het ongelooflijk vond dat het zo lang had geduurd voor het land eindelijk een zwarte president koos. Sally en ik zeiden dat we het ongelooflijk vonden dat het zo snel was gebeurd. We hadden alle drie tranen in onze ogen. Pepperoni had nog nooit zo lekker gesmaakt.

Drie dagen later keken we met zijn drieën naar Obama's eerste persconferentie en juichten opnieuw toen de nieuwe president werd gevraagd naar de hond die hij en zijn vrouw Michelle, hun dochters, Malia en Sasha, hadden beloofd. Obama, die zijn eigen gemengde afkomst koppelde aan de wens van zijn gezin om een hond te adopteren, merkte op dat 'een hoop asielhonden natuurlijk vuilnisbakkenrassen zijn zoals ik'.

Phoebe tilde Como op en danste met hem om het kookeiland in de keuken. 'Z!' riep ze uit. 'Je bent absoluut presidentieel. De Eerste Vuilnisbak. Maar wees maar niet bang. De Obama's krijgen jou niet. Wij hebben je als eersten gevonden.' Onze dochter bleef met haar hond dansen, hij met grote ogen en zij met de hare dromerig half geloken.

Maart 2009. Een mistige doordeweekse middag. Phoebe is, na nerveus in de post te hebben gekeken naar nieuws van een universiteit (vandaag niet), naar de sportschool. Sally is boodschappen aan het doen. Ik zit opgesloten in de werkkamer, ik moet iets schrijven en heb te weinig tijd om dat te doen. Als een voor mij karakteristieke, irrationele reactie daarop zoek ik zoveel mogelijk dingen om me af te leiden om de deadline die steeds dichterbij komt maar niet onder ogen te hoeven zien. Ik rammel een beetje op de computer, zoek op Google naar niets in het bijzonder, neem voor de zesde keer in het afgelopen halfuur de telefoon op om te horen of ik misschien een boodschap gemist heb, wat vrijwel onmogelijk is, aangezien ik hier al die tijd heb zitten luisteren naar de telefoon die niet overging.

Mijn duim voorziet in weer een andere afleiding, vooral dat vlezige deel van mijn linkerhand net onder de duim. Daar beet Como me toen hij midden in Kirkham Street lag nadat de terreinwagen hem – iets meer dan vijf jaar geleden – overreden had. Er kunnen weken, misschien wel maanden, voorbijgaan zonder dat ik een gedachte wijd aan het witte littekentje dat er zit. Het doet geen pijn en als je niet weet dat het er zit zie je het nauwelijks.

Maar zo heel nu en dan, als ik in de auto zit en naar mijn linkerhand kijk die op het stuur ligt, wanneer ik bleekselderij aan het snijden ben met een pasgeslepen mes en me ineens voorstel hoe er plotseling bloed door mijn huid naar boven zou komen als het uitschoot, wanneer ik voor mijn bureau onder de bureaulamp de tijd zit te doden op... dan zie ik het, dat tekentje in de vorm van een komma dat Como achterliet door zijn wanhopige, instinctieve uitval meteen na het ongeluk. Ik weet dat hij niet míj beet; dat wist ik zodra het gebeurde. Maar ik was in de buurt, ik was degene die zich naar hem vooroverboog toen hij in shock was nadat het wiel zich in hem geboord en zijn bekken verbrijzeld had. Hij beet me, omdat zijn instinct hem dat ingaf, omdat hij geen keus had, omdat hij moest bijten.

Het litteken heeft duidelijk de vorm van een beet. Ik kan zien waar Como's scherpe hoektand naar binnen ging en een bijna perfecte afdruk achterliet, breder aan de onderkant en met een boogje naar de punt toe. Halverwege waaieren aan weerszijden twee zijtakjes uit. Als ik mijn hand scheef houd en er op een bepaalde manier naar kijk, wordt het tandlittekentje een boom, een kleine tropische palmboom, gebogen door de zeewind, de denkbeeldige bladeren ruisend in de wind. Ik laat me op mijn gedachtestroom meevoeren. Mijn opdracht komt misschien wel nooit af.

Como is ouder geworden. De zenuwschade en artritis waar zijn spierbundel-chirurg, dokter Watt, voor waarschuwde, zijn achterwege gebleven. Maar Como is een tikje langzamer, een beetje minder lenig dan hij in die turbulente eerste jaren bij ons was. Hij is wat zwaarder, breder in de taille en algeheel ruiger behaard. Hij maakt zo nu en dan zo'n vreemd, schorrig, keelschraap-geluid, als een oude man die binnensmonds tegen zichzelf praat. Zijn hondenwereld is ook veranderd. Zijn beste vriendin, de turbopoedel Lizzy, is met haar gezin naar Denver verhuisd. Max en Willie, die ongelooflijke stokoude labradors die nooit een dreigende beweging naar ons snel bange hondje gemaakt hebben, zijn allebei overleden. Net als Jessie, de oudste hond van onze buren, die haar zoon Riley gevolgd is naar de eeuwige jachtvelden van Welsh springer spaniëls.

Het is niet alleen vertrek en verlies. Pam en Cheryl hebben na een gepaste rouwperiode om Riley en Jessie een nieuwe, leuke springer spaniël gevonden die luistert naar de naam Clancy en die Como met een hevig kwispelende staart begroet. Er is een uitbundige, vriendelijke jack russell, genaamd Rocky, in onze straat komen wonen. We hebben tijdens onze wandelingen al wat pittige ontmoetingen met hem gehad, waarbij Como behoedzaam blijft, maar geen gewillig slachtoffer is voor Rocky's bullebaktactieken. Lizzy komt een of twee keer per jaar, samen met haar nieuwe en grotere poedel-'broer' Rufus, vanuit Denver op bezoek.

Tegen de tijd dat Como echte en misschien lastige ouderdomssymptomen gaat vertonen, zal Phoebe de deur uit zijn. Sally en ik zullen dat wat er eventueel op ons pad komt samen moeten opvangen. Het is vreemd om bij stil te staan, maar er komt wel eens een gedachte bij me op dat als Como er op een dag niet meer is, hij in ieder geval één tastbaar stukje van zichzelf zal hebben achtergelaten... dat tandachtige palmboompje dat hij halverwege Kirkham Street in mijn duim geplant heeft.

Como is nooit een blaffer geweest. Er kunnen dagen voorbijgaan waarin er, afgezien van wat gemopper, geen geluid uit hem komt. Dus het is een beetje een raadsel als hij op een dag in de hal bij de voordeur begint te blaffen. Ik negeer het een tijdje, omdat ik denk dat er een bezorger langs is geweest of dat de hond een motor of een bijzonder lawaaierige vrachtwagen heeft gehoord. Ik blijf op mijn toetsenbord rammelen. Maar als het blaffen doorgaat en steeds expressiever wordt, met wat langere, diepere uithalen en hoge staccato kefjes ertussendoor, sta ik op en doe de deur van de werkkamer open.

'Z,' begin ik en dan zie en voel ik het tegelijkertijd: de openstaande voordeur, waardoor er mistige grijze lucht naar binnen waait, naar waar Como is en naar waar ik verderop in de hal sta. Ik verstar ter plekke en begin in paniek te raken. Mijn gedachten schieten vooruit en proberen dit te verhoeden, te ontkennen, te zorgen dat dit niet gebeurt. Niet weer, denk ik. Niet nog zo'n vreselijke, rampzalige sprint het huis uit, de trap af en de straat op. We kunnen dit niet meer. Echt niet. Echt niet. Wie heeft de deur opengelaten? Phoebe, toen ze naar de sportschool ging? Was Sally thuisgekomen en had ze de deur een ogenblik opengelaten terwijl ze iets naar binnen droeg? Had ik het zelf gedaan, had ik op de een of andere manier het lot getart door de deur niet goed dicht te drukken en hem op slot te draaien, waardoor hij met een windvlaag open waaide?

    We kunnen dit niet. Echt niet. Niet nog eens.

    En Como weet dat blijkbaar beter dan ik. Terwijl hij me over zijn schouder een peinzende blik toewerpt en vervolgens naar de klamme lucht en trillende bladeren buiten kijkt, blaft hij nog eens. Hij probeert het nu al minutenlang te zeggen, vanaf het moment dat de deur openging, hoe dat ook gebeurd mag zijn. Hij probeerde het me te zeggen zodra hij ervoor stond en met geheven staart de wacht hield. Hij doet een paar stapjes achteruit in mijn richting en hij blaft nog steeds, maar het wordt al minder dringend. Hij heeft eindelijk mijn aandacht. Hij heeft me gewaarschuwd. Hij heeft me aan het luisteren gebracht.

    Laat me daar niet heen gaan, zegt Como tegen me. Laat me deze keer niet gaan. Laat me niet gaan.

    We maken geen van beiden geluid. Ik loop recht op hem af en passeer hem. Hij blijft zitten waar hij zit en kijkt me na terwijl ik de deur dichtdoe.

Dankwoord

Dit boek zou nooit ontstaan zijn als mijn vriendin Wendy Miller me niet had meegenomen voor de lunch. Toen ik haar in 2003 vertelde over de kwellingen waaraan de pas geadopteerde Como mij en mijn gezin onderwierp dacht ik dat we alleen maar de tijd volpraatten. Wendy, een intuïtieve en bijzonder getalenteerde redactrice die indertijd bij de *San Francisco Chronicle* werkte, wist wel beter. In wat ik me herinner als één enkele, vloeiende beweging legde ze haar vork neer, pakte haar mobiele telefoon en belde de hoofdredacteur Carolyn White. Met een clubsandwich in mijn hand luisterde ik zwijgend hoe Wendy en Carolyn besloten dat ik voor de krant over Como moest schrijven. (Ik was een altijd alles overwegende kunstcriticus, niet gewend aan bliksembesluiten.) Wendy redigeerde op haar opgewekt onverbiddelijke manier de eerste stukjes van wat uiteindelijk een tiendelige serie zou worden. Mijn schuld aan haar is onbetaalbaar. Ze heeft gedaan wat een geweldige redacteur doet: ze maakte het allerbeste van mijn werk zonder te proberen er haar eigen werk van te maken.

De *Chronicle*-familie was net zo: correct, getalenteerd en vriendelijk en al die tijd zeer grootmoedig. Mijn eigen redacteur, David Wiegand, heeft me vanaf het begin aangemoedigd en gesteund. Lynette Evans zorgde ervoor dat de verhalen gedrukt werden en liet ze tot leven komen in haar 'Huis & Tuin'-katern. Lance Jackson maakte een portret in kleur van Como dat een geweldige indruk maakte toen het eerste artikel uitkwam; er hangt een ingelijst origineel van aan de muur in Phoebes slaapkamer. Liz Hafalia maakte de foto's die de toon van de serie zowel weergaven als opvrolijkten. De reacties van de lezers van de *Chronicle* – meelevend, deskundig, verontwaardigd, warm, intiem en bot – vormden al die tijd een stimulerende kracht.

In de loop der jaren hebben velen me geadviseerd, geprikkeld, opgepept en de problemen opgelost waar ik niet uit kwam. Met het risico dat ik iemand oversla, en in willekeurige volgorde, spreek ik mijn innige dankbaarheid uit aan Sydney Goldstein, Leslie Sullivan, Jerry Nachman, Jean Gonick, Rodger Broadley, Judy Winn, Louise Kollenbaum, Jeffrey Hirsch, Linda Ronstadt, Barbara Graham, Hugh Delehanty, Marianna Monaco, Chuck Breyer, Meredith White, Arthur Solomon, David Thomson en Joel Selvin.

Mijn twee redacteuren bij HarperCollins, Lisa Sharkey en Nancy Miller, waren allebei fijngevoelig en oplettend, enthousiast en creatief, oordeelkundig en behept met goed inzicht. Ze hebben het boek, denk ik, op meer manieren verbeterd dan ik zelf besef. Amy Kaplan en Bruce Nichols waren trouwe HarperCollins volgelingen van het eerste uur.

Wat mijn agente, Amy Rennert, betreft, definieert het woord 'agente' lang niet haar complete rol. Amy zag het boek al voor zich lang voor ik dat deed. Ze heeft nog steeds de reçu's van de kaartjes van een wedstrijd van de San Francisco Giants in 2006, waar we voor het eerst over het idee praatten, als bewijs. Ze wachtte geduldig tot ik ook zover was. Haar doorzettingsvermogen, tact, wijsheid, redactionele scherpzinnigheid en brede visie hebben van *Kom terug, Como* meer gemaakt dan ik ooit voor mogelijk gehouden had. Amy's partner, Robyn Russell, moedigde me enthousiast aan. Elke schrijver zou zoveel geluk moeten hebben.

Mijn gezin heeft heel wat moeten verduren en heeft zich goed gehouden terwijl ik aan het schrijven was. Of ze met het resultaat kunnen leven, valt nog te bezien. Ik smeek hun liefdevol om toegeeflijkheid wat betreft eventuele weglatingen of verdraaiingen waaraan ik me schuldig gemaakt zou kunnen hebben.

De hond in ons gezin is een van de miljoenen van wie het leven gered werd door een dierenasiel dat een beleid voert waarbij geen enkel dier afgemaakt wordt. Het is bijzonder bevredigend om deze asiels, met elkaar verenigd door hun moedige en standvastige werk, te kunnen zien als een groot, wijdverbreid toevluchtsoord voor de dieren en hun gezinnen.

Como, die er een feeling voor heeft om verzorgd te worden, blijft in ons huis een eeuwige bron van vernieuwing. Zes jaar nadat we hem geadopteerd hebben, kijkt hij nog steeds onthutst als ik de kamer kom binnenstappen. En dat gevoel is volkomen wederzijds.